La finance capitaliste

Actuel Marx Confrontation

Sous la direction de
Jacques BIDET
Gérard DUMÉNIL
Emmanuel RENAULT
Jacques TEXIER

ACTUEL MARX CONFRONTATION

Séminaire d'Études Marxistes

La finance capitaliste

S. de BRUNHOFF
F. CHESNAIS
G. DUMÉNIL
M. HUSSON
D. LÉVY

2006

PRESSES UNIVERSITAIRES DE FRANCE

Maquette de couverture par Muriel Bouret

ISBN 2 13 055430 X

Dépôt légal — 1re édition : 2006, septembre

© Presses Universitaires de France, 2006
6, avenue Reille, 75014 Paris

Table des matières

L'imposant fronton de la Bourse, temple d'une divinité vieille maintenant de plusieurs siècles, domine ici la place publique où se règlent les affaires du monde ; le Parlement lui fait face ; la cathédrale est juste là, à droite. Dans les avenues avoisinantes, s'enchaînent les façades des banques et des sièges des grandes sociétés. Les marbres rutilants renvoient la lumière du jour avec insolence ; les lettres d'or marquent les identités et les plaques brillent sur les portes. A proximité, les grandes tours de verre des bureaux. Nous poursuivons notre marche à travers les parcs et résidences luxueuses. Quel ordre, quel goût ! Impeccable la petite planète du capital. Ennuyeuse, peut-être. Aussi nous hâtons-nous avec témérité vers les faubourgs. Graduellement, parfois subitement, tout change. Nous en avions l'intuition : cette aisance est le fait d'une minorité privilégiée. Chaque nouveau pas confirme le diagnostic. Nous entrons dans les quartiers de la production et de la nécessité, un autre monde : à les voir et les écouter, pas celui dont rêvent ses habitants. « Les choses ont toujours été ainsi ? ». L'un : « Pas vraiment, les écarts se sont accrus. » « Les espoirs se perdent ». L'autre : « Mais ce sera bientôt notre tour ». L'amertume est grande mais il est doux de rêver.

Cette cité n'est, certes, pas celle d'*Utopie* qu'imagina Thomas More au XVIᵉ siècle, mais bel et bien ce monde où nous vivons, avec son centre et ses périphéries : partout ses hiérarchies sociales et, d'un pays à l'autre, l'échelle vertigineuse des inégalités de développement. Mais où étions-nous exactement ? Sans doute, dans l'un de ces centres du centre, d'où la « finance capitaliste » des pays avancés reconfigure le monde à l'aune de ses propres ambitions et intérêts. De quartier en quartier, c'était la planète que nous parcourions, ce monde familier de la fin du XXᵉ siècle et du début du XXIᵉ que mène cette étrange entité.

Nul n'est besoin de longs discours pour justifier la nécessité de se pencher sur la *finance capitaliste*. Dans la liste des expressions servant à désigner la phase actuelle du capitalisme et ses caractéristiques, ce terme figure en bonne place. Juste derrière *néolibéralisme*, on trouve des expressions comme « mondialisation financière » ou « hégémonie financière », voire « dictature financière ». A n'en pas douter, cet ordre néolibéral confère aux mécanismes financiers et aux intérêts qui les sous-tendent une importance particulière. Mais laquelle et, d'abord, que faut-il entendre par finance ? Le capital dans des habits neufs ? Quels habits ? Et neufs depuis quand ? Des questions difficiles, car nous sommes visiblement ici au carrefour des pouvoirs de classe et des relations institutionnelles.

L'ambition de ce livre est d'apporter une contribution à l'étude de ces processus. Mais pas n'importe laquelle : par le détour d'une analyse mise en avant il y a plus d'un siècle et demi par celui qui demeurera le plus grand critique du capitalisme, Karl Marx. D'ailleurs cette ville n'était-elle pas la Cité de Londres ? Et cet itinéraire que nous avons parcouru était certainement familier à Marx et source d'inspiration. Aujourd'hui New York, sans doute. Mais un siècle et demi ! N'est-il pas paradoxal de fouiller ainsi dans les greniers de la pensée économique et politique, pour y trouver des volumes abandonnés à la « critique rongeuse des souris », comme l'écrivit Marx d'un de ses manuscrits philosophiques. D'ailleurs, *Le Capital*, quels que soient les rejets des uns et des autres, restera toujours un fromage où chacun trouve à s'alimenter lorsque la critique redevient de mise. Et elle le redevient avec la périodicité des crises.

C'est donc le programme que se sont fixé cinq économistes du *Séminaire d'Études Marxistes*, Suzanne de Brunhoff, François Chesnais, Gérard Duménil, Michel Husson et Dominique Lévy : mobiliser l'analyse de Marx et de certains de ses continuateurs, afin de jeter un éclairage renouvelé sur le capitalisme contemporain. Le lecteur appréciera : *un* éclairage ou *des* éclairages ? Tout est affaire de mesure – une inspiration commune et des points de vue distincts. Les auteurs de ce livre n'ont pas voulu découper l'œuvre de Marx en « morceaux » et s'en faire le partage. Chacun développe une interprétation propre, selon sa compréhension, son point de vue et ses méthodes. Lecture de Marx et lecture des traits majeurs du capitalisme néolibéral ; les mêmes mécanismes à n'en pas douter, parfois les mêmes extraits du *Capital* ; des idiosyncrasies que nous invitons le lecteur à découvrir. Mais c'est le tout qui prime.

Un premier thème central est la définition de la « finance ». Elle peut se concevoir comme un secteur, et c'est la voie que Marx ouvrit effectivement avec son analyse du capital bancaire. Mais déjà, chez Marx, la dimension de pouvoir et de classe est très forte. Le système bancaire est décrit, dans *Le Capital*, comme l'« administrateur » du capital de prêt, celui des créanciers et actionnaires, c'est-à-dire du capital mis à la disposition des entreprises par des capitalistes qui ne s'impliquent pas dans la gestion. Les banques « affrontent » les prêteurs. Cette analyse se prolonge dans celle de du « capital financier » par Rudolf Hilferding, c'est-à-dire le capital rassemblé par les banques et mis à disposition des entreprises, source de concentration du pouvoir capitaliste, jusqu'à des formes extrêmes. De ce point de vue, on ne saurait parler de divergences entre les contributeurs à ce volume. Les nuances proviennent de la manière de traiter l'articulation entre classes et institutions, quoique, parfois, la finance soit appréhendée davantage comme un ensemble de mécanismes, une logique de fonctionnement particulière.

Comment penser le rapport entre finance et capital ? Cette question en cache une autre, celle du rapport entre capitalisme et néolibéralisme, ce dernier étant conçu comme renforcement du pouvoir de la finance. Il y a là un enjeu politique ; il est fréquent d'entendre que la critique du néolibéralisme trahit une peur de s'en prendre directement au capitalisme. Derrière la finance néolibérale, il ne faut pas manquer d'identifier le rapport capitaliste. C'est également un point de convergence.

Néolibéralisme et mondialisation – mondialisation néolibérale. Le nouveau stade du capitalisme se caractérise par la poursuite de la conquête de la planète par le capital, processus que Marx avait déjà décrit comme inhérent au mode de production capitaliste. Les notions sont donc distinguées théoriquement, et articulées dans l'analyse factuelle. L'entreprise de domination mondiale de la finance est un puissant facteur de la poursuite de la mondialisation, dans ses habits capitalistes.

Tous les contributeurs convergent sur l'analyse du rapport entre « réel » et « financier ». Les mécanismes financiers ne créent pas de valeur et donc pas de profits. De là dérive la notion de « parasitisme », bien que Marx traite abondamment des fonctions de la finance dans le capitalisme.

Le néolibéralisme ne signifie pas dépérissement de l'État. L'État ne s'oppose pas au « marché », c'est-à-dire au capital (les capitalistes et leurs entreprises). Les États néolibéraux restent forts. S'ils se sont dégagés de certains champs d'intervention, ce fut au profit d'autres. Dans l'affirmation de l'ordre néolibéral et son extension au plan mondial, ils sont les dignes héros des classes qu'ils représentent en dernière instance.

Peut-on simplifier à l'extrême, privilégier *une* contribution principale ? De Brunhoff redéfinit la spécificité de Marx dans le contexte des analyses d'autres grands penseurs de l'économie, Ricardo, Keynes, etc. Chesnais rouvre le grand théâtre du capital fictif, qui double le monde réel. Duménil et Lévy suivent les traces de la finance dans la dynamique des rapports de production et des luttes de classes. Husson décèle l'emprise de la finance dans les faits stylisés du capitalisme contemporain : rentabilité, investissement...

Quatre points de vue

Un défaut d'analyse d'abord, d'autant plus frappant que la finance capitaliste s'est considérablement développée depuis le début des années 1980. C'est là le point de départ de de Brunhoff, et les théories keynésiennes ne font pas exception à la règle. A l'évidence, les principales expressions de la finance – les marchés boursiers, les banques et les autres institutions – sont bien identifiées, mais l'étude de leurs relations avec l'activité économique réelle, celle de la production et de la distribution, fait défaut. On ne saurait s'en tenir à la critique des « excès » de la finance et de son instabilité.

Après avoir présenté les analyses de la finance de quelques grands théoriciens du passé, David Ricardo, Léon Walras et John Maynard Keynes, de Brunhoff localise la contribution la plus importante dans l'œuvre de Marx. C'est l'étude du rôle de la monnaie, inséparable du marché, et celles du « capital-argent » et du « capital de production », qui permet d'appréhender le rôle spécifique de la finance capitaliste. Il n'y a qu'un seul capital, face au travail, mais ce capital a *deux formes*. Cette conception permet à Marx d'introduire les fonctions de la finance (appelée par lui « système de crédit », y compris bourses et banques) dans l'accumulation du capital à l'échelle de la société. C'est « une arme terrible de la concurrence entre capitalistes ». Elle permet notamment acquisitions et fusions d'entreprises – un aspect majeur du capitalisme international en ce début de XXIᵉ siècle.

Mais il faut également prendre en compte le rôle des États contemporains, dont les politiques néolibérales accompagnent et soutiennent les entreprises transnationales. Ces États sont les agents de la réduction des « coûts du travail » et des services publics, ce qui est favorable aux profits et aux distributions de dividendes qui en dérivent. Se développe, corrélativement, une concurrence entre États, favorisant les régressions nationalistes.

Les salariés, ouvriers, employés et une partie du personnel de l'État, sont particulièrement affectés par la pression exercée sur leurs emplois et leurs revenus. L'élaboration d'une alternative politique nationale et internationale apparaît particulièrement difficile. Mais les rapports de force entre capital et travail n'ont jamais été figés historiquement.

Chesnais part à la recherche de ce que Marx, mais aussi Hilferding, ont écrit sur le thème du « capital porteur d'intérêt » et du « capital financier », susceptible de contribuer à l'analyse des caractères majeurs de l'économie contemporaine. Les deux principaux aspects retenus sont, d'une part, la pleine matérialisation de la « tendance à former un marché mondial », dont Marx écrivait qu'elle existait « immédiatement dans la notion de capital », et, d'autre part, l'accumulation extraordinairement élevée de capital fictif. Il s'agit de titres (actions et obligations) se présentant comme un « capital » aux yeux de ceux qui les détiennent (directement ou par l'intermédiaire d'un gestionnaire), alors que ce sont, au mieux, des prétentions à bénéficier du partage d'une production à venir.

Pour Chesnais, la finance désigne un ensemble d'institutions qu'on peut séparer en deux groupes. Les premières sont spécialisées dans la centralisation de l'épargne et des autres formes d'argent inactif, et dans leur placement sous forme de prêts ou de titres (les plus importantes sont les fonds de pension et de placement collectif). Les secondes sont les supports institutionnels – au premier chef les marchés de titres garantissant la « liquidité » des placements – qui permettent de valoriser de l'argent devenu capital, par l'obtention d'intérêts, de dividendes et de plus-values boursières. La finance, ainsi définie, est la forme prise, dans la phase actuelle du capitalisme, par le « capital porteur d'intérêt » étudié par Marx à un stade initial de sa centralisation. Aujourd'hui cette finance doit sa force économique particulière et son pouvoir social considérable, aux moyens qui permirent aux investisseurs de s'immiscer dans la gestion des entreprises et de peser sur l'orientation de la politique économique de la plupart des États.

Chesnais défend la thèse que la prééminence acquise sur les autres formes de capital par celle qui se valorise en empruntant le cycle A—A', est indissociable de la libéralisation des échanges, des investissements directs et des flux financiers, menée à l'échelle planétaire par les États les plus puissants. Cela a engendré une situation où la notion de « capital en général », présentée par Marx, atteint son plein développement.

Le capital possède aujourd'hui, à un degré jamais atteint auparavant, les attributs qui en font une « valeur en procès », une force impersonnelle tournée exclusivement vers son autovalorisation et son autoreproduction. L'exploitation forcenée du prolétariat à échelle mondiale et l'épuisement des ressources de la planète sont, à la fois, la face cachée et la condition de la valorisation et de la reproduction du « capital en général », sous la forme A—A'. Ce capital « s'oppose comme une puissance autonome à la force de travail vivante », de façon d'autant plus efficace que le degré atteint dans la libéralisation des investissements et des échanges, tout comme les performances atteintes par les technologies de l'information et de la communication, permettent désormais aux entreprises de mettre les travailleurs directement en concurrence à l'échelle de la planète.

Chesnais esquisse enfin l'analyse de quelques expressions de la fuite en avant aveugle, politique autant qu'économique, qui marque aujourd'hui comme hier, le mouvement du capital dans sa tentative sans fin de « dépasser les limites qui lui sont immanentes ».

Dans leur interprétation de l'histoire du capitalisme depuis la fin du XIXe siècle, Duménil et Lévy donnent à la notion de « finance » un contenu où la relation de classe domine : la fraction supérieure de la classe capitaliste et ses institutions financières (banques, fonds de placement, Fonds Monétaire International...). Depuis la séparation de la propriété du capital et de la gestion des entreprises, survenue au début du XXe siècle et caractéristique des grandes entreprises contemporaines, le pouvoir de la classe capitaliste se trouve « reconcentré » dans ses institutions financières.

Au cours du XXe siècle, au gré de ses avancées et reculs, la finance a connu tour à tour : (1) une phase d'hégémonie, jusqu'à la crise de 1929 ; puis (2) une phase d'« endiguement », ou même de « répression » comme en France ou au Japon, pendant les premières décennies de l'après-guerre – dans le compromis keynésien largement ouvert vers les employés et ouvriers mais où l'initiative en matière de gestion et de politiques était entre les mains des cadres ; enfin (3) une nouvelle hégémonie dans le néolibéralisme. Le principal enjeu dans la succession de ces phases est le pouvoir et, corrélativement, le revenu de la fraction dominante de la classe capitaliste.

Cette fresque historique débouche sur l'étude des institutions financières, des transnationales et de l'État. Les procédés de cette nouvelle hégémonie financière sont à l'image de ses finalités : pression à la rentabilité, distribution de revenus du capital (intérêts et dividendes), ouverture du monde au capital international.

Le fil conducteur de cette analyse est la primauté de la lutte des classes, et l'apport des œuvres que Marx consacra à ces luttes en France, est ici crucial : les contradictions internes des classes dominantes et leur coopération face aux luttes populaires, et la théorie de l'État, dans son articulation aux structures de classes.

Au plan des concepts et mécanismes économiques, l'analyse de Marx permet d'établir le lien entre la théorie du capital et les mécanismes financiers. A la personne du « capitaliste actif » vient s'ajouter celle du simple « financeur » qui met son capital (de financement) à la disposition du premier ; dans ce processus de séparation de la propriété et de la gestion, toutes les tâches capitalistes sont finalement déléguées à des salariés. Le capital de financement possède des caractères de fictivité, en ce sens qu'il « double » le processus réel du capital, qui fondent la fragilité de l'édifice. L'analyse des mécanismes financiers a un second volet : la théorie du capital bancaire, qui concentre le capital de financement et en devient l'administrateur. L'articulation entre classes et institutions est ainsi déjà établie par Marx. Elle fonde la théorie du capital financier d'Hilferding et de Lénine, et introduit à la définition, plus large, de la finance par Duménil et Lévy.

Pour Husson, la finance serait plutôt « l'arbre qui cache la forêt ». Loin d'être un obstacle au fonctionnement « normal » du capitalisme, elle lui permet, au contraire, de revenir à un fonctionnement « pur », débarrassé de toute une série de règles et de contraintes qui lui avaient été imposées.

L'analyse prend comme point de départ l'observation que la reprise du taux de profit, depuis le début des années 1980, n'a pas entraîné une augmentation durable et généralisée de l'accumulation. Cette caractéristique inédite a conduit à une euphorie boursière qui est ici confrontée à la théorie marxiste de la valeur et de l'intérêt. Husson s'interroge, en particulier, sur la notion de « valeur pour l'actionnaire » et les instruments de gestion qui en dérivent.

Il montre que ces mécanismes reflètent, à leur manière, l'établissement d'un régime d'« hyper-concurrence ». L'espace de valorisation du capital s'élargit à l'ensemble de l'économie mondiale et conduit à la fixation de normes de rentabilité extrêmement élevées. Dans ces conditions, la financiarisation ne repose pas principalement sur une modification des rapports entre capital industriel et capital financier : elle renvoie plus fondamentalement à l'élévation constante du taux d'exploitation. C'est cette tendance, plutôt que le poids de la finance, qui permet de comprendre les évolutions régressives de la gestion de la main-d'œuvre et la montée du chômage de masse.

Le capitalisme contemporain est donc, avant tout, un capitalisme surexploiteur : l'augmentation du taux d'exploitation permet le rétablissement du taux de profit sans engendrer de nouveaux lieux d'accumulation dans la même proportion. La consommation de plus-value recyclée par la finance permet de combler l'écart croissant entre des profits excédentaires et des occasions raréfiées d'investissements rentables. C'est de ce point de vue qu'il faut interroger la thématique du parasitisme de la finance qui explique le faible dynamisme de l'accumulation par la ponction exercée sur la rentabilité globale. Husson le fait du point de vue des conditions de reproduction du capital, en montrant que les flux monétaires ne peuvent se déverser alternativement dans une sphère productive ou dans une sphère financière : comme le montra déjà Marx, la plus-value est consommée ou accumulée.

La financiarisation remplit au total une double fonction : elle instaure une concurrence exacerbée, nécessaire pour maintenir la pression à la hausse sur l'exploitation ; elle établit un mode de répartition adéquat aux nouvelles conditions de reproduction du capital. Elle renvoie, en définitive, à la contradiction essentielle qui consiste, pour le capitalisme contemporain, à refuser de satisfaire une part croissante des besoins sociaux parce que ceux-ci s'écartent, de plus en plus, de ses propres critères de choix et d'efficacité.

Finance, Capital, États

Suzanne de BRUNHOFF

1 - Problèmes de la nature et du rôle économique de la finance capitaliste

La finance est, dans la théorie économique, une notion paradoxale. Elle a, par ses pratiques et ses institutions, un rôle considérable dans le capitalisme contemporain, au point que l'on parle parfois de « financiarisation » des choix des investissements productifs, de « licenciements boursiers » des salariés, effectués par des entreprises qui veulent en priorité satisfaire les exigences de profit de leurs actionnaires-propriétaires Certains auteurs parlent de « *shareholder capitalism* », « capitalisme de propriétaires d'actions ». Des économistes en critiquent les excès et les dérives par rapport à l'économie « réelle » de production des biens et à la répartition des emplois et des revenus.

Cependant c'est souvent par rapport à un rôle « normal » de la finance capitaliste que ces critiques se rapportent. Et celui-ci a deux aspects. Tout d'abord il se réfère à l'histoire : après la Seconde Guerre mondiale, dans les années 1970, une nouvelle phase du capitalisme aurait commencé, dominée par la finance libéralisée et mondialisée. Un processus du même ordre avait eu lieu à la fin du XIXᵉ siècle, jusqu'en 1914. Il y aurait ainsi des phases du capitalisme où la finance serait provisoirement au poste de commandement de l'économie. C'est de nouveau le cas depuis les années 1980, avec la politique de libéralisation financière internationalisée, et davantage encore au début du XXIᵉ siècle.

Mais ce constat se réfère lui-même à une fonction économique normale de la finance comme *financement* des activités réelles d'investissement, et des dépenses publiques ou privées. Plusieurs pratiques y contribuent : crédit bancaire, marchés de titres, assurances, change des monnaies nationales. Comment ces opérations et leurs institutions aussi anciennes que le capitalisme, peuvent-elles avoir accédé à une dynamique qui leur est propre, par rapport à leur fonction « normale » de financement du commerce et des activités productives réelles ? L'expression courante, « faire travailler l'argent » semble indiquer que l'argent bien placé par son propriétaire peut enrichir celui-ci, sans qu'il ait lui-même à travailler. Mais le pouvoir économique et social de la finance internationalisée doit être expliqué par de nouvelles analyses du capitalisme contemporain.

Alors que le nouveau rôle, normal ou pathologique, de la finance est aujourd'hui discuté, les théories économiques ont des difficultés pour en incorporer l'analyse dans leurs analyses de « l'économie réelle » (section 2). C'est aussi le cas de la monnaie, dont pourtant l'usage est inhérent au fonctionnement de l'économie capitaliste, qu'il s'agisse de la production ou de la finance. Sans argent, pas de capital, que celui-ci soit « réel » (investi en moyens de production) ou « financier » (placé en titres divers dans des structures spécifiques). Karl Marx (section 3) a introduit le rôle de la finance à partir de deux notions fondamentales : celle de monnaie et celle de capital – le « capital-argent » étant alors une des formes du capital dont l'analyse est au centre de l'économie capitaliste. Ces idées seront présentées après l'exposé de la notion de finance chez trois théoriciens appartenant à des écoles économiques très différentes (section 2).

Cette présentation ne relève pas de celle d'une histoire des théories et des analyses économiques. Elle est orientée par le problème de la définition et du rôle de la finance capitaliste. Si dans les théories présentées de façon succincte la notion de finance a peu de place, ou si elle est abordée sans répondre à la question de son rôle économique « normal ou pathologique », on en cherche les raisons. Cette démarche est inspirée par les idées de Marx sur la monnaie et le capital, même si Marx lui-même n'a pas apporté toutes les réponses sur la notion de finance (section 3).

Dans les sections 4 et 5, les réalités et les idées contemporaines concernant la finance seront abordées en incluant le rôle complexe des États dans la concurrence capitaliste internationale, et la discussion du nouveau statut attribué aux travailleurs comme « agents économiques individuels » par l'idéologie du nouveau capitalisme qui serait « patrimonial » ou « financier » au XXIe siècle. Comme si la notion de classe sociale avait perdu sa signification ! La critique des idées dominantes sur cette question, nécessaire, mais non suffisante, introduit celle des alternatives réformistes, difficiles à concevoir au début du XXIe siècle.

2 - La finance selon trois grands économistes : D. Ricardo, L. Walras, J.M. Keynes

David Ricardo (1772-1823) : production et monnaie

David Ricardo a, selon Marx, été « le grand économiste de la production ». Il a repris la théorie inventée par Adam Smith, selon laquelle le travail est la source de la valeur des produits. Ce théoricien de la production capitaliste, maître de l'école classique anglaise, après Adam Smith, était un financier avisé qui fit fortune notamment par des agios sur les opérations de change entre monnaies. Dans son ouvrage principal, *The Principles of Political Economy*[1], il est peu question de finance et de revenus financiers, à l'exception du taux d'intérêt introduit comme dérivé du profit, de la fiscalité, et des banques. Cependant Ricardo critique la tendance des banques à émettre trop de titres de crédit, dont la quantité excessive risque de déprécier la monnaie, et de susciter l'inflation des prix. Cette conception qui relève d'une théorie quantitative de la monnaie, est précisée dans ses *Écrits Monétaires*[2]. Ricardo y développe aussi l'idée que l'inflation fait du tort aux « money men », les propriétaires d'argent, alors qu'elle ne nuit pas à ceux qui font du commerce et qui peuvent reporter la hausse des prix de leurs fournitures sur les prix de vente de leurs produits. La crainte de l'inflation est restée constante chez les détenteurs de fonds à placer. Quant à la conception quantitative de la monnaie, elle culminera au XXᵉ siècle avec le monétarisme de l'Américain Milton Friedman, alors que la monnaie sera devenue fiduciaire.

C'est dans le chapitre 17 des *Principles* que Ricardo aborde la monnaie et les banques. Ici il s'agit de la monnaie nationale, en anglais « currency », et de la quantité d'or qui est mise en circulation par monnayage de l'or en réserve à la Banque centrale, or dont la valeur dépend du travail dépensé pour son extraction. Quand la circulation des espèces est remplacée par celle du papier-monnaie, une règle quantitative doit éviter la dépréciation de celui-ci. Cette régulation quantitative de l'émission des billets par la Banque d'Angleterre suppose le respect de l'étalon-or monétaire, et du prix officiel de 3 livres 17 shillings 6 pence par once de métal.

Cependant, Ricardo introduit les financiers dans l'un de ses textes rassemblés dans ses *Écrits monétaires*. Ricardo les appelle « money men », hommes d'argent, qui placent leurs fonds par des prêts aux différents commerces. Quand la monnaie perd de sa valeur, sous l'effet d'une émission excessive de billets par le système bancaire mal réglementé, c'est au détriment des *money men*, et à l'avantage des marchands emprunteurs. Injustice, dit Ricardo, qui milite pour une réforme des pratiques de la Banque d'Angleterre.

Selon Ricardo, les sources fondamentales de la production de richesse sont la terre, dont le revenu est la rente, le capital réel, d'où vient le profit, et le travail rémunéré par les salaires. Profits et salaires sont des revenus antagonistes. La valeur de l'ensemble du produit réel est créée par le travail. Pour financer les salaires, un fonds d'avances est nécessaire, et son montant dépend des biens de consommation indispensables à l'entretien des travailleurs – de même Adam Smith en avait dressé une liste dans *La Richesse des Nations* (1776).

Dans la question de la distribution du produit social intervient la fiscalité, inévitable en raison des dépenses de souveraineté de l'État. Non seulement son volume global, mais la répartition de ses prélèvements en impôts entre les trois grandes catégories d'agents économiques, sont précisés. Quant aux dépenses publiques sociales, c'est beaucoup plus vivement que ne le faisait Adam Smith, que Ricardo critique les *Poor Laws* anglaises, lois d'assistance aux pauvres, dont les paroisses ont la charge. Ce sont, d'après lui, des dépenses publiques faites à perte, qui entretiennent la pauvreté au lieu de la combattre (idée empruntée à Malthus). Elles augmentent sans contrepartie les charges de l'État, et il faut souhaiter leur disparition progressive.

La finance, publique ou privée, ne fait pas partie des conditions fondamentales de la production dans les *Principles*. Cependant, comme on l'a indiqué plus haut, les banques jouent un rôle particulier. De plus Ricardo, en une seule page, évoque le rôle des *money men*, en rapport avec celui de l'entrepreneur capitaliste :

> Dans tous les pays riches, il y a des personnes que l'on appelle les *money men*, qui ne sont pas engagés dans le commerce, mais vivent de l'intérêt de leur argent, employé à escompter des traites, ou à des prêts à la partie la plus industrieuse de la communauté. Les banques, elles aussi, emploient beaucoup de capital de la même façon. Le capital ainsi employé constitue un capital de circulation, utilisé dans des proportions plus ou moins importantes par les commerçants du pays. Il n'y a peut-être pas un manufacturier, même s'il est riche, qui limite ses affaires à la seule dimension que lui permettent ses fonds propres. Il y a toujours une part de capital flottant, qui augmente ou diminue selon la demande de ses marchandises.
>
> Quand cette demande diminue, il licencie ses ouvriers, et cesse de s'adresser aux banquiers et aux *money men*. Cela permet de pro-

portionner le capital aux divers commerces, selon les changements de la demande des biens[3].

Malgré la longueur de la citation, ce texte est reproduit ici pour l'information qu'il donne sur le rôle économique attribué par Ricardo au financement des entreprises de production par le capital-argent, nommé par l'auteur « capital de circulation », ou « capital flottant ». Sa fonction économique est de permettre à l'entrepreneur une augmentation ou une diminution de ses affaires selon l'état du marché de ses produits, décision prise en toute indépendance par rapport aux financiers. L'analogie avec l'emploi des travailleurs, tout aussi mobile et adaptable à la conjoncture que le capital de finance, renforce l'idée du caractère fonctionnel qu'a le rôle économique des « hommes d'argent » et des banques.

Quelles que soient leurs variations conjoncturelles, les prix de marché reviennent à leur niveau « naturel », conformément aux lois qui déterminent la valeur d'échange de toutes les marchandises. Ricardo y revient, dans le chapitre 21, quand il examine « les effets de l'accumulation sur les profits et l'intérêt ». Il reprend l'idée que le taux d'intérêt dépend fondamentalement du taux de profit, et que l'inverse n'est pas possible. Ce taux était alors fixé par la loi anglaise, à 5 % des sommes empruntées. En cas de besoin, principalement pour financer ses dépenses militaires en temps de guerre, l'État lui-même emprunte à plus de 7 %, ce qui affecte les taux des emprunts privés. D'autres causes le font varier, notamment les fluctuations de la quantité et de la valeur de la monnaie qui agissent sur les prix monétaires. Pourtant, selon Ricardo, monnaie et intérêt reviennent normalement à « leurs prix naturels ».

Un autre principe de réalité économique, encore évoqué de nos jours, rendrait rationnels les échanges internationaux de marchandises, qui devraient être gouvernés par « les avantages comparatifs » de leur production dans les pays commerçant entre eux. Ainsi l'Angleterre devrait exporter son drap au Portugal qui exporterait son vin vers elle. Cependant les soldes monétaires de la balance des paiements doivent être réglés en une monnaie utilisable dans tous les pays, l'or, dont la valeur dépend du coût en travail de son extraction. Ricardo plaide pour la libre circulation internationale de l'or, référence réelle (monnaie métallique, et non « *paper money* ») des taux de change entre monnaies nationales. L'ancrage en or de toutes monnaies nationales, ferait de celui-là l'étalon monétaire international. C'est après le décès de Ricardo que ce régime a été peu à peu instauré dans les grands pays capitalistes européens, et plus tard aux États-Unis. Au XXe siècle, affaibli après la Première Guerre mondiale, l'étalon-or a disparu après la Seconde (1939-1944). Mais quel que soit le régime, la spéculation financière sur les changes des monnaies n'a jamais cessé

On a vu que chez Ricardo la finance est présentée sommairement par rapport au financement de la production, et à la distribution des revenus entre la rente de la terre, le salaire du travail et le profit du capital. Si le taux d'intérêt dépend du taux de profit, cela signifie que la finance ne fait pas directement partie des conditions fondamentales de la production capitaliste. De plus, à différentes reprises, Ricardo indique que la distribution des revenus de la production concerne principalement le rapport entre salaires et profits. Le troisième revenu capitaliste de base, la rente du propriétaire de la terre, introduit des questions particulières, non évoquées ici. Quant aux gains financiers des *money men* et des banques, ils ne sont pas inclus dans la distribution fondamentale des revenus, comme l'indique la dépendance du taux d'intérêt de l'argent par rapport au taux de profit.

D'où le paradoxe sur lequel Marx reviendra à plusieurs reprises : la finance, ses institutions et ses opérations, ont un rôle indispensable dans le fonctionnement du capitalisme, mais il est difficile d'en définir le statut économique par rapport au capital de production directement lié au travail salarié.

Léon Walras (1834-1910) : le rôle économique et financier de la monnaie

L'apport de Léon Walras s'inscrit de façon originale dans les nouvelles théories qui ont rompu avec celles de l'école classique anglaise dans le troisième tiers du XIXe siècle. Depuis la fin des années 1930, il a été redécouvert comme un des précurseurs de « l'école néoclassique » devenue exclusivement dominante aux États-Unis et ailleurs. Dans son livre intitulé *Fondements de l'économie pure ou théorie de la richesse sociale*[4] Walras élimine la conception classique de la valeur-travail, et transforme le statut des agents économiques : tous ceux-ci sont des individus rationnels qui gèrent la valeur d'échange des richesses sociales, définies comme « rares, c'est-à-dire utiles et n'existant qu'en quantité limitée ». Différentes, mais toutes initialement appropriées par les individus, elles sont analogues aux « dotations initiales » (« *endowments* ») des acteurs des marchés néoclassiques.

Ces « choses » (*sic*) s'échangent entre elles sur des marchés où elles ont « un prix d'équilibre, ni plus ni moins », exprimé en une unité de compte, le « numéraire », ou monnaie. « Le phénomène de la valeur d'échange se produit donc sur le marché, et c'est sur le marché qu'il faut l'étudier »[5], là où s'effectue la concurrence entre offreurs et demandeurs de biens et services. Si dans un premier temps ceux-là représentent « le capital » individuel de chaque échangiste, celui des offreurs de travail, est constitué par leurs facultés mentales « immatérielles ». Et le prix du service que peut fournir ce capital humain est dépendant du rapport entre l'offre et la demande, c'est-à-dire de la concurrence de marché. Walras précise, à plusieurs reprises, que l'économie est soumise à des lois naturelles, analogues à celles de la physique, et qui sont démontrées dans sa théorie. Les questions pratiques et sociales sont l'objet d'exposés différents, dans ses livres sur « l'économie appliquée » et « l'économie sociale ».

Dans la théorie économique pure, les lois de l'équilibre général des prix sont exposées par un système d'équations simultanées – cet usage des mathématiques étant à la fois une nécessité et une preuve du caractère scientifique de la théorie, qui a la même validité que les sciences de la nature. Il y a cependant le présupposé du numéraire, unité de compte des prix de marché, qui selon Walras n'a pas les mêmes propriétés que le mètre étalon, mesure fixe des grandeurs physiques. C'est une des façons par lesquelles Walras introduit la question de la monnaie, qui revient à plusieurs reprises dans son *Traité*.

Il aborde le problème du prix du numéraire, qui, comme unité de compte de tous les prix de marché, n'a pas lui-même de valeur d'échange ni de prix. La tâche prioritaire de Walras a été de montrer les rapports d'échange entre marchandises, selon la loi de leur rareté relative. Ainsi les prix qui expriment les rapports d'échange de deux marchandises sont égaux aux rapports inverses des quantités échangées et réciproques les uns des autres[6]. Ici le numéraire pris comme exemple est le franc français de l'époque où écrivait Walras.

La situation se complique cependant quand il s'agit du marché international, où les numéraires nationaux sont différents les uns des autres selon les pays. Walras introduit alors un nouveau problème, connu sous le nom de « la parité des pouvoirs d'achat » des monnaies nationales différentes, en relation avec le prix d'une marchandise de référence utilisée au plan international. Cela ouvre la voie à la recherche d'un étalon commun des différents prix nationaux, et plutôt que l'or, à toute autre marchandise d'usage national et international. Cette idée, développée notamment par Cassel, sert encore aujourd'hui. Par exemple quand l'hebdomadaire anglais, *The Economist*, utilise en 2004 le prix en dollars d'une marchandise universellement produite et consommée, le « *Big Mac* » (hamburger), pour montrer que, d'après le prix de celui-ci en yuan chinois, et le taux de change du yuan en dollar, la monnaie chinoise est artificiellement « sous-évaluée » par rapport au dollar, et elle devrait être réévaluée.

Jusqu'ici la question de la monnaie concerne la relation entre son rôle de numéraire, unité de compte, et sa « fonction circulatoire » dans les échanges de marchandises et de services. Un autre problème est abordé par Walras, qui concerne l'épargne en argent, source de financement du capital physique (dépenses d'investissement des entrepreneurs), par des placements en titres de crédit ou en actions. Cette monnaie de l'épargne « sert à des opérations sur le revenu » de ceux qui en sont les possédants. Ici la monnaie a une double signification. « Socialement » elle est « un capital », car elle sert plusieurs fois à faire des paiements. Par contre pour les individus échangistes, elle est un « revenu », car elle ne sert qu'une fois dans les paiements entre agents économiques individuels.

L'essence des capitaux, biens durables appropriés, est de donner naissance à des revenus de consommation et de production[7]. C'est le cas de la terre, dont le revenu est la rente, des personnes dont le travail, rémunéré par un salaire, est le « service de leurs facultés personnelles », et des capitaux dont le service produit le profit.

Cependant la monnaie qui est épargnée dans des encaisses diffère de celle qui sert aux transactions. L'épargnant capitaliste est alors distingué de l'entrepreneur auquel il avance de l'argent, crédit à rembourser avec un intérêt dans un délai déterminé. Ainsi le taux d'intérêt rémunère le prêt de « capital numéraire » constitué par les encaisses de monnaie épargnée : « L'offre de monnaie dépend de l'encaisse désirée en monnaie de crédit ou d'épargne »[8]. C'est ce qui permet, selon Walras, d'insérer les paiements différés dans sa conception fondamentale de *l'équilibre des marchés au terme d'une unité de temps au terme de laquelle les prix d'offre et de demande s'égalisent*.

Dans ce même ouvrage, *la finance boursière* est présentée comme un modèle « de marché organisé » où les prix des titres, après avoir varié selon l'offre et la demande des opérateurs, trouvent leur équilibre réel dans la réalisation des achats-ventes entre participants du marché, qui est organisé : tous les participants aux transactions agissent simultanément sur les prix dans le même lieu et le même jour jusqu'au dénouement final.

Cependant le rapport entre le numéraire, la monnaie, et l'usage financier de l'argent, n'est pas élucidé dans cette conception néoclassique de Walras. Les questions qui concernent la valeur, ou le prix, de la monnaie, en rapport avec une notion des dotations initiales des agents échangistes sur les marchés, ne relèvent pas de la seule histoire des idées. Car elles posent des problèmes récurrents aux théoriciens néoclassiques contemporains. Ainsi Kenneth Arrow, un des maîtres de cette théorie, a abordé, dans un texte intitulé *Real and nominal magnitudes in economics*[9], la question des prix dans les modèles d'équilibre général néoclassiques :

Les individus rationnels sont concernés par les marchandises qu'ils peuvent échanger et produire. Leurs motivations sont mesurées en termes « réels » [*biens*], et non en termes nominaux [*valeurs exprimées en monnaie*][10].

Cependant il est nécessaire de donner un statut à la monnaie dans les échanges effectués. Une de ses fonctions est celle d'unité de compte ou numéraire – comme Walras l'avait indiqué, rappelle Arrow. Fonction qui peut être assurée par un des *n* biens échangés, dans les échanges interindividuels. Mais le statut économique de ce bien est difficile à définir, dans le cadre des échanges entre individus, où il n'y a pas de bien commun de référence au plan social.

Une solution concernant « le prix » de ce bien semble alors être le recours à une théorie quantitative de la monnaie, inspirée du monétarisme de Friedman. La monnaie fiduciaire, sans valeur propre, est émise par l'État de façon centralisée. Par contre la demande de monnaie des individus concerne un moyen de transaction qui figure dans leurs encaisses, et qu'elle est stable. Si l'État multiplie par deux son offre de monnaie, les prix nominaux des *n* biens doublent. Cela suscite initialement des déséquilibres, qui peuvent parfois se transformer en crises inflationnistes.

Ce texte d'Arrow comme tous ceux du livre où il figure, date de la fin des années 1970, quand les États-Unis ont subi à la fois inflation des prix et hausse du chômage. La question monétaire n'est pas la seule qui soit en jeu. Comment rendre compte du *chômage subi et non voulu par l'individu économique rationnel*[11] ? La théorie néoclassique ne peut pas répondre à cette question. Elle peut seulement dire que les emplois et les salaires dépendent du marché du travail, où tous ceux qui offrent leur travail ne trouvent pas une demande qui leur convienne. Toutefois il serait possible, selon Arrow, de parvenir à un nouvel équilibre si l'agent économique qui cherche en vain un emploi rémunéré au prix courant actuel, envisage de baisser le prix de vente de son travail, et si l'employeur, de son côté, diminue le salaire proposé. Les choix individuels dénouent la transaction à un prix d'équilibre.

L'évocation de l'épargne, de l'investissement, et du crédit, introduit cependant le temps, et l'incertitude du futur. Quand viennent les échéances des règlements, les contrats des marchés à terme doivent se dénouer selon les conventions initiales. Arrow évoque le rôle des anticipations rationnelles, qui a suscité une littérature considérable, mais ici hors de propos. Par contre il revient sur la question de la nature et du rôle de la monnaie[12]. Walras l'avait fait, lui aussi, dans plusieurs textes non évoqués ici.

L'instabilité du numéraire, dont l'émission est centralisée par l'État, alors que les biens sont échangés sur des marchés décentralisés, peut produire des variations des prix nominaux, notamment à la hausse (« inflation »). Il est difficile, selon Arrow d'en comprendre la signification économique. D'autres auteurs, notamment le monétariste Friedman, ont introduit l'idée de la stabilité des encaisses individuelles en monnaie, toute la responsabilité de la variation des prix nominaux incombant à l'État émetteur de monnaie. Mais la demande d'encaisses suppose que la monnaie peut se conserver dans le temps, hors des échanges simultanés du marché.

Arrow donne alors une nouvelle consistance à la monnaie, qui ne peut être réduite à son rôle de « numéraire ». Elle est *utile* comme moyen de transaction entre les agents économiques, dont les échanges de biens ne sont pas du troc. C'est cette utilité qui fait ici la valeur de la monnaie, et qui suscite la demande d'encaisses des agents économiques. Cependant l'offre de monnaie reste un phénomène « exogène », c'est-à-dire ici étatique et centralisé, hors marché.

Les effets économiques en sont cependant appréciés de façon différente selon les économistes qui placent les équilibres des marchés au centre de leurs analyses.

Si l'on pense que tous les prix augmentent simultanément et dans la même proportion, l'inflation n'a pas d'effet réel sur les échanges de biens et la monnaie reste « neutre ». Ou bien, ce qui importe au plan des déséquilibres économiques, il y a des ressources inutilisées, comme le travail, en cas de chômage, et une baisse relative des salaires malgré la hausse générale des prix monétaires. En même temps il y a une offre excédentaire de biens par rapport à la demande. C'est cette situation dite de « *stagflation* » – stagnation et inflation de la fin des années 1970 –, qu'il faudrait expliquer, selon Arrow.

La finance n'est pas directement concernée par ces conceptions néoclassiques, où elle n'a pas de statut économique particulier par rapport aux échanges de « biens réels ». Cela évacue le problème du rapport entre la finance et l'économie, puisque l'on considère les titres financiers comme des biens réels offerts et demandés sur des marchés. Walras, comme on l'a indiqué plus haut, donnait la Bourse comme exemple d'un marché organisé efficient. L'objet principal de la finance est la gestion optimale d'un portefeuille de titres dans le temps et l'espace, selon des procédures mathématisées. Le statut monétaire et économique de la finance est ici une donnée, non un problème, alors que la notion de monnaie est restée sans solution théorique, et que la finance est un ensemble de marchés de biens particuliers, des titres individuels de propriété, à gérer au mieux.

John Maynard Keynes (1883-1946) : emploi, monnaie et finance

On a parlé d'une « révolution théorique » opérée par le livre de John Maynard Keynes *The General Theory of Employment, Interest and Money*, dont la première édition anglaise est parue en 1936[13]. Depuis la fin de la Première Guerre mondiale (1914-1918) après une brève reprise économique dans quelques pays, le krach boursier et la crise économique aux États-Unis avaient frappé le capitalisme international, déjà éprouvé par la révolution russe de 1917 et d'une autre façon par le fascisme en Italie et le nazisme en Allemagne.

Dans son livre de 1936, Keynes mettait au centre de ses préoccupations théoriques les conditions par lesquelles une économie pouvait parvenir au plein emploi. Cela impliquait que le chômage est involontaire, c'est-à-dire que l'offre de travail salarié est supérieure à la demande de travail des employeurs. Ainsi le marché du travail était-il déséquilibré, sans que les travailleurs en soient responsables, – contrairement à l'idée du Français Jacques Rueff, dans les années 1920, pour qui les allocations de chômage en Grande-Bretagne étaient la cause du chômage anglais. Une idée reprise d'une autre façon par Friedman, après la Seconde Guerre mondiale, le sans-emploi étant celui qui préfère le loisir au travail. Keynes par contre, exclut toute idée de « chômage volontaire » des travailleurs.

L'insuffisance du nombre d'emplois est due au manque d'incitation à investir des entrepreneurs, affectés par l'incertitude des profits futurs, ici « l'efficacité marginale du capital investi ». Combinée avec la réduction de la demande de biens de consommation des chômeurs, la réduction de la demande de biens de production affecte à la baisse le produit national. L'État peut-il intervenir, et si oui, comment ?

Keynes critique la priorité donnée à la recherche de débouchés commerciaux extérieurs, source d'affrontements entre nations. Alors qu'on demande aux autres pays d'importer nos marchandises, on limite par des droits excessifs les importations des produits étrangers. Ces pratiques, qui se sont développées à la fin des années 1890, ont suscité des tensions internationales considérables, qui ont été une des causes de l'éclatement la guerre en 1914. Par contre, c'est une intervention intérieure de l'État pour encourager les investissements nationaux qui est nécessaire. Il ne s'agit pas de « socialisme », écrit Keynes, mais de « la socialisation des investissements » par l'État quand l'économie capitaliste est incapable d'assurer le plein-emploi.

Pour introduire la relation entre économie, monnaie et finance, on admet ici que les grandes lignes de la « macroéconomie keynésienne » sont connues, ou d'accès relativement aisé. L'introduction de la monnaie semble d'abord aller de soi. Toutes les activités et les revenus économiques sont ici monétaires. Toutes les grandeurs économiques ont des prix en monnaie. Celle-ci n'est pas seulement une unité de compte, ni un simple flux émis par l'État ou plutôt le système bancaire, au sommet duquel se trouve une Banque centrale. La monnaie est aussi l'objet d'une demande spécifique de tous les agents économiques, selon trois motifs principaux : *motif de transaction, motif de précaution,* et *incitation à thésauriser.* On verra plus loin que

Keynes ajoute, pour préciser la relation entre monnaie et finance, *le motif de spéculation*.

Dans la *Théorie Générale*, Keynes abandonne la question de l'étalon monétaire, qu'il avait abordée dans son *Treatise on Money* de 1930. Il avait alors conclu qu'il n'y a pas d'étalon de la monnaie analogue au mètre en platine servant universellement de mesure des longueurs. Mais il cherchait, pour les relations internationales, un substitut d'étalon monétaire physique qui pourrait servir de référence commune à tous les pays. Ce pourrait être un panier de marchandises utilisées par tous les pays développés. Cette recherche correspondait à deux idées constantes chez Keynes : le rejet de l'étalon-or international, d'une part, source de conflit entre pays voulant s'approprier des mines d'or ; et en second lieu, la crainte de la suprématie monétaire des États-Unis, dont il critiquait l'égocentrisme national et la volonté de grande puissance.

Cette recherche est abandonnée dans la *Théorie Générale*. Par contre, non seulement la monnaie est indispensable, mais elle a un caractère unique par rapport à toutes les autres marchandises (Keynes dit qu'il suit ici une suggestion de Piero Sraffa) : « Elle est le seul actif (*asset*) qui ait un taux d'intérêt monétaire en termes d'elle-même »[14], et « ce taux est toujours positif ». Il n'y a pas de taux d'intérêt « réel » qui assurerait par exemple l'équilibre entre investissement et épargne.

Cependant, comme on l'a vu plus haut, l'émission de monnaie est un phénomène institutionnel, dont, précise Keynes, le coût est négligeable (usage de papier). Négligeable aussi est son coût de conservation. Tous les contrats sont libellés en monnaie, y compris les contrats à terme. Le caractère institutionnel de l'offre de monnaie permet à l'État d'agir sur le niveau du taux d'intérêt (monétaire). Keynes pense que la politique monétaire (non quantitative) peut être utile, mais que ses effets économiques sont faibles, ou insuffisants. Car ils se heurtent à deux sortes de demande de la monnaie qui peuvent avoir un caractère pathologique : *l'incitation à thésauriser et la demande spéculative de monnaie*.

Ces comportements relèvent tous les deux de « la préférence pour la liquidité », et ils affectent le financement des investissements et les placements en Bourse. Les riches thésauriseurs sont assimilés par Keynes à des rentiers qui profitent de la rareté relative de la monnaie de transaction en faisant augmenter le taux d'intérêt monétaire. Ce comportement nuit aux investissements réels, à la demande de biens réels et à l'emploi. C'est pourquoi Keynes préconise, dans une formule célèbre, « l'euthanasie des rentiers ».

Quant aux *marchés financiers*, eux aussi sont le théâtre de comportements irrationnels. Il ne s'agit pas ici, comme dans les analyses de la rationalité de ces marchés, d'individus qui peuvent perturber la Bourse par leurs mauvais calculs et leurs anticipations erronées. Dans la *Théorie Générale*, Keynes présente la Bourse, marché financier organisé, comme une institution particulière qui s'est considérablement développée. Cette extension a accru l'écart entre la propriété du capital et la gestion de celui-ci. Selon Keynes, c'est parfois positif pour l'investissement, mais cela augmente l'instabilité du système. Chaque jour il y a sur le marché boursier une rencontre de tous les investisseurs, et ces individus, même quand ce sont des professionnels, ont l'occasion de réviser leurs choix en fonction de ceux des autres. Cela concerne les investissements déjà faits, et les nouveaux placements.

Le problème qui préoccupe Keynes est celui de la capacité de prévision à long terme des participants aux marchés financiers[15]. Or la formation des cours de Bourse se fait chaque jour par une évaluation qui résulte d'une « convention ». C'est le résultat de comportements collectifs animés par des phénomènes de psychologie collective. Les agents individuels ignorants sont à l'origine de l'évaluation conventionnelle des cours des titres du marché. Alors se produisent de fortes variations des cours de Bourse, auxquelles les spéculateurs professionnels participent, et la valeur réelle des investissements est la proie d'une psychose collective du marché financier.

Keynes réintroduit la préférence pour la liquidité, ici celle des titres boursiers liquides. « De toutes les maximes de la finance orthodoxe, la plus nocive est le fétichisme de la liquidité » (c'est-à-dire la possibilité de vendre rapidement et sans perte les actifs liquides détenus). Cette spéculation se fonde sur la psychologie collective du marché. Ces comportements irrationnels dominent les évaluations boursières, au détriment du financement des titres d'entreprises qui demandent des fonds pour leurs investissements réels. Ici la finance de marché nuit à l'économie et à l'emploi. Non seulement par son instabilité, mais par sa fermeture sur elle-même, au détriment des anticipations économiques de long terme concernant les investissements et l'emploi.

Faut-il alors préconiser la fermeture des marchés financiers spéculatifs, irrationnels, et parfois dangereux, ou faut-il tout de même les conserver ? Keynes se pose à lui-même la question sous forme d'un « dilemme ». Et il y répond. Certes, sur ces marchés la spéculation déclenche des « bulles » irrationnelles, et elle a tendance « à faire de l'entreprise elle-même une bulle ». Cela justifierait la fermeture des marchés financiers. Mais d'autre part, la liquidité de ces marchés peut favoriser la création d'un nouvel investissement, même si elle peut aussi l'empêcher. Et le placement de fonds monétaires en actifs (*assets*) aux prix courants de ceux-ci, vaut mieux que la thésaurisation, totalement stérile. « L'euthanasie des rentiers » évoquée plus haut, ne s'accompagne donc pas de celle des spéculateurs de la finance.

On indique ici ce dénouement, parce que la critique féroce de la spéculation financière faite par Keynes est encore aujourd'hui souvent reprise, à juste titre. Par contre, l'issue politique proposée par Keynes – conserver les marchés financiers malgré leurs tares – est rarement évoquée. Certes Keynes propose par ailleurs de « socialiser » les investissements quand l'initiative privée est défaillante, et il cite des exemples d'investissements publics qui existent déjà (infrastructures, transports). Mais il ne commente pas directement la relation qui pourrait s'établir entre « les investissements socialisés » par l'État et le maintien du « laisser-faire » des marchés financiers.

Ici on rappelle brièvement le statut économique et financier de la monnaie dans la *Théorie Générale*. Dans le chapitre 11 de ce livre, section 3, Keynes écrit qu'il a maintenant introduit la monnaie dans son « *causal nexus* » et que cela lui permet de montrer comment les variations de la quantité de monnaie font leur chemin dans le système économique, en relation avec la préférence pour la liquidité. Ainsi une augmentation de la quantité de monnaie émise par le système bancaire affecte le comportement de thésaurisation. Elle réduit le taux d'intérêt et elle favorise l'incitation à investir. La préférence pour la liquidité donne ainsi à la monnaie le caractère d'un actif, alors qu'il s'agit d'une « *fiat money* », monnaie fiduciaire de papier.

Keynes n'a pas repris dans la *Théorie générale* le problème de l'étalon monétaire, laissé sans solution dans le *Treatise on Money*. C'est le comportement de préférence pour la liquidité qui donne à la monnaie sa valeur spécifique, et son rôle ambivalent : indispensable pour toutes les transactions, et dangereuse quand elle est thésaurisée par de riches rentiers ou quand elle participe à l'instabilité de la finance.

Cependant cette question de l'étalon monétaire a de nouveau été abordée par Keynes pendant les années 1940, dans la perspective d'une réforme internationale, qui éviterait les tensions sur les taux de change des années 1930. Il le fait comme spécialiste reconnu, puis aussi comme responsable politique anglais lors des négociations sur le régime monétaire d'après-guerre, menées aux États-Unis et sous l'égide de ce pays. Pendant la Seconde Guerre mondiale, Keynes avait réfléchi à un nouveau système monétaire international. Pour lui ce devrait être une organisation égalitaire, et consensuelle, afin d'éviter les affrontements dus au régime de l'étalon-or, et les désordres nés de la crise de ce dernier. Keynes élabora un projet de Banque centrale mondiale, à laquelle seraient affiliées toutes les banques centrales des différents pays. Elle servirait au règlement des crédits et des dettes résultant des opérations commerciales internationales. Pour conforter l'autorité monétaire de cette Banque mondiale, Keynes proposait que son rôle monétaire soit fondé sur une monnaie de réserve spécifique, le « Bancor ». Remontons dans le temps pour comprendre ce projet de réforme, différent de celui de 1930.

Pour organiser les relations monétaires internationales, si, comme Keynes le souhaitait, l'étalon-or était abandonné, comment réguler les taux de change des monnaies nationales (*currencies*) en relation avec un taux d'intérêt international de référence[16] ? Au XIXe siècle, la *City* de Londres et la monnaie anglaise avaient un rôle dominant, pour déterminer ce taux d'intérêt, et les autres pays devaient suivre. La situation a changé depuis la Première Guerre mondiale. Selon Keynes, la France et les États-Unis sont devenus les principaux créditeurs internationaux, après 1918, puis après une crise française, seuls les États-Unis, qui recevaient une masse d'investissements étrangers, et avaient un stock d'or considérable, étaient dominants. Tout en poursuivant sa recherche d'un nouvel étalon international, Keynes écrivait dans le *Treatise* qu'il sera difficile de le faire accepter par les États-Unis, en raison de leurs avantages actuels, et aussi « parce qu'ils sont excessivement méfiants quant à la délégation d'un de leurs pouvoirs à un organisme international ».

Keynes construit tout de même un étalon devant remplacer, à partir des prix des marchandises les plus utilisées dans le commerce international - matières premières et biens de consommation de base, dont les prix seraient fixés internationalement. C'est comme si l'on proposait d'utiliser en 2005 un étalon pétrole, par consensus entre toutes les nations.

Dans les années 1940, pour préparer l'après-guerre, Keynes a proposé une autre issue pour éviter les affrontements monétaires et financiers internationaux. Comme cela a été indiqué plus haut, il y aurait une monnaie internationale commune, le « *bancor* » qui serait émise par une Banque universelle, Banque de toutes les banques centrales nationales. La référence à l'or est ici de retour, dans les réserves de la Banque mondiale, pour donner confiance en la nouvelle monnaie comme étalon international, et garantir la crédibilité de la nouvelle Banque. Cependant, lors des négociations officielles de Bretton Woods, aux États-Unis, le plan de Keynes fut écarté et le projet américain présenté par Harry D. White l'a emporté. Le Fonds Monétaire International, structuré de façon profondément inégalitaire, a remplacé la Banque universelle du projet keynésien.

Cependant le régime des taux de change fixes entre grandes monnaies nationales, calés sur les réserves d'or des Banques centrales, a été abandonné en 1971-1973, de façon unilatérale par les États Unis, en raison de la crise du dollar et de la diminution des réserves d'or américaines pour régler les dettes extérieures du pays. La contre-offensive des États-Unis fut l'instauration d'un régime de changes flexibles, dépendant d'un marché international des monnaies, et elle a mis fin aux accords de Bretton Woods. On verra plus loin (section 4) que cela conforta le rôle dominant du dollar.

Hiérarchie monétaire et laisser-faire, si fortement critiqués par Keynes, sont de retour depuis les années 1980.

3 - L'apport théorique de Karl Marx : capital-argent, capital productif et finance

Marx (1818-1883) a voulu faire une « critique de l'économie politique » en incluant dans le champ de son analyse des rapports économiques, les structures des classes caractéristiques du capitalisme. Entre le profit et le salaire, il n'y a pas seulement un problème de distribution, ce qu'avait montré Ricardo. Selon Marx la part du produit du travail salarié qui est appropriée par le capital relève de l'exploitation des travailleurs qui créent, avec les valeurs marchandes, un surplus, le profit.

Le capitalisme est conçu par Marx comme un mode de production historique où les positions économiques des individus relèvent de leur appartenance à des classes dont les intérêts sont différents (entrepreneurs ou financiers), ou opposés (capitalistes et salariés). Influencé par l'école classique, mais témoin des premières révoltes ouvrières, Marx discute aussi les écrits de Pierre Joseph Proudhon, de Henri de Saint-Simon, et d'autres réformateurs du capitalisme. Il construit une analyse théorique du système économique et social, dans son œuvre principale, *Le Capital*, dont le premier livre paraît en 1867, et les deux livres suivants après son décès, en 1885 et 1894, édités par Friedrich Engels[17].

On se limite ici aux textes du *Capital,* alors que l'œuvre de Marx est considérable, et que la reconstitution des textes originels en allemand est depuis quelques années l'objet d'un travail de rénovation par plusieurs spécialistes internationaux.

Le Livre I du *Capital*, paru du vivant de Marx, concerne d'abord la marchandise et la monnaie, et commence par un constat : « La richesse des sociétés capitalistes apparaît comme une immense accumulation de marchandises ». Ce qui importe ici pour notre analyse, c'est l'introduction de la monnaie, impliquée par les marchés de biens vendus/achetés. Ni troc, ni usage d'un simple numéraire, la monnaie est immanente aux échanges marchands qui résultent de la division du travail entre producteurs de biens. La circulation des marchandises ne peut se faire sans une monnaie socialement acceptée, qui a plusieurs rôles : mesure des valeurs des marchandises échangées, étalon des prix monétaires, moyen de la circulation marchande, réserve de valeur. C'est aussi un moyen de paiement pour les règlements différés par le crédit. Marx introduit cependant la possibilité de la thésaurisation – qui diffère de la préférence pour la liquidité selon Keynes, car elle implique ici une valeur objective de la monnaie. Elle n'est pas non plus assimilable à une épargne, source de l'investissement selon les théories dominantes. La thésaurisation, suscitée par l'amour de l'argent comme forme de la richesse et de la puissance universelle, est un comportement pathologique analogue à celui de l'Avare de Molière.

Cependant par l'accumulation d'argent dans les pores du commerce et du crédit, il se forme un « capital-argent » (« *money-capital* ») qui naît de la circulation sociale des marchandises. Celle-ci est l'expression d'une division du travail réglée par le commerce, et la contrainte monétaire de l'accès aux biens : la monnaie, phénomène social spécifique, est à la fois un moyen de la socialisation marchande du travail individuel, et une contrainte de l'accès à la rémunération de ce travail. Par contre, ceux qui disposent d'un capital-argent initial peuvent avoir les moyens d'embaucher des travailleurs.

Quant à la monnaie nationale propre aux différents pays, elle a une dénomination particulière, livre sterling ou franc, dont la référence à l'étalon-or varie selon les États qui pratiquent entre eux le commerce international. Cela suscite un marché des changes entre monnaies, tenu par les banques ou des opérateurs spécialisés. Marx n'en fait pas état, quand il désigne l'or comme monnaie universelle et étalon commun de référence, les flux d'or entre pays permettant de solder les balances de paiements. Le caractère spécifique des taux de change entre monnaies nationales et la spéculation financière sur ces taux, bien connus de Ricardo comme financier tirant profit des agios, et plus tard, dans un autre contexte, de Keynes quand il spéculait sur les taux de change, ne sont pas pris en compte par Marx. Celui-ci, dans une lettre à Engels, disait que jamais quelqu'un ayant autant écrit sur la monnaie que lui n'en avait eu lui-même aussi peu.

Dans la seconde section du livre I du *Capital*, capital-argent et capital productif sont deux formes complémentaires. Quand le possesseur d'argent est un entrepreneur, il trouve sur le marché du travail un homme dont la seule propriété est celle de sa propre force de travail, et qui en cherche l'emploi en échange d'une rémunération salariale. Le travail étant la source de la création de valeur, il est aussi à l'origine du profit capitaliste : le travailleur gagne de quoi acheter les biens nécessaires à son entretien, et il fournit aussi un « surtravail » dont le capitaliste tire profit. Tout ce procès s'effectue sur la base d'un contrat. Marx a décrit dans le chapitre 24 du Livre I du *Capital,* la violence de « l'accumulation primitive » de capital, au XVIᵉ siècle – pillage par les Européens de l'or et d'autres ressources du « Tiers-Monde » de l'époque, esclavage, etc. L'expropriation des petits paysans anglais a aussi été une source de troubles et de répression légale féroce dans le premier pays capitaliste, la Grande-Bretagne.

Cette « accumulation primitive » s'est aussi faite avec une autre forme de l'intervention de l'État, par la contrainte fiscale monétaire imposée pour financer ses dépenses.

En France, le « financier » a d'abord désigné le riche collecteur des impôts pour le compte du Roi, et qui est opposé au pauvre savetier dans une fable de Jean de La Fontaine. Même dans l'Encyclopédie de Denis Diderot (2e édition, 1778), le terme « finances » renvoie à celui de « financiers », non aux fermiers généraux mais aux employés publics qui collectaient les impôts pour le Roi et l'État, et qui étaient détestés par toutes les catégories sociales, pauvres ou riches. Par contre le financement de la dette publique a favorisé l'émergence de spécialistes de la finance privée et de rentiers créditeurs des États, sans susciter le même ressentiment public.

Cependant, une fois le capitalisme devenu le mode de production dominant, la vie politique *à l'intérieur du pays* se développe sous le régime de la légalité et du contrat, et non de la rapine et du brigandage. C'est maintenant un mécanisme économique et financier de discipline sociale qui ne suppose pas, en tant que tel, la violence étatique. La distribution sociale des richesses et des revenus semble être naturelle, et chacun doit s'y adapter. Marx a introduit la notion de chômage comme formation d'une « armée de réserve » de travailleurs pour le capital, et inhérente au mode de production capitaliste. Il en a distingué différentes strates sociales, dont seule la plus basse est formée d'individus désocialisés et prêts aux rapines et aux violences, ce que plus tard on a parfois appelé « un sous-prolétariat ». Cependant, si le chômage, dont le volume varie notamment avec la conjoncture des affaires, est une caractéristique du capitalisme développé, c'est une forme de violence économique contre les personnes, socialement dévalorisées par l'absence d'un travail rémunéré, même s'il y a un régime public de prestations de chômage et d'information sur les offres d'emplois.

On reviendra plus loin sur la question de « l'armée de réserve », inhérente à la condition salariale capitaliste, en décrivant la façon dont elle est abordée depuis la fin des années 1990.

En ce qui concerne le statut économique de la finance, Marx en fait état comme « système de crédit » (incluant Banques et Bourses), et il indique sa fonction dans *La loi générale de l'accumulation du capital*[18] et *La concurrence entre capitaux*. La centralisation des fonds disponibles par ce système financier joue un rôle considérable pour la réalisation de grands travaux : « Le monde se passerait encore du système des voies ferrées, par exemple, s'il eût dû attendre le moment où les capitaux individuels se fussent arrondis par l'accumulation pour être en état de se charger d'une telle besogne. La centralisation du capital au moyen des sociétés par actions y a pourvu »[19].

Cette centralisation a aussi des effets sur les changements techniques du capital, qui augmente sa partie « constante » (machines et bâtiments), *au détriment de sa partie variable* (emplois salariés). Autre indication fondamentale sur le rôle de la finance (du « système de crédit ») dans les modalités de l'accumulation du capital « réel », c'est, selon Marx, « une arme redoutable dans la concurrence entre capitalistes ». Ces indications, bien A vérifier ; qu'elles aient été peu développées dans la suite du *Capital*, restent pertinentes pour situer le rôle économique de la finance capitaliste.

Sur les opérations et les structures de la finance, Marx a laissé des indications dans de très nombreuses notes rassemblées par Engels qui en a fait le Livre III du *Capital,* paru après le décès de Marx. Dans ces textes, la question récurrente est celle de la dynamique du capital financier, par rapport au capital de production. La gestion de la finance rassemble des employés salariés de plus en plus nombreux. Mais même quand ceux-ci sont au plus bas de la hiérarchie et mal payés, leur travail relève de services qui ne sont pas producteurs de valeur réelle, et contrastent avec le travail ouvrier. C'est aussi la raison pour laquelle Marx parle du capital financier comme d'un « capital fictif » qui n'est pas le produit d'une création réelle de valeur économique.

Tel est notamment le cas des revenus qui sont capitalisés au taux d'intérêt courant et deviennent ainsi une forme de capital produisant de lui-même un revenu. Cette pratique fait croire que l'argent peut engendrer de l'argent, « comme un poirier produit des poires ». Le procès réel de l'accumulation de capital est complètement ignoré[20]. Alors que dans le capitalisme l'intérêt est une partie du profit de production, son rôle particulier dans « le système de crédit » et ses propres fluctuations à la hausse ou à la baisse, semblent l'émanciper de son ancrage réel. La notion de « capital fictif » employée par Marx désigne les procédures par lesquelles les revenus financiers du capital-argent se forment et s'accroissent, dans « le système de crédit », indépendamment de tout travail productif. Ainsi le taux d'intérêt, utilisé pour capitaliser les revenus futurs attendus d'un placement, n'est plus considéré comme une partie du profit capitaliste. Cela suscite l'illusion que l'argent, du seul fait qu'il est prêté ou placé, peut de lui-même produire un revenu, alors que celui-ci ne résulte que d'un droit de propriété sur une partie du profit créé par le surtravail.

Malgré cette distinction entre une sphère de la finance qui semble fermée sur elle-même, et celle du capital de production, source du profit capitaliste, Marx précise qu'il y a « un seul capital sous deux formes », l'une financière et l'autre industrielle, entre lesquelles se répartit le profit né du surtravail productif. Il y revient à plusieurs reprises notamment en étudiant le rôle des banques dans *le système de crédit.* Elles sont elles-mêmes relativement centralisées par leur relation organique avec la Banque centrale du pays qui détermine le taux d'intérêt officiel du crédit dans le pays et qui dispose des réserves d'or et de change. Bien que « fictif », par rapport au capital de production, le système bancaire a une fonction monétaire et financière indispensable dans l'accumulation capitaliste. Il en manifeste aussi les crises récurrentes, notamment sous la forme de crises du crédit et de la demande massive d'argent liquide (*cash*) à la place des titres et des dépôts bancaires. Ensuite la confiance dans le système de crédit revient avec la reprise des affaires.

Selon Marx, les crises économiques et financières ne détruisent pas le système capitaliste, même quand elles sont très graves. On le constatera bien après le décès de Marx, lors de l'hyper-inflation allemande après 1918, ou du crash de Wall Street aux États-Unis en 1929. Ces crises modifient les interventions économiques et politiques des États, au plan intérieur et international, mais elles ne sont pas l'occasion de révolutions sociales destructrices du capitalisme.

Dans une de ses notes du Livre III du *Capital*[21], l'éditeur, Engels, indique que Marx n'a pu connaître les changements du système de la fin des années 1880-1890 : concentration des entreprises en cartels et trusts, concurrence féroce entre les pays capitalistes pour les débouchés commerciaux, contestation sur le partage de l'Afrique en colonies, fin de la suprématie industrielle de l'Angleterre, en relation avec des changements technologiques considérables :

> L'expansion colossale du transport et de la communication – lignes maritimes, chemins de fer, télégraphe électrique, canal de Suez – a fait d'un marché mondial effectif une réalité. Le monopole industriel initial de l'Angleterre a été mis en cause par la concurrence de plusieurs nouvelles nations industrielles[22].

Ce nouveau mode de développement du capitalisme a été analysé par Rudolf Hilferding, qui, dans *Le capital financier* (1910), en a analysé certains caractères importants, à partir de l'essor industriel et financier de l'Allemagne. Son livre a été tardivement traduit en France (1970)[23], et peu étudié et discuté.

De façon générale, l'apport de Marx sur la finance capitaliste a été peu utilisé par les divers courants marxistes du XXe siècle. Pour résumer ce qui en a été présenté, voici quelques propositions :

1. *L'importance du rôle de la monnaie*, sous ses diverses formes et utilisations : privées, publiques, et internationales. Sans monnaie, pas de marchés, et pas de capital, réel ou financier. Inséparables du développement du capitalisme à grande échelle.

2. *Le rôle économique de la finance*, ici « le système de crédit » pour l'extension de la production des entreprises, et pour la formation de grandes entreprises par fusion et acquisition : ce système est « une arme terrible de

la concurrence » entre capitalistes, et il favorise la centralisation des fonds de placement par les plus grandes entreprises.

3. *Le rôle fondamental de l'exploitation du travail salarié* comme source du profit capitaliste, en relation avec la formation d'un marché de la force de travail. L'emploi, indispensable, s'accompagne cependant d'une « armée de réserve » de chômeurs dont la plus grande partie cherche à accéder au salariat. Il peut y avoir des périodes de « quasi-plein-emploi » comme en France après la Seconde Guerre mondiale, pendant les « Trente glorieuses » années, mais elles sont exceptionnelles. Et, en cas de besoin, la France a pu et peut encore puiser des forces de travail dans l'énorme armée de réserve de son ancien Empire colonial.

4. *L'instabilité de l'accumulation capitaliste*, soumise à des cycles de la finance et de la production.

5. *Le constat et la critique de l'illusion que la société capitaliste est un état naturel* des choses, où chacun tente de s'adapter au mieux à l'inégalité structurelle des revenus et des patrimoines. Pour Marx, c'est un mode historique de production des richesses, inégalement distribuées entre les individus qui font partie de différentes classes sociales. Les deux classes principales de ce mode de production sont celles des capitalistes et des travailleurs salariés industriels. Le rappel de ces idées bien connues sera mieux compris plus loin, quand seront évoquées les conceptions individualistes des « agents économiques » et de leurs moyens d'affronter les risques qui les menacent.

Au vu de l'essor considérable de la finance depuis les années 1980, et de la nouvelle contrainte de « la création de valeur pour les actionnaires », ces idées de Marx sont d'une grande aide pour décrypter la signification du rôle économique et social de la finance en ce début de XXIe siècle. Depuis la fin du XXe siècle, les « excès de la finance » et de « la création de valeur pour les actionnaires » sont une des sources de l'accroissement des inégalités entre classes sociales. Mais si la critique de cette « pathologie » se réfère à ce que pourrait être un rôle plus équilibré des opérations financières, elle peine pour définir une norme pour la seule finance. Comme le dit Marx, il n'y a qu'un seul capital, sous deux formes différentes. L'accumulation concurrentielle fait que le capital productif, malgré des différences ou des contradictions secondaires, a partie liée avec la finance. Il doit obtenir tout le profit possible, pour s'affirmer dans la concurrence intérieure et internationale. La norme commune est celle de la compression des coûts salariaux et des dépenses de sécurité sociale des États. Que ces exigences capitalistes soient grevées de contradictions, c'est certain. *Mais ce n'est pas en rapport avec une norme d'équilibre du capitalisme, ou du rôle économique « normal » de la finance.* Cette question est reprise dans les points 4 et 5, en relation avec la situation contemporaine au début du XXIe siècle.

4 - Finance, économie et internationalisation du capital

Une analyse du statut et du rôle économique de la finance a toujours été difficile à intégrer dans les théories économiques, comme on l'a vu dans la présentation de certaines d'entre elles. Au plan historique l'usage du crédit, soit public, en raison des dettes des gouvernements, soit privé, sous la forme de l'usure, ou celle des règlements commerciaux, est une pratique très ancienne, antérieure au capitalisme. Par contre, la notion globale de finance a été peu traitée en tant que telle. Elle désigne un ensemble de contraintes, comme la perception des impôts par les « financiers », aux XVIIe et XVIIIe siècles, en France, ou des opérations de circulation de l'argent dans un monde d'affaires et de praticiens spécialisés.

Dans l'étude de la finance contemporaine, le développement d'un appareil mathématique de calcul des probabilités des rendements et des risques, ne s'accompagne pas d'une discussion de ses présupposés conceptuels. L'initiation à la finance, est devenue une étude du fonctionnement des opérations financières, qui suppose non seulement un vocabulaire spécialisé, mais une bonne formation mathématique. Ainsi les salles de marché des banques sont devenues un important débouché pour des mathématiciens. La meilleure gestion possible des portefeuilles de titres est au centre des analyses et des conseils aux clients des banques et des investisseurs en titres de propriété financière. La nouvelle technique de gestion des « produits dérivés » est devenue une référence incontournable pour les opérateurs financiers.

De façon paradoxale, la complexité technique de la finance va de pair avec l'essor médiatique de l'information financière quotidienne. En France, les variations de la cote phare de la Bourse, le « CAC 40 » sont largement diffusées – la hausse du prix des actions est une bonne nouvelle, par contre sa baisse est contrariante – c'est une sorte d'information devenue aussi naturelle que la météorologie, comme si les variations quotidiennes des prix des titres financiers concernaient tous les acteurs sociaux Ceux-ci semblent être considérés comme des épargnants et/ou des débiteurs potentiels, repérés par les seules statistiques. La pédagogie n'est pas la seule à mettre en cause. Alors que la finalité des techniques sophistiquées est de gagner de l'argent au moindre risque et au moindre coût possible pour ceux qui disposent de fonds, on ne trouve aucun lien théorique convaincant entre monnaie et finance, ni entre finance et « économie réelle ». C'est ce à quoi s'emploient les éléments d'analyse qui suivent.

Monnaies nationales, étalon monétaire et marchés des taux de change

La monnaie contemporaine est fiduciaire, c'est une « monnaie de papier » fondée sur la confiance en l'émetteur, c'est-à-dire l'État national. Elle n'a pas « la valeur-travail » que lui attribuaient Ricardo et Marx au temps de l'or, référence universelle des étalons monétaires nationaux. Sa valeur dépend aujourd'hui d'autres facteurs, discutés entre marxistes. Cependant la monnaie reste la contrainte sociale de l'accès aux revenus et aux transactions sur tout le territoire national, et le support de la distribution des revenus et des fortunes. La finance s'en nourrit. Toutefois, on remarque que le marché international de l'or s'anime dans les périodes troublées – c'est le cas depuis le début du XXIe siècle, et qu'il est considéré comme « une valeur refuge » internationale par ceux qui peuvent en acquérir.

Cette idée de la monnaie comme donnée sociale du monde des marchandises et des encaisses privées s'oppose à toutes les théories quantitatives de la monnaie, critiquées par Marx en son temps, et notamment à celle de Friedman, après la Seconde Guerre mondiale. Selon cet économiste, la valeur de la monnaie dépendrait de la quantité émise par l'État (la Banque centrale) de façon arbitraire, ce qui peut entraîner l'inflation ou la déflation des prix et nuire à l'économie. Parmi les critiques de cette conception, on retient ici l'idée qu'elle rend impossible de comprendre comment cette quantité de signes monétaires étatiques peut devenir un actif dans des encaisses de transaction ou de thésaurisation des agents économiques. L'usage de monnaie est une contrainte économique d'accès aux marchés, dans tous les pays contemporains et les échanges internationaux. Cependant, il n'y a pas de monnaie universelle, qui émanerait d'un État mondial et serait l'étalon de référence. On a vu plus haut l'échec de Keynes qui proposait une Banque mondiale émettrice d'une monnaie de réserve unique, le « Bancor ». C'est le dollar des États-Unis qui est devenu la monnaie internationale de référence, et qui l'est encore au début du XXIe siècle. Toutes les Banques centrales non américaines ont des réserves principalement constituées en dollars. Il est parfois question de composer un étalon fait d'un panier de plusieurs grandes monnaies, dollar et euro notamment, mais ce n'est pas encore vraiment à l'ordre du jour.

La variation quotidienne des taux de change entre grandes monnaies est l'objet d'une très importante activité financière. Elle l'était déjà depuis le développement du commerce international européen et des traites de crédit sur diverses places (Hambourg, Amsterdam, puis Londres) Mais les flux de transaction financière sur les monnaies se sont considérablement développés par rapport aux transactions commerciales, et sous l'effet de la spéculation. En 2004, le détenteur d'une des plus grosses fortunes américaines, le financier Warren Buffet avait misé pendant plusieurs années sur la baisse du dollar, notamment par rapport à l'euro, ce qui lui a rapporté des gains considérables. Mais en 2005, il n'a pas vu venir la hausse relative du dollar, et il a perdu sa mise. La spéculation ne peut pas toujours gagner.

L'hégémonie internationale actuelle du dollar est confortée par la puissance financière américaine : les plus grandes banques mondiales, les marchés financiers les plus importants, les fonds de placement les plus développés, la réglementation des opérations boursières, la bienveillance fiscale envers les propriétaires d'actions, et autres aspects institutionnels. Le taux d'intérêt du crédit géré par la Banque Centrale américaine (la Fed), fait autorité, malgré les limites de son intervention : ainsi elle n'a pu freiner la formation d'une « bulle financière », à la fin des années 1990, et quand elle est intervenue par une forte hausse de son taux d'intérêt, au début des années 2000, elle a précipité la baisse des marchés financiers américains, qui s'est diffusée au plan international.

Relativement fort ou faible par rapport aux autres grandes monnaies internationales – l'euro, le yen japonais, la livre sterling –, de toute façon le dollar garde son rôle d'étalon monétaire international. Ainsi les prix de marché du pétrole sont libellés en dollars. Autre exemple : la faiblesse des revenus individuels dans les pays les plus pauvres est figurée par le gain quotidien d'un ou deux dollars. Au plan institutionnel, les réserves des Banques centrales sont principalement constituées par des dollars, surtout celles des « pays en voie de développement ». La possession de dollars représente un titre universel sur le pays le plus riche et le plus puissant du capitalisme international. Il est aussi sûr et accueillant pour les fortunes étrangères en cas de troubles locaux (voir l'exode temporaire des fonds privés aux États-Unis pendant les événements de mai 1968 en France). Du fait de l'étalon-dollar, les États-Unis sont le seul pays qui a le privilège de régler sa dette extérieure en sa propre monnaie. L'augmentation considérable de cette dette est financée par les placements financiers des étrangers. La domination monétaire et financière est ainsi entretenue non par « l'épargne du reste du monde », comme on le dit parfois, mais par les riches possesseurs de fonds à faire valoir de façon plus sûre et parfois plus rentable que dans leurs propres pays. Bien entendu, il y a des fonds américains qui viennent se placer à l'étranger, et achètent des actions de sociétés qui leur paraissent immédiatement rentables. Mais on reviendra plus loin sur ce point, qui diffère du financement privilégié de la dette extérieure américaine.

Les États-Unis soutiennent la prépondérance de leur monnaie. Ils n'ont cependant pu empêcher la création de l'euro comme monnaie régionale, à laquelle cependant la Grande-Bretagne, très liée aux États-Unis, a refusé de participer. Par contre, ils ont contribué à bloquer les velléités japonaises de créer une monnaie asiatique régionale. Quant à l'idée d'une monnaie commune aux pays sud-américains liés par des accords commerciaux, (le

« Mercosur »), elle a échoué. Par contre « la dollarisation » mondiale dont on a beaucoup discuté au début des années 2000 ne s'est pas réalisée sous la forme prévue par quelques économistes qui prévoyaient le dollar des États-Unis comme monnaie unique de toute l'Amérique, du nord au sud, et de nouveaux problèmes pour l'Europe et l'Asie.

Alors que le dollar est resté hégémonique, au plan monétaire et financier, les tensions commerciales entre pays ont augmenté. Elles se sont en partie reflétées dans les crises de l'Organisation Mondiale du Commerce (OMC), libre-échangiste, qui expriment les contradictions des intérêts nationaux, affectés à des titres divers par l'extension du libre-échange commercial.

La montée en puissance de la Chine dans l'industrie et dans le commerce international a modifié la donne. En raison du déficit commercial des États-Unis avec la Chine, celle-ci accumule des réserves en dollars placés en bons du Trésor américains. Cependant le taux de change fixe de la monnaie chinoise, le yuan, en dollars, est fortement discuté, comme un privilège anormal par rapport au marché des changes. Sous la pression des États-Unis, la Chine a commencé à rendre plus flexible le taux de change de sa monnaie, et à la ré-évaluer légèrement par rapport au dollar. Mais le yuan n'est pas encore négociable sur le marché international des taux de change.

Le marché financier des changes n'a cessé d'augmenter en volume par rapport aux transactions commerciales. C'est un marché très lucratif pour les banques et de gros spéculateurs financiers. Il est aussi l'expression d'un monde resté divisé en nations, malgré l'hégémonie économique et financière des États-Unis.

Ce marché financier s'est considérablement développé. Nécessaire pour régler les transactions commerciales internationales, il est, par son volume quotidien, très largement supérieur à ces besoins. Le dollar comme étalon international est validé par un consensus politique entre tous les pays capitalistes, développés ou émergents. Les fluctuations quotidiennes sur le marché international des changes, soit des « prix » des grandes monnaies les unes par rapport aux autres, et surtout relativement au dollar, relèvent d'opérations financières mathématisées qui se pratiquent dans les salles de marché des banques. Gros profits, et parfois grosses pertes. Les effets économiques des prix relatifs des monnaies sont complexes : quand le prix de l'euro par rapport au dollar a été relativement élevé, beaucoup d'industriels français se sont plaints de la diminution des ventes de leurs produits à l'étranger. Quelques-uns ont justifié ainsi la délocalisation de leur production dans un pays de « la zone dollar ». Cependant, en 2005, quand le dollar a nettement remonté par rapport à l'euro, les délocalisations se sont poursuivies. Et le déficit du commerce extérieur français, qui avait commencé en 2004, a augmenté, malgré la baisse relative de l'euro. Il est donc difficile d'évaluer les effets économiques des taux de change des monnaies, bien que ceux-ci en aient certainement, et fassent partie de la concurrence entre pays capitalistes, par exemple quand il s'agit des prix des produits à exporter. On ignore encore comment le devenir capitaliste va modifier la donne monétaire actuelle, dans le cadre de changements futurs.

Concurrence économique et financière et rapports politiques entre États

1. Les grands États occidentaux ont entre eux des relations complexes. D'une part ils sont liés par de nombreux accords et conventions, par l'appartenance commune à l'OTAN, survivance militaire de la guerre froide contre l'URSS, et par les relations entre services de renseignement, accrues depuis l'attentat terroriste, à New York, le 11 septembre 2001. Ces coopérations n'empêchent pas les divergences politiques, notamment sur l'invasion de l'Irak par les États-Unis, avec le soutien de quelques alliés, en mars 2003. Ni la France ni l'Allemagne n'y ont participé. Il y a parfois des scandales, comme celui de la découverte par la presse, à l'automne 2005, des transferts secrets de suspects dans des bases américaines situées en Europe. Scandale vite étouffé. Le plus étonnant est le maintien des bases américaines à l'extérieur des États-Unis. Il est accepté par exemple en Allemagne, le pays le plus important de l'Europe de l'Ouest. De plus l'extension de ces bases à de nouveaux pays de l'ancienne zone soviétique, se fait sans aucune réaction politique des institutions européennes. Un consensus mou sur l'action américaine contre les menaces du terrorisme international ?

Certaines sortes de bases américaines sont plutôt une expression de la concurrence économique et financière entre pays capitalistes, notamment pour l'accès au pétrole et au gaz russes qui transitent par les pays visés. Il faut aussi tenir compte de la demande considérable d'énergie par la Chine. Ainsi l'ouverture, en 2005, de quatre bases américaines en Roumanie, au bord de la Mer Noire, pour surveiller l'acheminent des réserves énergétiques russes vers différents pays. L'acceptation de ces bases par la Roumanie, pays candidat à l'entrée en 2007 dans l'Union européenne, donne une idée de la concurrence économique entre grands pays et de leur recherche de zones d'influence impériale. Les États-Unis restent dominants, non seulement par leurs nombreuses bases extérieures, mais aussi par leur contrôle des mers ; ils ont même ouvert une base dans le sud de la Sardaigne, pour surveiller la Méditerranée. L'accès aux métaux stratégiques, aluminium, nickel et autres, la surveillance du trafic maritime des marchandises, sont des enjeux considérables.

L'Union européenne ne dit rien sur les bases américaines en Europe. Il est vrai qu'au plan économique et financier, ses banquiers, ses grandes entreprises commerciales et industrielles, tirent profit de l'entrée des pays de l'Est dans l'Union (on y reviendra plus loin). De plus, les grands pays capitalistes redoutent tous que, dans un avenir plus ou moins lointain, la Chine ne devienne la plus grande puissance économique mondiale. L'essor de l'Inde inquiète moins. Ce serait la fin du rôle dominant de l'Occident, déjà mis en cause par le terrorisme islamiste. Peut-être est-ce une des causes de la passivité européenne vis-à-vis du rôle dominant des États-Unis qui défendent leurs propres intérêts par tous les moyens possibles, mais de ce fait protègeraient aussi tout l'Occident. En Afrique, dont les différentes zones ont depuis longtemps été l'objet de la rivalité entre puissances occidentales, la Chine avance déjà quelques pions pour accéder au pétrole du Nord-est africain, et aux zones africaines de production de métaux industriels.

La concurrence économique et financière entre pays occidentaux n'empêche pas la tolérance politique des Européens vis-à-vis des abus américains en matière de relations internationales. Elle n'en existe pas moins, sur des produits phares, comme les avions – la course entre ceux de Boeing et ceux du consortium produisant les Airbus est très suivie. Celle qui oppose de nombreux pays sur le commerce de produits agricoles est tout aussi importante. Les subventions publiques françaises aux agriculteurs, celles des États-Unis à leurs producteurs de coton, sont les plus discutées, mais non les seules. On touche là aussi à une des contradictions suscitées par le libre-échange, comme celle de la libéralisation du commerce du riz entre pays asiatiques. Loin de développer les sentiments internationalismes, ce néolibéralisme suscite de fortes réactions nationalistes.

2. La concurrence financière internationale se traduit notamment par des achats d'actions étrangères, ou de banques, ou par l'installation de filiales bancaires partout où c'est possible. Elle est *beaucoup moins visible,* pour la masse des citoyens, que la concurrence des produits. Qui s'est ému de l'achat par une société financière australienne, du site historique de la Bourse anglaise (LSE, *London Stock Exchange*) ? Ou de la formation d'*Euronext*, accord entre les Bourses française, portugaise, belge et néerlandaise, dont le siège est à Amsterdam ? Cependant quand les Russes refusent l'ouverture de filiales de banques étrangères en Russie, car elles ne sont pas « de droit russe », les commentateurs trouvent cela peu convenable, surtout quand au même moment la Russie demande son adhésion à l'OMC.

De grandes banques multinationales proposent aussi leurs services à de riches pays musulmans, tout en respectant les interdits religieux de ceux-ci. En novembre 2005, une grande banque internationale d'origine britannique *Barclays Capital*, a participé financièrement à l'achat par l'émirat de Dubaï, d'une compagnie britannique de transport maritime. La grande banque française, BNP Paribas, a une antenne à Bahreïn. L'américaine *Citicorp* a été autorisée, en septembre 2005, à ouvrir une succursale au Koweït. Ces informations[24] précisent qu'il y a là une source de fonds considérables, et que les banques occidentales respectent les préceptes religieux dont l'interprétation peut d'ailleurs varier ça et là. De la même source on apprend qu'en Grande-Bretagne une « *Islamic Bank of Britain* » s'est ouverte en 2004, et que son capital a été souscrit par des investisseurs du Golfe Persique. La course à l'argent de la finance n'a pas de frontières. Concurrence et centralisation financières vont de pair. Cependant certains investissements financiers sont plus directement pragmatiques que d'autres, au plan économique. Ainsi une banque allemande, *Dresdner Bank,* a-t-elle acheté un tiers de *Gazprombank*, contrôlée par le monopole russe du gaz en Russie, pour 800 millions de dollars. Quant à l'accès à l'aluminium et au nickel, des groupes allemands ou canadiens affrontent avec succès les groupes français dans les anciennes zones d'influence de la France.

On a vu plus haut que l'hégémonie internationale du dollar est confortée par la puissance financière américaine : les plus grandes banques mondiales, les marchés financiers les plus importants, les fonds de placement les plus développés, la réglementation attentive des opérations boursières, la bienveillance fiscale envers les propriétaires d'actions, et d'autres atouts institutionnels. La politique monétaire américaine a aussi une influence financière internationale. Le taux d'intérêt du crédit à court terme, géré par la Banque Centrale (la Fed), fait autorité, malgré les limites de son intervention et ses erreurs. Mais le président de la Fed est encore considéré comme un gourou mondial, quoique le plus influent, Alan Greenspan, qui a officié depuis 1987, soit, avant son départ au début de 2006, aujourd'hui très critiqué[25], notamment pour avoir trop longtemps laissé augmenter le crédit pour les dépenses de consommation et la hausse des prix de l'immobilier. Ainsi se défait la réputation des gourous.

Depuis la fin des années 1990, et après la reprise boursière de 2003, les taux d'intérêt à long terme, qui concernent les prix des obligations privées et publiques, sont relativement bas. Ceux des Banques centrales, pour le court terme, le sont aussi. Cela indique que l'inflation des prix, contraire aux intérêts financiers, comme l'avait dit Ricardo, est relativement faible, malgré la très forte hausse du prix du pétrole qui se répercute sur la consommation d'essence. L'inflation est d'ailleurs mesurée, aux États-Unis, hors du prix de l'énergie. C'est la consommation des ménages en produits et services qui compte, et elle est forte sans que cela n'enclenche une hausse des prix. Grâce aux produits bon marché venus de Chine ? A la discipline des salaires ? Pour les observateurs, l'important est que la demande reste forte sans hausse des prix courants. La forte augmentation des prix des logements, de caractère patrimonial, n'est pas non plus une source d'inflation. Le surendettement des ménages qui achètent leur logement à crédit peut modérer leur consommation, et les prix des produits. En 2005, la situation intérieure américaine est bonne pour la finance. L'afflux des capitaux étrangers pour financer le déficit extérieur des États-Unis se poursuit. La suite n'est pas encore écrite.

3. Dans les pays occidentaux, un autre type de spéculation financière se développe, notamment quand les Bourses sont moins attrayantes, et elle survit à la reprise de celles-ci. C'est le cas de *l'essor des achats immobiliers et fonciers,* pour investir dans un patrimoine solide. Les gens peu fortunés achètent à crédit, ce qui, en Grande-Bretagne, par exemple a beaucoup profité aux banques, mais cela a affecté la consommation des ménages lourdement endettés. C'est un des aspects du tassement sans crise de « la bulle immobilière », dont certains redoutaient l'éclatement violent. Le risque financier a été reporté sur les dépenses des ménages les moins fortunés.

La fin de la pause conjoncturelle de l'essor de la finance, en 2003 et 2004, n'a pas supprimé la spéculation immobilière, favorisée par le maintien de la faiblesse des taux d'intérêt à long terme. Les banques en ont largement profité, et aussi des spéculateurs individuels ou groupés en agences spécialisés. Pas seulement dans les grandes villes, mais aussi sur des terrains bien situés pour le tourisme, la construction de bases nautiques ou de golfs. Même des résidents de la classe moyenne peuvent en être affectés. Mais la spéculation foncière affecte surtout les plus pauvres, et elle contribue à l'accroissement des inégalités sociales. C'est un des aspects les plus nuisibles, au plan social, des profits financiers réalisés sur l'achat des terrains et sur l'urbanisation rentable.

Cela n'est certes pas nouveau. A Paris, au cours des années 1970, le gouvernement de droite n'a pas seulement voulu effacer les traces des révoltes de mai 1968. Il fallait faire de Paris une ville élégante et calme, attirante pour la bourgeoisie et pour le tourisme. Alors Paris a été en partie vidé de ses habitants modestes. La spéculation foncière s'est aggravée en 2004-2005. Au Quartier Latin, des librairies sont remplacées par des boutiques de vêtements ou des restaurants « *fast food* ». Un succès pour ce quartier universitaire historique de « la ville lumière ». Une boutique de meubles anglais est remplacée par une agence immobilière, de même qu'une autre qui imprimait et faisait des photocopies. Depuis les années 2004, la spéculation immobilière a fortement repris, et les prix des logements rénovés ont beaucoup augmenté. Est-ce parce que Paris doit rester une ville attirante et sûre, alors qu'en Europe elle est *en concurrence* avec Londres, Vienne, Venise, Barcelone, et d'autres encore ?

Aux États-Unis et en Grande-Bretagne, l'endettement des ménages pour acheter leur logement, a fait redouter « une bulle immobilière », dont l'éclatement pourrait être ravageur. En Grande-Bretagne, la bulle s'est dégonflée à l'été 2005, sans drame, mais en affectant à la baisse la consommation des ménages endettés. Ce tassement de la demande intérieure semble avoir eu des conséquences négatives sur la croissance économique, qui a brutalement baissé en 2005. Le modèle économique britannique, dont beaucoup de politiciens conservateurs, en France notamment vantaient les vertus, est moins à la mode. Cependant aux États-Unis l'endettement pour les achats immobiliers reste très élevé, et semble d'autant plus inquiétant que les revenus des salariés endettés n'augmentent pas. Sur ces points, tous les observateurs font le même constat.

4. La reprise des marchés financiers et celle de la croissance aux États-Unis, en 2003-2005, a eu des caractères particuliers. On en mentionne seulement deux ici. D'une part, elle s'est accompagnée de considérables acquisitions et fusions d'entreprises et de banques, au plan intérieur et international. Les banques spécialisées dans ces fusions et acquisitions des entreprises en tirent des profits financiers considérables. En 2005, les opérations de fusions-acquisitions ont mobilisé 2.703 milliards de dollars, hors marchés boursiers[26]. Une banque d'affaires américaine est le numéro 1 du conseil en la matière, mais d'autres en ont aussi profité. Quant aux salariés des nouvelles entreprises géantes, ils ignorent souvent le sort qui les attend.

La pression très forte de la concurrence mondialisée joue un grand rôle, dans cette centralisation économique et financière du capital inhérente au « système de crédit » dont a parlé Marx. Quant à la concentration des Bourses elles-mêmes, propriétés d'actionnaires, elle se fait partiellement en Europe de l'Ouest.

Cependant la concurrence fiscale entre États, pour attirer les fortunes importantes s'intensifie, même entre partenaires de l'Union européenne. Ainsi des Français fortunés partent en Belgique, où la fiscalité sur les hauts revenus serait plus légère qu'en France. D'autres déplacent une partie de leur fortune en Grande-Bretagne. Cela explique en partie les réformes du gouvernement français pour modifier la fiscalité sur les hauts revenus dans le budget de 2006. Le nouveau gouvernement allemand (2005) fait de même, en augmentant la taxe sur la valeur ajoutée, la TVA, et en diminuant le taux de l'impôt sur les profits. Les États groupés dans l'Union européenne ne veulent pas l'harmonisation des fiscalités nationales qui relèvent de leur souveraineté.

Cette concurrence fiscale entre États partenaires diffère de leur tolérance générale envers « les paradis fiscaux », admis par toutes les grandes puissances occidentales. Le mouvement de contestation contre ceux-ci, qui s'était développé dans quelques pays européens à la fin des années 1990, n'a pu obtenir de résultats. Tout se passe comme si ces paradis fiscaux faisaient partie du système capitaliste actuel. On dit aux États-Unis que cela « donne de l'air » aux entreprises par rapport aux multiples contraintes inhérentes au rôle des États.

Cependant les marchés financiers sont instables, ce qui affecte les entreprises dont le financement boursier est privilégié à un moment donné. Ainsi à la fin des années 1990, l'engouement pour la nouvelle technologie informatique avait suscité une bulle boursière, aux États-Unis, et la hausse du taux d'intérêt de la Banque centrale a précipité une crise boursière qui s'est diffusée dans les marchés financiers internationaux. Une stagnation de la croissance économique et une hausse du chômage ont affecté les économies capitalistes développées. La reprise économique à la fin de l'année 2003 et surtout en 2004, ainsi que le nouvel essor des Bourses, ont parfois été qualifiés, aux États-Unis et ailleurs de « reprise sans emplois ». Par contre, les actionnaires des grandes sociétés ont été partout choyés : augmentation des dividendes, rachat de leurs propres actions par les entreprises pour en soutenir le cours. Les fonds affectés à ce rachat d'actions par les 500 plus grandes entreprises de Wall Street, auraient atteint en 2004, 197 milliards de dollars, et, en 2005, 315 milliards[27]. Profits des grandes sociétés et finance boursière vont ici de pair.

Les finances publiques des grands États capitalistes

Les Banques centrales nationales font partie des institutions financières publiques, même quand elles sont « indépendantes » de l'État. Étant le « prêteur en dernière instance » des banques privées, par le maniement de leur taux d'intérêt, elles affectent le prix du crédit bancaire national. Le rôle de la Banque centrale des États-Unis, déjà évoqué plus haut, est particulièrement important au plan intérieur et international. La finance craint l'inflation monétaire qui déprécie la valeur des titres. Depuis la reprise des Bourses en 2003, les taux d'intérêt sont restés peu élevés, jusqu'en ce début de 2006.

Cependant il convient d'introduire aussi le rôle financier des finances publiques nationales. On confond parfois le néolibéralisme avec le retrait du rôle de l'État dans le financement des dépenses publiques. Il est vrai que le budget des États et leur mode de financement, par les impôts ou la dette, ont constamment été une source de discussions entre écoles économiques et orientations politiques. Pour les économistes classiques, il fallait soigneusement trier les dépenses incompressibles de l'État, comme celles de la défense du territoire, par opposition à celles qui pouvaient être parasitaires (dépenses de luxe des dirigeants par exemple). Il fallait aussi remettre aux agents économiques locaux la gestion de certaines infrastructures publiques, par exemple l'entretien des canaux.

Les grands États capitalistes contemporains ont tous, en 2006, des déficits budgétaires élevés. Les dettes publiques se sont accrues depuis la fin des années 1990. Pas seulement au Japon et en Italie, mais aussi aux États-Unis dont les dépenses militaires ne cessent d'augmenter depuis 2003. En Europe de l'Ouest, des pays comme la France et l'Allemagne ont une dette supérieure à la norme de 60 % du Produit Intérieur Brut, PIB, des Traités européens. Même en Grande-Bretagne, le déficit public a augmenté. De plus, en décembre 2005, une mauvaise nouvelle financière a concerné les fonds de pension de ce pays, pourtant considéré comme un des modèles anglo-saxons de la gestion de la main d'œuvre et de la finance néolibérales : une crise des fonds de pension britanniques, dont le déficit global serait de 55 milliards d'euros. Qui va payer la note ? Aux États-Unis une partie du problème tient aux considérables baisses des prélèvements fiscaux sur les revenus les plus élevés. Une politique que les gouvernements français et allemands envisagent d'adopter. Cela s'explique en partie par la concurrence fiscale entre pays capitalistes, pour conserver ou attirer les « ménages » les plus fortunés. Quant au système des « paradis fiscaux », il est censé donner de l'air aux grandes entreprises, et aucun pays ne le met en cause.

Pour la finance, les dettes publiques rapportent un revenu aux souscripteurs des obligations d'État. En France, la charge cumulée des intérêts de la dette se monte, en 2005, à environ 40 milliards d'euros, alors que les titres publics sont très sûrs, et que les taux d'intérêt sont relativement peu élevés. Une manne pour les rentiers ! Quant à la trésorerie du Trésor public français, depuis quelques années, elle est placée sur les marchés financiers par des intermédiaires privés agréées[28]. Les néolibéraux, qui demandent une diminution des dépenses publiques visent essentiellement les charges sociales ainsi que le nombre et les « privilèges » des fonctionnaires, n'expliquent pas pourquoi, en dépit des réformes, et des privatisations d'entreprises et de services publics, il y a des coûts budgétaires politiquement incompressibles.

Cependant, en dehors des dépenses de sécurité, militaires et policières, la discussion du budget prévu pour 2006 a été en France encore beaucoup plus tendue que dans les années précédentes. Quelles dépenses réduire pour limiter l'augmentation de la dette publique ? La possibilité d'augmenter les recettes par la taxe sur la valeur ajoutée, la TVA, d'abord écartée, serait envisagée, alors que l'Allemagne venait de s'y résoudre, pour compenser une baisse des impôts sur le capital. En France la privatisation des sociétés d'autoroutes a été fructueuse, mais elle ne suffit pas. L'ouverture au privé du capital de Gaz de France et d'Électricité de France, sociétés nationales, n'a pas non plus rapporté assez.

Les dépenses d'éducation, qui ont souvent été le premier poste de du budget public français, sont difficiles à comprimer, mais celles de l'enseignement primaire et secondaire doivent maintenant s'accompagner d'une réduction des dépenses pour les Universités, voire pour la recherche scientifique, d'une diminution des postes d'enseignants. L'essor de l'enseignement privé, où une partie des classes moyennes envoie ses enfants, est spectaculaire, mais il est en partie subventionné par l'État. Les dépenses publiques de santé et d'aide sociale sont décentralisées autant que possible, et les prestations de chômage ont été réduites et soumises à de nouvelles conditions. On les décentralise le plus possible. Mais il n'est pas possible de se décharger financièrement de toutes les dépenses sociales sur les régions ou les collectivités locales. Les soldes négatifs inévitables remontent vers le budget de l'État. Le recul de l'âge de la retraite des fonctionnaires n'évite pas la nécessité pour l'État de garantir un fonds pour ces retraites. Quant aux subventions à des activités économiques considérées comme décisives, telle l'agriculture ou ce qu'il en reste, on ne peut les supprimer. Même s'il faut pour cela affronter la répartition des dépenses du budget européen.

Dire que « la France vit au-dessus de ses moyens », alors que c'est un pays riche, cela n'aucun sens. En l'occurrence, c'est une justification pour poursuivre la privatisation de tout ou partie des entreprises publiques, vendre à des sociétés privées les sociétés publiques d'autoroutes, pourtant lucratives, diminuer une partie des coûts du chômage, décentraliser le revenu minimum d'insertion, privatiser des équipements portuaires, en attendant la réalisation d'autres projets concernant la SNCF. Les équipements collectifs français dont la qualité a longtemps été appréciée par les Français et par les étrangers, sont dans le collimateur. C'est plus sensible que les reprivatisations des banques engagées par les gouvernements socialistes dans les années 1980.

La dramatisation médiatique, au vu des charges de la dette publique française, a été extraordinaire, en décembre 2005 : « La France est ruinée » ; c'est sans doute pour culpabiliser les citoyens de base et les dissuader de demander des crédits publics pour l'école, l'apprentissage, la recherche scientifique, les universités. Ce catastrophisme budgétaire a même été relayé par une société de notation américaine, déclarant que si rien n'est fait pour assainir les finances publiques françaises, il faudra baisser la note du crédit de la France. Une intervention inopinée, plus politique que financière, semble-t-il. Il est difficile de prévoir quelles innovations et contre-réformes peuvent émerger de la combinaison entre impératifs d'économies budgétaires et compromis politiques, en 2006 et 2007.

Une réforme fiscale a cependant été préparée, pour 2006, et votée par la majorité de droite de l'Assemblée nationale, pour diminuer les impôts sur les riches possédants, afin que leurs fortunes restent en France et s'y investissent, notamment en actions boursières. Pour réduire les dépenses qui ne rapportent rien, on envisage de fermer des centres culturels français à l'étranger. On diminue le nombre de postes d'enseignants titulaires prévu pour le budget 2006. Une loi permet d'envoyer en apprentissage les jeunes dès 14 ans, ce qui supprime l'obligation de scolarité jusqu'à 16 ans. Bref, ainsi est déjà entérinée au plan budgétaire et légal l'aggravation de la division culturelle et sociale entre jeunes privilégiés et défavorisés.

Les mesures déjà votées ou en préparation ne pourront pourtant pas supprimer le déficit public. Le premier poste de dépenses budgétaires, en France serait en 2006 celui de la dette, alors que récemment encore c'était celui de « l'éducation » ; non pour les Universités, ni la recherche scientifique, mais pour les enfants, de la maternelle aux lycées et collèges. L'éducation est un aspect important du consensus politique en France, de même que le réseau de crèches, selon une tradition favorable à la natalité, et c'est une aide pour les femmes qui travaillent. L'État ne peut pas trop économiser là-dessus, comme il le fait au détriment de la formation professionnelle, de l'enseignement supérieur et de la recherche.

Le second poste de dépenses « incompressibles » est celui des « dépenses de sécurité ». Il concerne non seulement la défense des territoires français, mais de multiples obligations du maintien de l'ordre international dans le cadre de l'OTAN, des missions de l'ONU en Afrique, de la veille atomique, etc. Il y a aussi la surveillance des frontières, et sans doute bien des tâches motivées par la défense de l'Occident contre les menaces terroristes. Il s'y ajoute la police contre l'immigration en provenance des pays pauvres. Ces postes budgétaires considérables sont sans doute incompressibles, ainsi que celui de la police intérieure. Enfin, comme on l'a vu plus haut, le déficit financier des budgets sociaux, prestations de chômage ou santé, ne peut être que partiellement reporté sur les régions et les communes malgré les efforts de décentralisation des charges financières de l'État.

Les États-Unis ont eux aussi des difficultés budgétaires publiques, notamment en raison de leurs considérables dépenses militaires, qui incluent leurs bases extérieures. La guerre en Irak est très coûteuse. Mais la forte réduction des impôts sur les riches n'est pas mise en question. Le report des charges sociales sur les petits revenus et les pauvres est difficile au plan politique et financier. Le gouvernement Bush a cependant proposé de réduire le déficit considérable du fonds public de garantie des retraites, en remplaçant celui-ci par l'ouverture de comptes individuels d'épargne salariale investis sur les marchés financiers. Devant la réprobation générale, cette idée a été mise en sommeil, en raison d'échéances électorales en 2006. Pour la même raison, il faudra aussi attendre ces échéances pour reprendre la proposition de supprimer l'aide médicale gratuite aux pauvres, le *Medicaid*, trop coûteux pour l'État.

Quant au considérable déficit extérieur des États-Unis, il est de temps à autre un sujet d'inquiétude, quand son financement par des capitaux extérieurs se tasse. Mais cela ne dure pas. Il est en gros admis par la finance internationale, au même titre que l'étalon-dollar. Les États-Unis restent « la première puissance économique mondiale », et le pays le plus sûr pour le capital financier. Pragmatique, la Chine place en bons du Trésor américains une partie des dollars que lui rapportent ses excédents commerciaux avec les États-Unis. Ce circuit n'est pas à la portée d'un pays européen comme la France. Mais son avenir n'est pas prévisible. Si la Chine diversifie ses réserves de change, et si elle développe son propre secteur d'opérations financières, cela affectera peut-être les rapports financiers internationaux et la domination actuelle du dollar.

L'essor du capitalisme dans les grands « pays émergents » : quelques contradictions de l'internationalisation du capital

Un des problèmes de l'internationalisation capitaliste est de conserver le contrôle, par les multinationales occidentales, des techniques de pointe qu'elles mettent en œuvre. Mais la concurrence pour les débouchés extérieurs affaiblit ce monopole. Ainsi le contrat signé entre la France et la Chine, en décembre 2005, semble impliquer des transferts de technologie plus importants que ceux que les pays capitalistes développés ne le souhaitent. De même la vente d'avions français Airbus à la Chine, s'accompagne d'un projet de construire en Chine une usine de fabrication de ce type d'avions. Autre proposition française : la construction de centrales atomiques modernes, pour contribuer à produire l'énergie dont la Chine a un besoin considérable. C'est bon pour faire rentrer des fonds dans les caisses de l'État français et redresser la balance du commerce extérieur, devenue déficitaire. Cependant un tel accord peut affaiblir le contrôle des entreprises françaises concernées sur leur technologie de pointe.

Mais les grandes entreprises privées occidentales qui investissent en Chine, ou en Inde, contribuent largement au transfert des techniques et à la formation ou à l'utilisation de spécialistes dans ces pays. Dans les années 1980, on avait assisté à l'essor de « pays-ateliers » comme la Corée du Sud, Taiwan et d'autres « dragons » asiatiques où des entreprises de sous-traitance travaillaient pour le compte de sociétés multinationales américaines qui exportaient des emplois industriels plus coûteux aux États-Unis que dans ces pays.

La situation s'est modifiée avec l'émergence de la puissance chinoise, et bientôt celle de l'Inde. La combinaison occidentale de délocalisation industrielle et financière, et de libéralisation commerciale, favorable aux grandes entreprises et aux banques occidentales, a aussi contribué à la modification des pays asiatiques concernés. C'est surtout « l'accumulation primitive » du capital développée par le géant chinois qui a changé la donne, en attendant celle de l'Inde. Alors que la pauvreté reste massive dans ces pays, notamment dans les campagnes, où l'expropriation des paysans est brutale, et que les salaires ouvriers sont très bas, il s'est constitué, en Chine, une bourgeoisie pour laquelle de grandes chaînes de magasins occidentaux ouvrent des succursales.

Et la formation de cadres et de techniciens y est un impératif économique et politique. A l'Inde, le Président des États-Unis a proposé, en 2005, un transfert de nouvelles techniques atomiques, bien entendu pour des usages pacifiques, alors que l'Inde a la bombe atomique, et n'a pas voulu signer le traité international de non-prolifération. En Chine, le patron de *Microsoft*, Bill Gates, a proposé d'ouvrir un centre de formation et de recherche sur les technologies informatiques. Une façon de devancer ses concurrents occidentaux, mais aussi de renforcer la puissance chinoise vis-à-vis de l'Occident.

La concurrence entre grands pays capitalistes, dont on a vu plus haut certains aspects financiers, a considérablement augmenté, pour les débouchés commerciaux et pour l'accès aux sources d'énergie, principalement le pétrole et le gaz. Il faut maintenant tenir compte aussi des succès et des besoins considérables de la Chine, devenue d'après le classement des pays par les statistiques de leur PIB, la cinquième – voire même la quatrième grande puissance économique mondiale. Elle fait peur, mais le jeu de la concurrence est admis comme une donnée incontournable du capitalisme international contemporain. Le principe de ce classement des pays, par la comparaison des statistiques des produits intérieurs bruts, est d'ailleurs une expression de la persistance des nations dans la mondialisation actuelle, et du besoin de comparer leurs performances économiques. C'est une indication dont la portée dépend de la fiabilité des statistiques du PIB. Elle est importante, mais on a besoin de considérer aussi des données qui n'y figurent pas, et qui concernent notamment la finance. On sait cependant qu'en France, par exemple, des entreprises chinoises ont commencé à acheter des entreprises françaises, et vont poursuivre leurs acquisitions. Cela suppose d'importants fonds financiers, et l'adaptation aux procédures de la finance des acquisitions et fusions d'entreprises.

La puissance de l'économie chinoise a grandi en même temps que s'est effectuée la reprise de la concentration et de la centralisation capitaliste occidentale : fusions et acquisitions d'entreprises, dans le pays ou à l'extérieur, qui rapportent aux banques mandatées pour ces opérations des profits considérables. Fusions et acquisitions de banques, ou de fonds internationaux d'investissement. La finance et l'économie capitalistes vont alors de pair. Cela se produit dans les pays capitalistes développés, entre eux, et partout dans le monde. La troisième banque internationale, HSBC (Grande-Bretagne), ouvre des filiales ou des succursales partout où c'est possible. Et même en Chine continentale, où le succès vient peu à peu. La Chine prend de nouvelles mesures pour développer sa puissance financière, ses banques, et son accès aux marchés financiers internationaux.

Les initiatives privées, comme celle de la multinationale américaine *Dell* en Asie, d'abord à Singapour, puis en Chine continentale, se développent. Une entreprise multinationale chinoise de microélectronique, *Lenovo*, après s'être alliée avec IBM (États-Unis), a fait de même avec *Dell*, et leurs activités industrielles en Chine s'étendent. Les profits sont importants, et la cotation boursière de *Dell* est bonne. La montée en puissance de la Chine inquiète, mais pas au point d'en négliger les avantages économiques actuels, notamment la pression à la baisse sur les salaires occidentaux.

L'internationalisation commerciale du capitalisme impose le développement des transports. Même si les transactions par le commerce électronique augmentent, vient le moment inévitable des livraisons des produits. Les transports et le contrôle des voies terrestres, maritimes, et aujourd'hui spatiales, ont toujours été un élément essentiel du développement international du capitalisme et de la concurrence entre pays. L'essor considérable du transport maritime des marchandises importées de l'Asie par l'Occident s'accompagne de risques élevés, et les voies maritimes sont sous contrôle international, principalement américain.

Cependant une des occasions principales de concurrence entre pays capitalistes, anciens ou nouveaux, est devenue celle de l'accès aux sources d'énergie. Dans les années 1970, les États-Unis dominaient l'accès au pétrole, en raison de leurs relations privilégiées avec l'Arabie saoudite, ce qui n'a pas empêché l'augmentation du prix en dollar du pétrole, auquel on a attribué la crise et l'inflation des pays capitalistes. Certains craignaient même que les pays pétroliers arabes ne soient alors en mesure d'acheter les pays occidentaux...

Le capitalisme international a de nouveaux problèmes, qui sont la face noire de son succès comme seul régime économique et financier actuellement en place. La plus grande puissance mondiale du début des années 2000, les États-Unis, continuent de régner, mais elle a davantage de mal à imposer une vision consensuelle de la politique internationale. C'est notamment le cas des accords internationaux dans le domaine de l'agriculture, qui concerne la souveraineté de l'espace du territoire national, et l'alimentation ou l'habillement diversifiés de base des milliards d'êtres humains. Mais il y a bien d'autres exemples.

Le terme d'*impérialisme*, financier et militaire, n'est pas utilisé ici. Il figure dans de nombreux textes d'auteurs marxistes, depuis le début du XXe siècle, avec parfois des significations différentes. Certains de ces auteurs, comme l'Américain Harry Magdoff dans *L'impérialisme sans colonies*[29], en distinguent des aspects nouveaux caractéristiques des États-Unis : militarisation, répression intérieure, augmentation des inégalités, rôle développé de la finance, telles seraient les pratiques de l'impérialisme américain contemporain. Cette question demande de nouvelles analyses des politiques et des structures étatiques, différentes de celles qui ont été abordées dans cet essai sur la finance.

5 - Les travailleurs salariés, agents essentiels de l'économie capitaliste

Marx a montré que le salariat est à l'origine de la formation d'un surplus de valeur par rapport aux besoins de sa propre reproduction. Ce surplus est à l'origine du profit de l'entrepreneur capitaliste, qui doit aussi tenir compte de la rémunération de ses créditeurs ou de ses actionnaires. La pratique capitaliste cherche à comprimer le plus possible les coûts salariaux et elle y est en partie aidée par l'existence d'une « armée de réserve ». Elle est fondamentalement inégalitaire.

Dans la concurrence effrénée devenue mondiale, la discipline des salaires apparaît comme un impératif économique. Elle est aussi un argument pour séduire les actionnaires des entreprises par la perspective de profits élevés dont une large part leur reviendra. Et, comme on l'a indiqué plus haut, cela implique aussi que soient imposées aux salariés de forte contraintes : modération des salaires, productivité, et réduction d'un certain nombre de protections sociales là où celles-ci existent.

Un des aspects majeurs de ce traitement disciplinaire est la menace de délocalisation d'une partie des emplois des pays développés dans les pays capitalistes émergents, où les salaires sont faibles et les droits encore inexistants. Cela n'est pas nouveau, et parfois dans les années 1970 ou 1980 des scandales ont éclaté, notamment sur l'utilisation de petites filles dans l'industrie textile délocalisée dans des pays pauvres. Mais les dimensions du processus de délocalisation des emplois industriels ont considérablement augmenté, comme si un marché international du travail s'était formé. Les emplois dans les services commencent aussi à être délocalisés. Les variations cycliques de l'économie n'expliquent pas tout. Ainsi, aux États-Unis, entre 2001 et 2003, 3 millions d'emplois nets ont été supprimés. Avec la reprise, entre 2004 et 2005, 2 millions d'emplois ont été créés. Sans tensions sur le salaire horaire, ce qui a permis aux entreprises d'accroître leurs profits[30]. Peut-être la situation va-t-elle évoluer, notamment sous l'effet des demandes syndicales, et d'autres facteurs politiques, comme la nouvelle campagne des élus du parti démocrate pour une augmentation du salaire minimum, bloqué depuis de nombreuses années.

La menace de l'exportation des emplois a contribué dans les pays capitalistes, à une nouvelle sorte de mobilité du marché du travail, incluant une partie de la strate supérieure des salariés. C'est une nouvelle forme de« l'armée de réserve », constituée par des salariés à temps partiel, ou à contrats de durée limitée. Elle développe « la fluidité » du marché du travail, réforme souvent demandée à la France, qui y vient peu à peu, et c'est censé permettre de limiter le nombre des chômeurs, les coûts salariaux et ceux de l'assurance chômage. Cela augmenterait aussi la division entre les salariés ayant diverses sortes de contrats de travail. Le rôle des syndicats, déjà affaibli par les nouvelles pratiques capitalistes, en serait davantage affecté. D'autre part, le Code du travail français est mis en cause dans l'intérêt des employeurs. Ainsi un arrêt de la Cour de cassation, vient, en janvier 2006, d'autoriser les entreprises à licencier pour prévenir les difficultés économiques, et non une fois qu'elles ont de réels problèmes financiers.

Il y a une autre forme de division entre les travailleurs. Elle non plus n'est pas nouvelle. Ainsi au bas de l'échelle des salaires, se trouvent depuis toujours aux États-Unis les travailleurs noirs américains. En France les travailleurs immigrés français venus des anciennes colonies d'Afrique du Nord ont remplacé les Européens dans les mines de charbon, jusqu'à la fermeture de celles-ci. Certains viennent encore chaque année faire la cueillette des fruits ou d'autres tâches ingrates et mal payées.

Mais le problème de plus en plus abordé par les dirigeants européens est celui de l'augmentation des immigrants venus de pays pauvres, pour tenter leur chance dans les pays riches. Devenus indésirables, et ne faisant pas partie de « l'armée de réserve » du capitalisme, ils affrontent une répression croissante, parfois mortelle. De plus, en France les enfants des immigrés français ou naturalisés, quand ils ont l'âge de travailler, subissent une discrimination en raison de leur origine et de la pauvreté des banlieues où ils habitent. A l'avenir, la sélection des immigrants étrangers les meilleurs pour l'économie française, se fera selon des quotas à mettre en place. Ce projet fait réagir les associations de solidarité, mais les syndicats sont plus prudents. « L'internationalisme prolétarien » résiste difficilement à la donne actuelle du capitalisme. Ce n'est pas à cause du nouvel individualisme, comme il est dit parfois. C'est parce que la société capitaliste riche est devenue beaucoup plus dure pour tous les salariés

Malgré leur commune appartenance à une classe sociale exploitée, la concurrence pour les emplois est un facteur de division, et de pression sur les salaires, les prestations sociales et le temps de travail. Ainsi que sur les contrats de travail, dont une partie croissante est à durée déterminée. Cela non plus n'est pas nouveau. Mais la pression sur les salariés a considérablement augmenté avec l'essor de la concurrence capitaliste internationale économique et financière.

Dans ces conditions, « le nouveau capitalisme » fonctionne à l'insécurité et à la concurrence pour les emplois, sauf pour les fonctionnaires, mais ceux-ci semblent aujourd'hui avoir des privilèges trop coûteux pour le budget public français. Certains travailleurs peuvent être moins concernés, comme ceux qu'autrefois on appelait « l'aristocratie ouvrière », mais même ceux-ci ne sont plus à l'abri d'une brutale fermeture de leur usine pour cause de « restructuration ». Il en va parfois de même avec les techniciens, ou chercheurs spécialisés, comme l'a montré, en 2005, la menace de fermeture ou la suppression massive d'emplois d'un centre de recherche technologique français, dépendant d'une multinationale américaine.

Comment peuvent se protéger les salariés concernés par l'accroissement des risques qui affectent leurs emplois, leurs revenus et leur biens ? Plusieurs versions de l'individualisme patrimonial, ont circulé notamment depuis la fin des années 1990. Malgré leurs différences, elles partagent l'idée qu'il convient de compléter les garanties légales des droits sociaux, par une garantie patrimoniale individuelle, de caractère contractuel, comme l'attribution d'actions des entreprises. Les arguments diffèrent, mais ils concernent tous le sort des individus qui ont à s'adapter aux changements des sociétés, ou au « capitalisme de demain »[31].

Beaucoup de ces auteurs se réfèrent aux modifications démographiques du salariat dans les sociétés capitalistes mûres. Baisse de la natalité, allongement de la durée de vie qui concerne les retraites, globalisation économique et financière, et les effets sociaux de tous ces changements. Les règles du jeu se sont transformées, Ainsi il est inévitable que les salaires augmentent moins qu'avant, depuis les années 1980. Par contre, augmenter les profits et les dividendes, permet de tenir le choc de la concurrence. Les revenus des salariés doivent s'adapter à cette nouvelle donne.

Il faudrait donc augmenter l'épargne salariale, et la placer dans des titres financiers. Cependant en France, en 2000, il y avait de fortes différences de comportement entre salariés : ainsi l'épargne salariale était-elle beaucoup plus importante chez les employés que chez les ouvriers. Et elle était placée surtout en assurance-vie et en complément de retraite. Il conviendrait de modifier cette situation, et de favoriser l'accès aux actions des entreprises. Selon le philosophe français François Ewald, « le salaire n'est plus le moyen normal de distribuer les résultats des entreprises ». La participation financière des agents économiques individuels pourrait-elle être la solution moderne ?

Une autre vision a insisté sur le développement du « capitalisme » au vu des succès de la croissance américaine, nettement plus forte que celle des pays européens. On constatait que « le capitalisme de demain » serait fort de la participation financière de tous, notamment en France où l'actionnariat de masse était relativement peu développé par rapport à celui des États-Unis. De 1998 à 2000, le gouvernement socialiste de l'époque souhaitait le développement des fonds de pension en France. Un des arguments était que ces fonds étrangers, ainsi que d'autres prenaient une place trop importante à la Bourse française.

Ces idées ont été vivement discutées, en France, dans la Centrale syndicale C.G.T. Comment éviter le danger de la concurrence entre nouveaux droits patrimoniaux et système de solidarité sociale ? Comment rassembler contre la dégradation des salaires ? Et affronter bien d'autres risques : division entre les salariés de l'entreprise, risque de drainage de l'épargne salariale vers des marchés financiers de plus en plus puissants, mise en concurrence avec le livret populaire des Caisses d'épargne. Augmentation des risques d'inégalité des retraites gérées par les compagnies d'assurance. Bref l'accès individuel des travailleurs à une partie, d'ailleurs fort modeste, de la finance, ne peut remplacer la hausse de leurs salaires et le maintien des prestations sociales.

Il y a une version américaine de ces problèmes qu'il est intéressant de connaître. Un économiste professeur à Yale, Robert Shiller, a publié dans le magazine *The Economist*[32], un article sur « la gestion du risque pour les masses », qui serait rendue possible par la nouvelle technologie financière. Shiller pense que dans les 10 années à venir, « le changement rapide du statut économique des individus se fera », en relation avec l'énorme essor des techniques de production – avec l'utilisation croissante de robots – et dans les services, par exemple remplacement des secrétaires par des procès informatisés. Combiné avec « le règne mondial de la finance au cours du XXIᵉ siècle », cette nouvelle histoire rend nécessaire d'étendre aux masses menacées par ces bouleversements une nouvelle forme de protection par rapport aux risques menaçants : « Peut-être le résultat le plus important dans les dix prochaines années à venir sera-t-il le rythme rapide du changement du statut économique des individus. »

Les perdants seront les ouvriers et le petit personnel, et les inégalités, qui n'ont cessé d'augmenter depuis les années 1980, deviendront encore beaucoup plus grandes. Ce qui est une mauvaise nouvelle, écrit l'auteur.

Par contre, selon Shiller, il y a une bonne nouvelle. Les risques accrus qui affecteront principalement les individus les plus modestes, pourront être beaucoup mieux couverts par les nouvelles techniques financières de protection contre les risques.

Certes pour le moment (en 2003) ce sont les grandes affaires et les gros patrimoines qui utilisent les services des banques spécialisées dans la gestion des risques financiers. Mais cette activité pourrait être étendue à la couverture du risque de pertes des emplois, et à celle de l'évaluation des logements individuels déjà payés ou achetés à crédit, et dont les prix de marché varient. Il y a déjà quelques exemples de ces pratiques d'assurance immobilière, à New York ou en Grande-Bretagne.

L'auteur termine son article en disant que cela ne garantit pas l'avenir contre le risque considérable de l'augmentation des inégalités, mais qu'il faut tenter cette gestion financière nouvelle des risques plutôt que de ne rien faire pour les masses des individus défavorisés, et avec ces derniers, « Le nouvel ordre financier mondial » du XXIe siècle serait comme le dieu romain, *Janus*, aux deux visages : des risques considérables pour les emplois et les revenus individuels, sur la face qui menace, mais en revanche, sur la face aimable et sympathique, une possibilité de couvrir ces risques par le recours à la finance en relation avec les banques et les sociétés dotées de nouvelles techniques de gestion financière, combinant éléments financiers et assurance, comme le font les banques et les financiers qui se couvrent contre les fluctuations des taux de change des monnaies. Il faudrait créer des contrats de gestion du risque, applicables à tout travailleur individuel, avec l'aide des spécialistes de la finance, des syndicats, et des fonds de pension. Cela concernerait notamment le risque du revenu et celui du prix du logement. Une assurance individuelle contre le risque de chômage serait aussi nécessaire.

Ce dispositif est certes très difficile à mettre en place selon l'auteur, mais il permettrait d'affronter les dangers qui menacent les emplois, les revenus et les lieux d'habitation des individus situés au bas de l'échelle sociale, dans la perspective inéluctable du « nouvel ordre financier mondial », au XXIe siècle.

Il ne s'agit pas ici du « capitalisme patrimonial » étendu à tous les ménages, ou de l'actionnariat salarié, qui a été évoqué plus haut. Le texte de Shiller prend acte de la diminution des emplois accessibles aux travailleurs, dans l'industrie, et dans certains types de services, sans parler cependant de l'*outsourcing*, cette exportation de ces emplois là où ils sont meilleur marché. Et il propose d'atténuer le choc à venir.

Cependant le palliatif proposé est une couverture financière contractuelle, qui insère le mieux possible l'individu dans un monde dangereux pour lui. Comme s'il faisait partie d'une collection d'individus défavorisés pour qui un dispositif financier privé pourrait devenir le nouveau rapport social de recours contre dont il est victime. Une conception sinistre des rapports sociaux dominés par le risque individuel, qui ne peut être affronté que grâce à des contrats financiers, qui permettraient de limiter la casse. Comment peut-il être question de chercher une protection auprès d'institutions financières qui sont elles-mêmes au cœur des maux qui vous sont infligés ?

Ce qui est discuté ici n'est certes pas celle de l'augmentation des iné-galités dont se préoccupe à juste titre Shiller. C'est celle des statuts économiques et sociaux différents des individus. Selon les classes sociales auxquelles ils appartiennent, et la position de ces classes dans la production et la distribution du produit national, l'accès à une partie des actifs financiers relève d'une distinction fondamentale. La finance est elle-même partie prenante des délocalisations des entreprises, et des fusions nationales et internationales. Et même si les salariés y participaient dans la mesure de leurs petits moyens (quelques actions de l'entreprise, ou une assurance à la Shiller) elle reste cette arme terrible de la concurrence capitaliste et de la centralisation des capitaux dont parlait Marx. Elle a contribué à l'internationalisation du marché capitaliste du travail, qui favorise la concurrence entre travailleurs et affaiblit les solidarités de classe entre ceux-ci. Le risque de chômage, malgré la mobilité accrue des salariés, est le plus redouté, car il met en cause l'appartenance « normale » à une communauté où « chacun gagne sa vie ».

Il est étonnant de lire que le salaire n'est plus le moyen normal de distribution des résultats des entreprises, selon Ewald, ou que l'individu salarié ne sera plus un agent économique à part entière, d'après Shiller. Malgré la pression sur les régimes sociaux et sur les contrats salariaux, on ne voit pas comment le patronat pourrait exister sans le salariat. Grâce à une distribution des résultats des entreprises par des actions ou des titres de crédit ? Cela n'a pas de sens. Autre source d'étonnement : la stabilité que cela impliquerait pour la finance, alors que les fluctuations des prix des actifs et les risques de crises sont récurrents. Enfin, si, comme Marx l'avait indiqué, la finance est une forme particulière du capital, sa fonction ne concerne pas directement l'embauche et la rémunération des travailleurs salariés dont la tâche est de fournir produits et services à leurs employeurs.

Même sans adopter des conceptions marxistes, ou faire du « misérabilisme » ; il n'est pas possible d'ignorer la dégradation du statut social des salariés les plus vulnérables, en ce début de XXIe siècle, et l'accroissement des inégalités entre leurs revenus, ceux des cadres et ceux des riches. Certains salariés peuvent mener une contre-offensive, en raison de leur situation locale stratégique, et de leur union syndicale. C'est parfois le cas des transports urbains, ou nationaux, voire internationaux. Ou celui des dockers européens, contre l'ouverture de leur activité à une concurrence tirant leurs salaires vers le bas. Les résistances aux fermetures d'entreprises pour cause de délocalisation sont aussi parfois fortes. Mais, mis à part des industries stratégiques, comme la construction aéronautique (grève en 2005 chez Boeing), il est difficile de dresser la carte des grèves salariales victorieuses contre les nouvelles conditions nationales et internationales de l'exploitation du travail des salariés, et de la résistance collective de ceux-ci, aux plans national et international.

Les inégalités sociales n'augmentent pas uniquement à cause des nouvelles technologies, notamment l'usage de l'ordinateur et d'Internet. Beaucoup de tâches manuelles ont été automatisées. Le vieux rêve du robot qui remplace le travailleur a refait surface, après une première percée dans les années 1970, dans les écrits du sociologue Serge Mallet. Alimentation et surveillance des machines : même qualité du produit final et moins d'emplois productifs dans les pays capitalistes développés. Mais les ouvriers et les employés n'ont pas disparu pour autant.

La critique de l'idéologie libérale et de la mondialisation capitaliste sans frontières n'a pas cessé. Mais elle a moins mobilisé en 2005 qu'à la fin des années 1990. Le néolibéralisme n'implique pas le retrait des États, pour la défense et la sécurité de leurs territoires. Par contre, la course mondiale aux profits capitalistes et aux rendements financiers atteint de plein fouet les travailleurs, ouvriers et employés, comme si le marché du travail s'était internationalisé. Certains économistes ont même dit que, grâce aux très bas salaires chinois, les salaires américains n'ont pu augmenter et créer de l'inflation des prix à la consommation. Le secteur de la construction demeure localement prospère, tout en embauchant des travailleurs immigrés moins coûteux. L'importation de marchandises bon marché venues des « pays émergents », l'exportation des emplois vers les pays de l'Est européens, la Chine et l'Inde, déprécient le rôle des travailleurs occidentaux. Même dans les pays où ceux-ci sont idéalement « mobiles », avec des contrats à durée déterminée ou des personnels intérimaires, selon le modèle anglo-saxon proposé à la France, les travailleurs, même qualifiés, et les employés sont peu à peu concernés par cette évolution. Il faut cependant tenir compte d'un début de protestation chez les travailleurs chinois, contre leurs salaires trop bas et leurs conditions de travail. Le gouvernement chinois commencerait à s'en préoccuper.

En constatant la baisse des emplois industriels « peu qualifiés » aux États-Unis notamment, un article de *The Economist* suggérait que c'était inévitable, et qu'il faudrait se spécialiser exclusivement, en Occident, dans le développement des emplois les plus qualifiés et créateurs de nouvelles technologies. C'est une idée qui inspire aussi la tentative d'imposer des quotas pour sélectionner les immigrants dans les pays occidentaux : on n'accepterait légalement que les personnes qualifiées, ou les étudiants en voie de qualification. Dans le cas américain évoqué par *The Economist*, la sous-estimation de la rapidité avec laquelle Chinois, Indiens et autres peuples assimilent les innovations techniques, est d'ailleurs étonnante.

Les pays de l'Est européen sont aussi des lieux de délocalisation d'emplois, ou d'un apport de main d'œuvre moins chère que dans les pays d'Europe continentale plus développés, y compris en Scandinavie. En l'occurrence, la puissance économique de la finance par rapport à la production de valeur réelle par le travail industriel salarié a été beaucoup discutée. La critique de « la création de valeur pour les actionnaires » a circulé dans les mouvements de protestation contre les fermetures d'usines occidentales, qui tournaient bien, mais ne rapportaient pas assez à ses propriétaires, et dont les emplois locaux sont supprimés. Ce processus est inhérent au capitalisme. Mais il s'est considérablement accentué avec l'extension mondiale du capitalisme : développement de très grandes entreprises et banques multinationales, luttes pour les débouchés, pour l'accès aux matières premières et aux sources d'énergie, accroissement considérable de la concurrence, essor du capitalisme dans des pays géants comme l'Inde et la Chine.

La reprise en main des populations par des gouvernements conservateurs musclés, aux États-Unis et en Grande-Bretagne, partisans du néolibéralisme, a modifié la donne internationale, conformément aux besoins du capital. Répression des grèves, orientation vers les investissements les plus rentables, libéralisation de la finance et du commerce. Élimination de tous les « complots » risquant d'affaiblir les dirigeants des pays pétroliers. Cadeau supplémentaire : l'effondrement de l'URSS et l'émancipation des pays de l'Est européen appartenant à la zone soviétique. Sous des formes diverses, l'Europe de l'Ouest a adopté une partie du modèle anglo-saxon. Son « modèle social » est en crise.

Aux États-Unis on parle souvent du modèle *Wal-Mart* de gestion des employés. *Wal-Mart* est la première entreprise américaine et mondiale du commerce de détail. Son ambition est de se développer partout, et elle s'implante aussi bien en Chine que dans les États scandinaves européens. On trouve de tout, dans ses magasins, à des prix beaucoup moins élevés qu'ailleurs. Cependant toute tentative de syndicalisation des personnels entraîne le licenciement immédiat. Il en va de même pour toute tenue jugée inadéquate ou tout échange de paroles pendant le service. Les salaires sont bas. La mobilité des emplois est importante. Aucun recours légal contre les atteintes aux droits des employés n'a réussi aux États-Unis.

La discipline de fer imposée par *Wal-Mart* à son personnel est parfois critiquée même par des conservateurs. Mais le succès commercial est là, ainsi que les profits, et l'extension internationale. *Wal-Mart* dit que les consommateurs lui sont très favorables. Ses actionnaires le sont aussi. Il semble que ce mode de gestion salariale, bien que caricatural, soit aussi un modèle de gestion du « nouveau capitalisme ». Les modalités de l'exploitation des travailleurs se sont beaucoup durcies, en France par exemple. Pressions pour l'augmentation de la durée du travail, sur les salaires et sur les prestations sociales, sont certes favorisées par le chômage. Mais, à la différence de *Wal-Mart*, la menace des fermetures d'entreprises est aussi très forte. Même si la France a encore un droit du travail (malgré l'amenuisement de celui-ci) et des syndicats relativement plus actifs qu'ailleurs, la situation des travailleurs, en particulier celle des jeunes et des immigrés, s'est beaucoup détériorée.

Manque de logements sociaux, fermeture de centres de soins, collèges sous-équipés, insuffisance des transports en commun, les banlieues pauvres sont particulièrement désavantagées par rapport aux grandes villes voisines, ou aux banlieues résidentielles. Même à Paris il y a des poches de pauvreté importantes. Les immigrants à bas salaires et les Parisiens les plus mal dotés ont été évacués par la rénovation de Paris, dans les années 1970. Mais il reste des logements insalubres, trop petits pour des familles, dans différents quartiers. Il ne s'agit nullement de présenter une vision misérabiliste du sort d'une partie des Français et des immigrés. Mais de même qu'à Paris, les banlieues riches diffèrent fortement de celles qui sont pauvres et mal dotées, on n'oublie pas non plus que même si la France reste dans le peloton de tête des pays les plus développés, elle a aussi des poches de pauvreté, et des difficultés pour les réduire par l'école, le logement social, la formation des jeunes et l'accès à l'emploi.

Une façon nouvelle de traiter l'immigration des pauvres se répand dans les pays occidentaux. En Europe, c'était surtout les risques de naufrage ou de refoulement, en Espagne, qui étaient connus. En Italie, ceux qui parvenaient à atterrir dans le sud étaient parqués dans des camps immondes, avant d'être expulsés. Le gouvernement socialiste espagnol, après avoir régularisé plus de 700.000 immigrés utilisés dans l'agriculture, a décidé de fermer sa frontière au sud, par l'édification d'un grillage, rehaussé ensuite, et en principe infranchissable. Mais la grande nouveauté est celle de l'édification d'un mur américain, pour rendre impossible le franchissement illégal de la frontière entre le Mexique et les États-Unis, jusque-là très surveillée, par une police militarisée spéciale. Le signal est clair : il faut mieux contrôler l'immigration des pauvres dans l'intérêt des États-Unis. Ce n'est pourtant pas du Mexique que sont partis les attentats terroristes de septembre 2001.

La combinaison capitaliste de la production et de la finance internationalisées a des effets politiques certains. En 2005, le capital s'est renforcé par une nouvelle augmentation des fusions et acquisitions. Cette évolution suscite un réformisme rétrograde des États les plus riches, qui semble être devenu le modèle dominant au début du XXIe siècle. Ce n'est pas la seule finance qui a pris le pouvoir, c'est le capital industriel, commercial et financier. Les alliances et les contradictions entre États en témoignent. Il y a d'incessantes mesures proposées ou mises en œuvre pour accentuer cette évolution.

La grande question est celle des alternatives au rouleau compresseur du capitalisme actuel. Non pas individuelles, mais politiques, et favorables à la majorité de ceux qui pâtissent du système international actuel. C'est d'autant plus difficile que la chute de l'URSS et l'évolution favorable au capitalisme de la Chine ou du Vietnam ont liquidé l'idéologie socialiste et communiste. Le regain des nationalismes autoritaires est aussi très dangereux.

A la fin des années 1990, il se développa un mouvement international de protestation contre les travers et les injustices de la nouvelle mondialisation. Ses participants étaient considérés comme des « altermondialistes », contre le néolibéralisme, la « marchandisation » généralisée, les pratiques du Fonds Monétaire International vis-à-vis des pays pauvres et endettés. Une des réformes demandées était l'instauration d'une taxe prélevée sur les profits des opérations de change des banques, et dont le produit irait aux pays pauvres. Cette « taxe Tobin », du nom de l'économiste américain prix Nobel d'économie qui, avec son équipe, en avait proposé l'instauration, fut beaucoup discutée, en Europe et dans certains pays américains, parfois avec des parlementaires et divers personnages officiels. La discussion et la proposition disparurent avec la crise boursière du début du XXIᵉ siècle, et la nouvelle donne économique et financière depuis 2003. Quant à la critique du Fonds Monétaire International, de droite autant que de gauche, et aux propositions de le réformer ou même de le supprimer, elles ne sont plus à l'ordre du jour. Les conditions de la reprise et de l'extension mondiale du capitalisme ont changé la donne.

La finance est un outil capitaliste redoutable en ce début du XXIᵉ siècle. Mais on ne peut attribuer à ses « excès » le rôle principal dans les maux contemporains. Elle est une forme argent du capital, dont les entreprises ont aujourd'hui particulièrement besoin pour s'imposer dans la concurrence économique mondiale. C'est bien « cette arme terrible de la concurrence » dont parlait Marx au sujet du rôle du « système de crédit » dans l'accumulation du capital. Critiquer les excès actuels de la finance, qui sont réels, cela devrait être associé à la mise en cause du capitalisme international, et des dangers que celui-ci comporte pour la société. Les politiques « néolibérales » ne sont pas seulement celles du « tout marché ». Elles soutiennent activement les intérêts des capitalistes et des riches de leurs territoires, et participent, de façon contradictoire, au maintien d'un « ordre mondial » qui ne léserait pas leurs intérêts nationaux. Consensus systémique et contradictions entre nations : une combinaison dangereuse.

Et demain ?

Il ne s'agit pas de la seule finance, malgré son rôle mondial considérable. Stagnation industrielle relative des pays capitalistes développés ? Crises financières à venir ? Affrontements internationaux multiples ? La prévision est difficile. Celle d'une alternative favorable aux classes sociales les plus exposées aux risques du capitalisme contemporain fait aussi défaut. Il manque un projet de changement anticapitaliste, qui serait soutenu par les opinions et les actions des travailleurs et des réformateurs engagés. Non seulement contre le néolibéralisme, et contre la finance, mais contre les dégâts sociaux de la domination du capital. Le réformisme de Keynes, qui s'éleva contre le chômage et l'incurie des riches et des financiers et préconisait la « socialisation des investissements », n'inspire pas les programmes politiques actuels des partis de gauche. Quant à l'utopie communiste de Marx, il y a loin de la coupe aux lèvres, mais sa saveur n'a pas disparu.

Notes

[1] Ricardo D., 1821.

[2] Ricardo D., 1809-1811.

[3] *Ibid.*, ch. 4, *Sur le prix naturel et le prix de marché.*

[4] Walras L., 1900.

[5] *Ibid.*, p. 44.

[6] *Ibid.*, p. 49.

[7] *Ibid.*, pp. 179-180.

[8] *Ibid.*, p. 305.

[9] Arrow K., 1981.

[10] *Ibid.*, p. 147.

[11] *Ibid.*, p. 135.

[12] *Ibid.*, pp. 144-148.

[13] Keynes J. M., 1936.

[14] *Ibid.*, ch. 14.

[15] *Ibid.*, ch. 13.

[16] Keynes J. M., 1930, ch. 35.

[17] Une nouvelle édition du manuscrit du Livre III, et une révision générale de la publication des œuvres de Marx est en cours. Concernant le volume III du Capital, voir le texte de Bertram Schefold, 1998. Il y a beaucoup de traductions françaises du *Capital*, et peut-être y en aura-t-il d'autres, après ces travaux.

[18] Marx K., 1867c, ch. 25.

[19] *Ibid.*, p. 69.

[20] Marx K., 1894b, ch. 24.

[21] *Ibid.*, ch. 27, pp. 103-104.

[22] *Ibid.,* ch. 30, p. 151.
[23] Hilferding, R. 1910.
[24] Le Monde, 8 décembre 2005.
[25] *The Economist,* 14 janvier 2006.
[26] Conjoncture, BNP Paribas, n°10, décembre 2005.
[27] Le Figaro, 13 janvier 2006.
[28] Le Figaro, 31 janvier 2005.
[29] Magdoff H., 2003.
[30] Le Figaro, 13 janvier 2006.
[31] Aglietta M., 1998.
[32] *The Economist,* 22 mars 2003.

La prééminence de la finance au sein du « capital en général », le capital fictif et le mouvement contemporain de mondialisation du capital

François CHESNAIS

En ce début de XXIe siècle, deux phénomènes majeurs dominent l'économie mondiale. Le premier est la multiplication d'indices suggérant que cette fois-ci, avec l'entrée de la Chine à l'OMC, nous sommes bel et bien entrés dans la phase du capitalisme où « la tendance à former un marché mondial », dont Marx écrivait voici cent cinquante ans, qu'elle existait « immédiatement dans la notion de capital »[1], commence à se matérialiser vraiment. Au terme d'un processus politique, encore inachevé mais déjà très avancé, de libéralisation et de déréglementation de l'investissement direct à l'étranger, des transactions commerciales et des flux financiers, imposées simultanément sur une échelle sans précédent, le marché mondial se présente de façon effective comme n'étant « pas seulement la connexion entre le marché intérieur et tous les autres qui seraient des marchés extérieurs, mais encore le marché intérieur de tous les pays »[2]. Le second phénomène a trait au montant extraordinairement élevé de titres (actions et obligations) se présentant aux yeux de ceux qui les détiennent (directement ou par l'intermédiaire d'un gestionnaire), comme un « capital », un droit durable à percevoir des flux de revenus réguliers venant en partage des résultats d'une richesse dont on ne s'enquiert pas de savoir qui la produit et comment elle est produite. A cela viennent s'ajouter le nombre et l'importance des mesures politiques et financières mises en œuvre par les plus importants États du monde, non seulement pour permettre à cette illusion de perdurer, mais pour faire des titres la contrepartie de formes originales d'endettement des entreprises et des ménages, et même pour les États-Unis l'un des piliers d'un « régime de croissance » domestique qui sert de volant d'entraînement à l'économie mondiale tout entière.

Ce chapitre interroge ce que Marx, mais également Rudolf Hilferding, auteur maudit souvent cité mais largement méconnu, ont écrit au sujet du « capital porteur d'intérêt » et du « capital financier » qui peut aider à analyser ces aspects de l'économie contemporaine. On y défend l'idée que les économistes marxistes pourraient utilement donner leur plein développement à deux catégories économiques insuffisamment travaillées. La première est celle du « capital en général », présentée pour la première fois dans les *Fondements de la critique de l'économie politique (Grundrisse)*[3]. Fort de la liberté de mouvement qu'il a récupérée à l'échelle planétaire et soumis aux exigences de rentabilité imposées par la nouvelle forme d'actionnariat née des fonds de pension et de placement financier (les *Mutual Funds*), le capital affirme aujourd'hui, à un degré jamais atteint avant, les attributs qui en font une « valeur en procès », une force impersonnelle tournée exclusivement vers son auto-valorisation et son auto-reproduction. Ces attributs sont ceux permis *conjointement* par la prééminence d'une forme déterminée de capital, celle qui se valorise selon le cycle A—A', sur les autres formes de capital et par la libéralisation imposée sur les trois plans qui viennent d'être rappelés. Ces attributs incluent l'extrême mobilité des flux de capitaux de placement et la très grande flexibilité dans les opérations de valorisation du capital industriel, l'indifférence quant à la destination sociale de l'investissement ou du placement ou à ses conséquences, etc. L'exploitation forcenée du prolétariat à l'échelle planétaire est à la fois la face cachée et la condition de la valorisation et la reproduction de ce capital qui tend vers un degré d'abstraction toujours plus élevé. Aujourd'hui, ce capital « s'oppose comme une puissance autonome à la force de travail vivante »[4] de façon d'autant plus efficace que le degré atteint dans la libéralisation des investissements et des échanges, tout comme les performances atteintes par les technologies de l'information et de la communication permettent désormais aux entreprises de mettre les travailleurs directement en concurrence à l'échelle de la planète. C'est, de façon tendancielle, le salaire des travailleurs chinois qui sert de repère à la fixation des salaires ailleurs dans le monde[5]. Mais la valorisation de ce capital « puissance autonome » se nourrit aussi de très nombreux mécanismes de « dépossession » des travailleurs directs et d'appropriation d'un surproduit créé dans des conditions sociales autres que la production de la plus-value[6].

La seconde catégorie proposée par Marx, à laquelle il faut maintenant donner son plein développement, est celle du « capital fictif ». Ce terme désigne les titres qui ont été émis à la suite de prêts d'argent à des entités publiques ou à des entreprises ou comme expression de la participation des premiers porteurs au financement du capital d'une entreprise. Pour leurs détenteurs, ces titres, actions et obligations, représentent un « capital » dont ils attendent un rendement régulier sous forme d'intérêts et de dividendes (une « capitalisation ») et qu'ils veulent pouvoir vendre dans de très courts délais, soit en cas de besoin d'argent, soit pour le placer de façon encore plus rentable. Pourtant, dès qu'ils sont vus sous l'angle du mouvement du capital entendu comme capital productif de valeur et de plus-value, ces titres ne sont pas du capital. Dans le meilleur des cas, ils sont le « souvenir » d'un investissement fait depuis longtemps. Au moment des krachs et autres crises de marché financier, ce caractère fictif des titres se révèle et se dénoue aux dépens de leurs détenteurs. Mais précédemment, ces titres peuvent avoir servi de fondement à des opérations qui n'auront fait qu'amplifier la fiction. Ils auront pu être comptabilisés comme actif dans le bilan des banques, utilisés comme moyen par une entreprise pour « payer » l'achat d'une autre dans le cadre d'une fusion, ou dans le cas des particuliers apportés comme caution pour l'octroi de prêts.

Que faut-il entendre par « finance » ? Ici le terme sert à désigner à la fois les institutions spécialisées dans la centralisation de l'argent « inactif » en quête de placement en prêts ou en titres, c'est-à-dire les fonds de pension et de placement collectif ou *Mutual Funds*, les grandes sociétés d'assurance et les très grandes banques, et les supports institutionnels, au premier chef les marchés de titres garantissant la « liquidité » des placements, qui permettent de valoriser de l'argent devenu capital sous forme d'intérêts, de dividendes et de plus-values boursières. La finance ainsi comprise est la forme prise dans la phase actuelle du capitalisme, par le « capital porteur d'intérêt » étudié par Marx à un stade initial de sa centralisation, celui dont il dit qu'il est en situation « d'extériorité à la production ». Elle doit sa force économique particulière et son pouvoir social très fort, aux moyens qui ont permis aux investisseurs de s'ingérer dans la gestion des entreprises et de peser sur l'orientation de la politique économique de la plupart des États. La finance est le premier bénéficiaire de la libéralisation et de la déréglementation, pas seulement des flux financiers, mais de l'ensemble des flux liés au cycle complet de valorisation du capital. Elle a obtenu la création des conditions de la mobilité planétaire complète des flux financiers nécessaire à la valorisation du capital de prêt et de placement, ainsi qu'un degré très élevé de liberté d'investissement, de désinvestissement et de transfert des bénéfices des groupes industriels. Dans le même temps, elle a pu imposer aux entreprises les normes à respecter en matière de rentabilité et donc le degré d'exploitation de la force de travail vivante qu'elles doivent atteindre. Tournée toute entière vers l'appropriation sous toutes ses formes, la finance méconnaît constamment la réalité de l'économie réelle. Elle est par nature « insatiable ». Cette insatiabilité est accentuée encore par des mécanismes de concurrence internes à la sphère financière qui sont porteurs de formes d'instabilité spécifiques. La reconstitution d'une accumulation de titres, de capital fictif, a été suivie de la réapparition des crises financières, dont on a

vu la gravité des effets dans les années 1990. Il y a eu multiplication
d'artifices qui ont à la fois accentué les dimensions fictives des titres et
accru la probabilité que la fiction soit mise à nu. Ainsi on a eu *Long Term
Capital Management* en 1998, et *Enron* et *World Com* en 2002. Le « pire »
a été évité chaque fois, grâce au degré élevé de soutien dont les marchés de
titres ont bénéficié de la part des banques centrales, notamment la Fed,
comme des gouvernements, celui des États-Unis en tête.

Tel est le champ d'une recherche en cours dont ce chapitre est un moment. On y trouvera surtout les prolégomènes théoriques. Ils comprennent
l'examen d'un pan de la théorie de Marx qui a été laissée pratiquement en
jachère, à savoir les seize chapitres de la cinquième section du Livre III du
Capital. Ils incluent aussi la relecture du livre de Rudolf Hilferding, *Le
capital financier*, qui porte sur divers aspects de « la formation de propriété
capitaliste en dehors du procès de production »[7]. Le texte présenté ici comporte donc ce qui est devenu très rare, et qu'il faut généralement éviter,
c'est-à-dire de longues citations et leur commentaire. Pour Hilferding, les
causes de la méconnaissance de son livre sont immédiatement politiques.
Elles sont rappelées plus loin. Pour Marx, la chose ne peut pas s'expliquer
si simplement. A l'exception de certains passages portant sur les banques et
la monnaie de crédit ou encore les paragraphes sur les sociétés par actions,
la cinquième section est celle que les économistes qui se sont inspirés de
Marx, ont le moins utilisé[8]. Le caractère de notes et les difficultés de lecture
ne peuvent pas tout expliquer, d'autant plus que la méconnaissance s'étend
aux quelques 100 pages au capital porteur d'intérêt dans l'annexe au volume III des *Théories sur la plus-value*[9]. Est-ce du fait que l'analyse met le
projecteur sur le « capital-propriété » ? Est-ce parce que la figure du « capitaliste passif » qui veut toucher intérêts et dividendes aussi régulièrement
qu'il cueille les poires de son poirier, est contradictoire avec l'image d'un
capitalisme qui, en dépit de toutes ses tares, développe les forces productives ? Ou encore parce que les mécanismes d'aliénation sociale, dont le
fétichisme de la marchandise, reçoivent avec le mouvement A—A', le ren-
fort de ceux prégnants et ravageurs de « l'argent produisant de l'argent » ?

La réticence des économistes marxistes à tirer inspiration de cette partie du *Capital*[10] n'est plus de mise dans la phase actuelle du capitalisme.
L'importance prise par la centralisation et la valorisation d'une épargne ou
de sommes d'argent qui doivent à la fois venir en partage de la valeur et de
la plus-value, rester « liquide » et servir fictivement de « capital », signifie
que la théorie actualisée du « capital porteur d'intérêt » ne peut plus être
exclue de l'analyse du mouvement contemporain de l'accumulation et de la
reproduction du capital. Nous verrons comment Marx commence à qualifier
l'hégémonie du capital industriel au sein du capital comme un tout et à
annoncer la possibilité que la prééminence passe entre les mains de la fi-

nance. Un autre apport important de pages peu lues est la théorie de « l'extériorité par rapport à la production » du capital porteur d'intérêt. Au moment où Marx en pose les éléments, la finance était encore au tout premier stade de son évolution. Aujourd'hui nous sommes confrontés à la matérialisation sur une vaste échelle de processus que Marx n'a fait que pressentir. Le travail se poursuit par une première relecture du livre de Hilferding qui développe avant John Maynard Keynes une théorie de la Bourse et de la liquidité. On trouve aussi chez lui l'amorce d'une théorie de l'accumulation à l'échelle mondiale impulsée par la première forme d'interconnexion entre les firmes et la forme dominante de la finance de l'époque que sont les banques. La section suivante rappelle les étapes de la nouvelle accumulation de capital fictif et examine les incarnations institutionnelles actuelles du capital porteur d'intérêt, la place qu'elles occupent au sein du capital pris comme un tout et les mécanismes de contrôle qu'elles placent sur l'activité des managers. Dans *Le Capital*, Marx écrit (il l'a fait à plusieurs reprises avec des mots différents) que « la production capitaliste tend sans cesse à dépasser les limites qui lui sont immanentes, mais elle n'y parvient qu'en employant les moyens, qui de nouveau, et à une échelle plus imposante, dressent devant elle les mêmes barrières »[11]. En s'inspirant de cette remarque de méthode, on présentera pour terminer quelques éléments relatifs aux contradictions qui apparaissent dans le fonctionnement d'un capitalisme libéralisé et mondialisé dans le cadre duquel les formes de valorisation A...A' dominent et ont une très grande liberté d'action.

1 - La théorie marxienne du capital porteur d'intérêt et du capital fictif

Le champ de la théorie de la finance chez Marx est celui de la conversion de l'argent en capital, sous la forme particulière d'un capital dit « porteur d'intérêt ». Celui-ci se valorise en demeurant extérieur au processus de création et d'appropriation de plus-value dans la production. Avec le franchissement d'un seuil dans sa croissance « le capital portant intérêt » se présente comme « le capital-propriété face au capital-fonction »[12]. Les seize chapitres de la cinquième section du Livre III du *Capital* (soit les 270 pages qui forment le tome 7 de l'édition des *Éditions sociales*), ainsi que les 100 pages sur les mêmes questions dans les *Théories sur la plus-value* (qui ont attiré encore moins de commentaires que les chapitres du *Capital*) font partie des développements de Marx sur lesquels les commentateurs de langue française se sont le moins attardés. La lecture d'une théorie de la finance chez Marx pouvant servir de fil conducteur pour l'analyse du capitalisme contemporain n'a pratiquement jamais été faite, les seules exceptions étant deux auteurs de langue anglaise, le marxien David Harvey[13] et le régulationniste Robert Guttmann[14]. Le travail fait sur les textes de Marx par les auteurs de ce livre du Séminaire marxiste présenté ici est le premier en son genre en français. Il est vrai que ces textes ne sont pas d'un abord facile. Les deux longues plongées dans la théorie du capital-argent dans la « forme moderne » que Marx a eu sous les yeux en Angleterre dans les années 1860 et 1870 (l'expression est de lui), ont souvent la forme de notes et de brouillons, comportant à la fois pas mal de répétitions (parfois presque mot à mot) ou de re-formulations très voisines de certaines idées. Mais aussi des affirmations qui exigent d'être réconciliées, rendues complètement compatibles entre elles. L'édition que Engels en a faite, a comporté des choix de présentation qui lui sont propres. Cette situation n'est pas unique. Elle vaut aussi pour d'autres parties du Livre III, même si Engels semble avoir eu plus de mal avec la cinquième section[15]. Mais alors que pour d'autres parties l'absence de texte pleinement établi n'a pas rebuté les commentateurs, pour les chapitres portant sur le capital porteur d'intérêt et la finance cet élément a pleinement joué.

L'accumulation de l'argent et sa conversion en capital de prêt, porteur d'intérêt

Le champ de la théorie de la finance chez Marx est donc celui de la conversion de l'argent en capital. Il en a déjà été question de cette conversion dans le chapitre IV du Livre I du *Capital* sous la forme de la transformation du possesseur d'argent individuel, « l'homme aux écus », en capitaliste industriel. Dans la cinquième section du Livre III, le possesseur d'argent peut opérer la conversion de l'argent en capital comme prêteur et prendre ainsi le statut de « capitaliste passif ». Dans sa formulation la plus générales, la théorie est celle du « capital prêté en tant que masse d'argent qui se conserve et s'accroît, qui [...] revient à son point de départ et peut toujours recommencer le même procès »[16]. Pour utiliser la terminologie contemporaine, c'est donc la théorie d'un capital de prêt, ou plus largement de placement financier. La formation de ce capital résulte de formes spécifiques de centralisation que Marx nomme « accumulation de capital-argent proprement dit ». Elle conduit ensuite à une « accumulation » de « capital fictif », qu'il désigne aussi dans certains passages comme une « accumulation financière ».

Dans la cinquième section du Livre III, l'analyse du crédit est, sinon adossée à la théorie du « capital prêté en tant que masse d'argent », tout au moins liée à celle-ci de façon inextricable. Sur le plan de la centralisation des sommes susceptibles d'être valorisées par le prêt, l'activité des banquiers est celle d'institutions financières accomplissant l'activité des « investisseurs institutionnels » actuels. La « gérance du capital porteur d'intérêt », dont Marx dit qu'elle est « l'autre aspect du système du crédit » est une des fonctions des banquiers :

> [L]a profession de banquier consiste, de ce point de vue, à concentrer entre ses mains des masses importantes de capital-argent destinées au prêt, de sorte que ce sont les banquiers qui, au lieu du prêteur individuel, affrontent, en tant que représentants de tous les prêteurs d'argent, le capitaliste industriel et le commerçant. [...] Le capital de prêt dont disposent les banques leur parvient de diverses manières. D'abord, comme elles sont les caissiers des capitalistes industriels, elles concentrent le capital-argent que chaque producteur et commerçant détient comme fonds de réserve ou qui reflue vers lui sous forme de paiement. Ces fonds se convertissent ainsi en capital-argent de prêt. [...]. [*Ensuite*] leur capital de prêt se constitue à partir des dépôts des capitalistes financiers qui leur [*les banquiers*] laissent le soin de le prêter [17].

Marx précise :

> [D]ès l'instant où les banques paient un intérêt pour les dépôts, toute l'épargne monétaire et l'argent momentanément inoccupé de toutes les classes y seront déposés. De petites sommes, dont chacune isolément est incapable d'agir comme capital-argent, sont réunies en masses importantes, constituant ainsi une puissance financière. Cet effet particulier du système bancaire consistant à agglomérer de petites sommes doit être distingué de son rôle d'intermédiaire [...]. Enfin, les revenus dont la consommation est progressive sont également déposés dans les banques [18].

A son tour, la valorisation des « masses d'argent » ainsi centralisées en prêts et en placements, ouvre la voie à ce Marx nomme « l'accumulation de capital-argent proprement dit » par opposition à « l'accumulation véritable du capital » [19]. Celle-ci connaît un bond qualitatif lorsque les banques, après avoir opéré cette centralisation, étendent le système de crédit :

> [T]out capital semble se dédoubler, et par endroits tripler même, grâce aux diverses façons dont un même capital, ou simplement une même créance, apparaît dans des mains différentes, sous des formes différentes. La majeure partie de ce « capital-argent » est purement fictive [20].

Le « capital en général » et la place respective du capital industriel et du capital-argent

Cette apparition d'argent « oisif » sous une forme massive, prêt à, ou désireux de, se valoriser sous forme de prêt ou de placement en actions, voit la naissance d'une tension interne au mouvement du capital que Marx a pressenti sans imaginer l'ampleur qu'elle atteindrait au XXe et maintenant au XXIe siècle. Dans un passage également peu commenté, il écrit que « le capital industriel est le seul mode d'existence du capital où sa fonction ne consiste pas seulement en appropriation mais en également en création de plus-value [...] de surproduit » de sorte qu'il faut que « les autres variétés de capital [...] se subordonnent à lui », tout en faisant le constat suivant quelques paragraphes plus loin :

> [L]'aspect argent de la valeur est sa forme indépendante et tangible, la forme de circulation A...A', dont le point de départ et le point final sont de l'argent réel, exprime de la façon la plus tangible l'idée « faire de l'argent », principe moteur de la production capitaliste. Le procès de production apparaît seulement comme un intermédiaire inévitable, un mal nécessaire pour faire de l'argent[21].

Avec le recul de l'histoire, on voit que le renforcement des institutions incarnant une couche des classes possédantes et une fraction du capital disposées à embrasser cette « idée », était inhérent aux rapports sociaux de production en tant que rapports de distribution et que le processus devait nécessairement être nourri aussi par le reflux vers la valorisation financière de capitaux ne trouvant à s'investir dans la production à un taux de profit satisfaisant, du fait des limites internes à l'accumulation. Ce qui subsiste dans la cinquième section du Livre III, de la « subordination par le capital industriel du capital-argent (termes du Livre II), est l'élément clef que Marx précise à propos du crédit bancaire, mais qui vaut pour toute « masse d'argent » placée en vue d'un rendement sous forme d'intérêts et de dividendes, à savoir que, « en gros, dans le système de crédit moderne, le capital productif d'intérêt est adapté aux conditions de la production capitaliste»[22].

Le rôle reconnu très tôt par Marx aux banques est plus important qu'il n'est généralement dit. Dès sa rédaction du chapitre du Capital dans les *Grundrisse*, Marx fait la remarque suivante :

> Le *capital en général* est, certes, contrairement aux capitaux particuliers, 1° *une simple abstraction* ; mais ce n'est pas une abstraction arbitraire ; elle représente la *differentia specifica* du capital en

opposition à toutes les autres formes de la richesse ou modes de développement de la production (sociale). Ses caractéristiques générales se retrouvent dans chaque capital ; elles font de chaque somme de valeurs un capital[23].

Et quelques lignes plus loin d'ajouter :

Ainsi, le capital a une *forme générale* bien qu'il appartienne à des capitalistes particuliers : *sous cette forme élémentaire*, le capital s'accumule dans les banques ou est distribué par elles [...][24].

Cette abstraction a une histoire ; elle doit être saisie en tant que processus. A mesure que le « possesseur d'argent » dont « l'appropriation toujours croissante de la richesse abstraite est le seul motif déterminant de ses opérations », celui qui « fonctionne comme capitaliste, ou, si l'on veut, comme capital personnifié, doué de conscience et de volonté »[25], a cessé d'être le capitaliste individuel et s'est logé dans des institutions financières, bancaires puis nonbancaires, on a vu le renforcement du « mouvement incessant du gain toujours renouvelé », « [la] tendance absolue à l'enrichissement » contenus dans l'abstraction du « capital en général ». Chargées de se situer au plan de « la forme de circulation A...A', dont le point de départ et le point final sont de l'argent réel », ces organisations et leurs gestionnaires poussent à son maximum de développement tout ce qui est contenu dans la catégorie de l'argent devenant capital comme force tournée vers l'expropriation et l'exploitation. C'est de son abstraction que le capital tire la fluidité et la mobilité qui lui permettent de se mouvoir au niveau de la planète.

Complémentairement, c'est dans « la circulation de l'argent comme capital en tant que but en soi », que gît l'indifférence totale de A aux conditions concrètes dans lesquelles la valorisation s'effectue comme aux souffrances sociales ou aux destructions écologiques que celle-ci peut provoquer. Enfin, plus la forme A—A' devient prédominante plus le fétichisme, les représentations fantasmagoriques des sources de la richesse s'emparent de la société.

Le capital de prêt vit de la plus-value et représente une « *marchandise* sui generis »

Le commentaire du chapitre XXI du Livre III peut maintenant être poursuivi :

Dans la production capitaliste, il est possible de convertir de l'argent en capital (nous considérons ici l'argent comme expression autonome d'une somme de valeur [...]. Par cette conversion il devient, de valeur donnée qu'il était, une valeur qui s'accroît [...]. Il produit du profit, c'est-à-dire qu'il permet aux capitalistes d'extorquer aux ouvriers une certaine quantité de travail non payé, du surproduit et de la plus-value, et de se les approprier[26].

Cet accroissement a comme véhicule l'intérêt, qui est « l'appellation particulière pour la partie du profit que le capitaliste actif doit payer au propriétaire du capital, au lieu de se le mettre dans sa poche ». Cette définition est dénuée de toute ambiguïté. Dans les *Théories sur la plus-value*, on trouve des formulations très voisines de celle qui vient d'être donnée, dont on peut sélectionner la suivante :

> L'*intérêt* n'est donc rien d'autre qu'une partie du profit (qui de son côté n'est lui-même rien d'autre que de la *surplus value*, du travail non payé) que le capitaliste industriel paie au propriétaire du capital qui n'est pas le sien, à l'aide duquel il « travaille » exclusivement ou en partie. C'est une partie du profit – de la *surplus value* – qui, fixée en tant que catégorie particulière, est séparée du profit total sous une dénomination particulière ; séparation qui ne renvoie absolument pas à l'origine du profit mais seulement à *la façon dont il est payé* ou dont on se l'approprie[27].

La source de la « rémunération » de l'argent devenu capital est donc la plus-value, le travail non payé extorqué aux salariés. L'intérêt vient en partage du profit. Son existence est ancrée dans la production et la commercialisation réussies. Comme on le voit lors des crises économiques, son paiement est subordonné à l'effectivité du bouclage du cycle du capital par les capitalistes emprunteurs, c'est-à-dire à la capacité de ceux-ci d'extorquer la plus-value et au mouvement contradictoire du capital de leur permettre de réaliser cette plus-value sur le marché.

Suit cet énoncé théorique nouveau, peu ou pas préparé dans des parties antérieures du *Capital*, à savoir l'acquisition par l'argent, dans les conditions sociales d'un capitalisme fermement enraciné, en plus de sa valeur d'usage propre en tant qu'argent (les trois fonctions de la monnaie), d'une « nouvelle valeur d'usage » (une nouvelle fonction), celle de faire office de capital :

> Sa valeur d'usage consiste précisément alors dans le profit qu'il produit, une fois transformé en capital. En cette qualité de capital potentiel, d'instrument à produire du profit, l'argent se fait marchandise, mais marchandise d'une sorte particulière. Autrement dit, ce qui revient au même, le capital en tant que tel devient marchandise[28].

La nature très particulière de cette « marchandise *sui generis* »[29] tient notamment en ce que ce qui est décisif est son usage et que sa cession est temporaire. Celle-ci n'a donc pas comme support la vente, mais le prêt[30]. C'est ce que Marx expose, notamment dans un passage où il oppose le capital dans son « mouvement réel » à celui qu'il revêt lorsqu'il veut se valoriser en dehors de la production comme capital de prêt, porteur d'intérêt :

> Dans le mouvement réel, le capital n'existe pas en tant que capital dans le procès de circulation, mais seulement dans le procès de production, dans le procès d'exploitation de la force de travail.
> Il n'en va pas de même du capital porteur d'intérêt, ce qui lui donne justement son caractère particulier. Un possesseur d'argent qui veut le faire fructifier comme capital portant intérêt, le cède à un tiers, le jette ainsi dans la circulation et le convertit en marchandise *comme capital*. L'argent [...] sera d'emblée cédé comme capital à un tiers, comme une valeur qui possède la valeur d'usage de créer de la plus-value, du profit [...]. L'argent ne s'éloigne donc de lui que pour un temps et ne passe que temporairement des mains de son propriétaire dans celles du capitaliste actif ; il n'est donc ni donné en paiement, ni vendu, mais seulement prêté ; il n'est que cédé à condition : 1° qu'il retourne au bout d'un certain délai à son point de départ ; et, 2° qu'il reflue comme capital réalisé, c'est-à-dire comme capital dont la valeur d'usage, qui consiste dans la production de la plus-value, s'est manifestée[31].

Le propriétaire du capital de prêt ne se dessaisit donc jamais de la propriété de son capital. Il en reste le propriétaire pendant le temps où ce capital fonctionne comme capital dans les mains d'autrui. Il n'attend pas seulement que son capital reflue vers lui, mais encore qu'il reflue vers lui en tant que capital, que valeur ayant conservé et accru sa valeur. Ce capital augmenté pourra alors être utilisé pour une autre opération de prêt, au même industriel ou à un autre. Ainsi est annoncée l'exigence de *liquidité* qui ne peut être assurée que par des marchés secondaires de titres, dont Hilferding sera le premier théoricien du côté du marxisme.

Le partage quantitatif du profit entre intérêt et profit d'entreprise

Les chapitres XXII et XXIII portent sur le partage du profit entre l'intérêt et le profit d'entreprise. Le « profit d'entreprise » est une notion que Marx n'introduit qu'au Livre III du Capital, dans une opposition à l'intérêt. C'est en quelque sorte la rémunération qui récompense l'activité du « capitaliste actif », de celui qui prend des « risques » à la Frank

Knight[32], ou qui « innove » à la Joseph Schumpeter. Mais le « profit d'entreprise » est aussi ce qu'il lui reste pour « entreprendre », c'est-à-dire d'investir, en toute liberté, une fois que le « capitaliste passif », chez qui les réflexes usuriers ne disparaissent jamais totalement, a pris son « dû ». C'est pourquoi, j'y vois également l'amorce de ce que nous nommons aujourd'hui le « profit retenu », la part qui n'est pas distribuée sous forme d'intérêt ou de dividendes.

Chez Marx, il n'y a pas de taux « naturel » de l'intérêt, pas de mécanisme économique réglant les variations du taux de l'intérêt et fixant un taux moyen d'intérêt, alors qu'il reconnaît un taux moyen de profit et un salaire moyen. Deux facteurs viennent déterminer le niveau du taux d'intérêt. Le premier est l'état de la conjoncture : durant les crises économiques, les « capitalistes passifs » qui sont prêteurs d'argent en temps normal cessent de le proposer au prêt. L'autre facteur qui joue de façon plus continue, est l'état des rapports qui s'établissent sur le « marché du capital » entre ceux que Marx nomme tantôt « capitalistes financiers » et « capitalistes productifs », tantôt « capitalistes passifs » et « capitalistes actifs ». Ces rapports sont tels qu'alors que l'intérêt vient en partage du profit et dépend donc de la production et de la réalisation avec succès d'une masse de plus-value, l'apparence des choses est exactement inverse. En effet, « par opposition à l'intérêt que le capitaliste actif doit payer au prêteur sur le profit brut, le *reliquat* du profit qui lui revient [...] prend la forme de profit d'entreprise »[33]. Cette « inversion » a plusieurs causes. Une première tient au fait qu'alors que le taux de profit moyen n'est pas perceptible aux capitalistes individuels, qui ne connaissent que leur propre taux de profit, à tout moment il n'existe qu'un seul taux d'intérêt fixé par le marché pour chaque catégorie donnée de prêt. Il s'ensuit que l'intérêt semble venir en premier et le profit d'entreprise d'être qu'un reliquat dont le niveau est imposé aux capitalistes désireux d'emprunter. Un autre facteur qui renforce l'apparence « d'autonomie » dont l'intérêt paraît jouir, est la généralisation des techniques de capitalisation, de calcul des intérêts qu'une somme peut rapporter si elle est prêtée :

> L'intérêt se consolide à tel point qu'il ne se présente pas comme un partage du profit brut [...] n'existant qu'occasionnellement, c'est-à-dire quand un industriel fait travailler du capital d'autrui. Même lorsqu'il fait fructifier son propre capital, son profit se partage en intérêt et en profit d'entreprise[34].

Le partage quantitatif entre intérêt et profit d'entreprise est façonné aussi par des rapports internes à la classe capitaliste qui sont présentés par Marx comme étant plutôt favorables aux prêteurs. Le poids de ceux-ci augmente à mesure que s'accroît le rôle des banques en tant qu'agent de centralisation et de concentration de l'argent qui veut se valoriser par le prêt ou l'achat de titres. Dans l'annexe des *Théories sur la plus-value*, Marx avait déjà noté :

> [*A*]vec le développement de la grande industrie, le capital financier, pour autant qu'il apparaît sur le marché, est de moins en moins représenté par le capitaliste individuel, propriétaire de tel ou tel *parcels* [fragment] du capital se trouvant sur le marché, mais au contraire, se concentre, s'organise et se présente d'une façon qui diffère totalement de la production réelle en tant que contrôle des banquiers représentant le capital. [*Celui-ci*] se présente comme capital susceptible d'être prêté *en masse*, [...] concentré en un petit nombre de réservoirs[35].

Dans *Le Capital*, Marx souligne de nouveau la même idée :

> [*L*]e capital-argent [...] est de moins en moins représenté par le capitaliste individuel, [...] mais s'y trouve toujours davantage comme une masse organisée et concentrée, placée, à la différence de la production réelle, sous le contrôle des banquiers représentant le capital social[36].

Le qualitatif de « représentant du capital » ou « représentant du capital social » appliqué aux banques n'est pas anodin. Non seulement il accroît le poids, mais aussi la légitimité sociale du capital de prêt, mais il paraît également atténuer singulièrement la primauté du capital industriel.

Puisqu'il exprime un rapport de force, le niveau du taux d'intérêt est nécessairement indéterminé. Le capitaliste emprunteur cède une partie du profit total, mais « une partie seulement et pas le tout ». Inversement, il est « impossible que l'ensemble du profit revienne à l'emprunteur »[37]. Le taux d'intérêt se situe donc quelque part entre deux pôles, un maximum qui serait l'ensemble du profit, qui est purement hypothétique car aucun capitaliste actif n'emprunterait, et un minimum, zéro, également impossible car alors aucun capitaliste passif ne prêterait.

Les dimensions qualitatives de la distinction entre intérêt et profit d'entreprise

Marx est surtout intéressé par la différence qualitative entre l'intérêt et le profit d'entreprise :

> [*N*]ous devrons partir de l'hypothèse que le capitaliste financier et le capitaliste productif s'affrontent effectivement, non seulement comme des personnes juridiquement distinctes, mais aussi comme

individus jouant dans le procès de production des rôles tout différents[38].

Et de préciser plus loin que :

> Celui qui fait fructifier le capital, même s'il en le propriétaire, représente deux personnes : celle qui possède et celle qui utilise le capital ; [...] [*celui-ci*] se divise en *propriété* de capital *extérieure* au procès de production qui, comme telle, rapporte de l'intérêt, et en capital *engagé* dans le procès de production qui rapporte du profit d'entreprise comme capital en mouvement[39].

Le thème de l'extériorité à la production en tant qu'expression de la forte différentiation entre profit et intérêt, voire de leur rapport au moins partiellement antagonique, est repris plusieurs fois par Marx :

> Du point de vue *qualitatif*, l'intérêt est de la plus-value produite par la simple possession du capital, que le capital comme tel rapporte, bien que son possesseur reste en dehors du procès de reproduction ; l'intérêt est donc produit par du capital retranché de son procès[40].

D'autres termes servent aussi à Marx pour exprimer la dimension qualitative de l'opposition. La plus connue est la distinction entre le capital-propriété et le capital-fonction. Celle-ci commence à émerger dès que le capital de prêt devient important, l'opposition du capital au travail salarié se trouvant « effacée dans la forme de l'intérêt » :

> [*L*]e capital portant intérêt ne s'oppose pas, en tant que tel, au travail salarié, mais au capital en fonction ; le capitaliste prêteur a directement affaire au capitaliste réellement actif dans le procès de reproduction et point du tout au salarié qui se trouve justement dépossédé des moyens de production sur la base de la production capitaliste. Le capital portant intérêt est le capital-*propriété* face au capital-*fonction*[41].

Dans le chapitre XXII, Marx raille l'effort idéologique fait pour tenter d'occulter cette réalité :

> L'exploitation du travail productif coûte de l'effort, que le capitaliste l'accomplisse lui-même ou que d'autres le fassent en son nom. Contrairement à l'intérêt, son profit d'entreprise se présente à lui [...] plutôt comme l'aboutissement de ses fonctions de non-possesseur, de... *travailleur*.

Dans sa tête se formera nécessairement l'idée que son profit d'entreprise – loin de s'opposer [...] au travail salarié et d'être seulement du travail d'autrui non-payé – s'identifie plutôt à une *rémunération de travail* ou de surveillance [...][42].

Plus loin dans le même chapitre, Marx citant Andrew Ure, utilise le mot « *manager* », dont on connaît la fortune depuis. Pour lui, il s'agit d'une fonction aisée à remplir, ainsi que la gestion ouvrière des coopératives le montre :

La production capitaliste, elle, est arrivée au stade où le travail de haute direction, entièrement séparé de la propriété du capital, court les rues. Il est donc devenu inutile que ce travail de direction soit exercé par le capitaliste lui-même. [...] Les entreprises coopératives démontrent que le capitaliste, comme fonctionnaire de la production, est devenu tout aussi superflu que lui-même, [...] trouve inutile le grand propriétaire terrien[43].

L'un des effets et caractéristiques des sociétés par actions est d'achever cette « transformation du capitaliste réellement actif en un simple dirigeant et administrateur de capital d'autrui et des propriétaires de capital en simple propriétaires, en simples capitalistes financiers »[44]. Un autre est de faire disparaître le profit d'entreprise, qui est englouti en quelque sorte dans la rémunération du capital porteur d'intérêt perçue sous forme de dividendes.

Marx fait des dividendes une subdivision de l'intérêt, celui-ci étant la forme générique de revenu perçu par tout capital cherchant à s'investir financièrement :

Même si les dividendes qu'ils [*les capitalistes financier*] touchent incluent l'intérêt et le profit d'entreprise, c'est-à-dire le profit total (car les émoluments des dirigeants sont ou devraient être un simple salaire ou une sorte particulière de travail spécialisé, dont le prix est réglé sur le marché du travail comme pour n'importe quel autre travail), ce profit total ne sera plus perçu que sous la forme de l'intérêt, c'est-à-dire comme simple rémunération pour la propriété du capital qui est ainsi complètement séparée de sa fonction dans le procès réel de reproduction [...]. Dans les sociétés par actions, la fonction est séparée de la propriété du capital ; partant, le travail est, lui aussi, totalement séparé de la possession des moyens de production et du surtravail[45].

Du moment écrit Marx, que « le profit prend ici purement la forme de l'intérêt, de telles entreprises demeurent possibles si elles rapportent simplement l'intérêt », et de se demander si cela ne pourrait pas être l'une des

« raisons qui empêche la chute générale du taux de profit, parce que ces entreprises où le capital constant est immense par rapport au capital variable, n'interviennent pas nécessairement dans l'égalisation du taux général de profit »[46].

Le mouvement A—A' et le fétichisme du capital porteur d'intérêt

L'argent en masse devenu capital de prêt, porteur d'intérêt, décrit le mouvement A—A', mieux connu sous le nom de « cycle raccourci du capital ». Ce mouvement exprime à la fois l'essence de l'argent qui se fait capital de placement après être devenu « forme indépendante et tangible de la valeur » et la quintessence du fétichisme qui frappe le mode de production capitaliste. La forme A—A' exprime « l'idée 'faire de l'argent', [*qui est le*] principal moteur de la production capitaliste ». Par conséquent :

Avec le capital porteur d'intérêt, le rapport capitaliste atteint sa forme la plus extérieure, la plus fétichisée. Nous avons ici A—A', de l'argent produisant de l'argent, une valeur se mettant en valeur elle-même, sans aucun procès [*de production*] qui serve de médiation aux deux extrêmes[47].

La forme A—A' pousse à son paroxysme, un fétichisme profond qui n'est pas seulement inhérent à l'argent se valorisant en masse, mais au capitalisme en tant que tel, comme mode de production et comme système de domination sociale. Ce passage du chapitre XXIV, souvent cité isolément, prolonge la théorie du fétichisme, exposée par Marx assez tôt dans le Livre I du Capital, dont les rapports de production capitalistes sont frappés et partant la société bourgeoise (la « société de marché ») tout entière. Elle a reçu peu d'écho chez les économistes marxistes ou marxiens, pour des raisons qui ont tenu tant du positivisme provenant de l'instrumentalisation politique de Marx dans ses diverses variantes, que de l'économisme qui traverse le champ de l'économie en tant que discipline académique[48].

Le socle du fétichisme se trouve dans l'échange sur le marché et la valeur en tant que valeur d'échange, dont l'effet est de donner à « un rapport social déterminé des hommes entre eux [...] la forme fantastique d'un rapport des choses entre elles »[49]. A partir de ce socle se développe un processus parallèle de réification des rapports sociaux, de confusion entre les rapports sociaux et leurs supports matériels et surtout, comme l'écrit Alain Bihr, de « personnification de ces rapports réifiés » :

[*Celle-ci*] conduit à métamorphoser et à métaphoriser ces mêmes choses en des puissances supra-humaines, capables d'exister par elles-mêmes, de s'auto-engendrer, faisant l'objet d'un véritable culte de la part des hommes, avec ce que tout culte implique de projection fantasmatique et d'investissement libidinal de leur part[50].

L'argent centralisé et devenu capital de prêt possède ces attributs au degré le plus élevé :

> Le capital semble être la source mystérieuse et créant d'elle-même l'intérêt, son propre accroissement. L'*objet* (argent, marchandise, valeur) simplement comme tel, est maintenant déjà du capital et le capital apparaît comme simple objet. Le résultat de tout le procès de reproduction est donc une propriété revenant naturellement à un objet ; c'est l'affaire du propriétaire de l'argent, c'est-à-dire de la marchandise sous sa forme toujours échangeable, de savoir s'il veut le dépenser comme argent ou le louer comme capital. C'est donc dans le capital porteur d'intérêt que ce fétiche automate est clairement dégagé : valeur qui se met en valeur elle-même, argent engendrant de l'argent ; sous cette forme, il ne porte plus les marques de son origine. [...] L'argent acquiert ainsi la propriété de créer de la valeur, de rapporter de l'intérêt, tout aussi naturellement que le poirier porte des poires[51].

Et Marx d'enfoncer le clou :

> [*T*]andis que l'intérêt n'est qu'une partie du profit, c'est-à-dire de la plus-value que le capitaliste actif extorque à l'ouvrier, l'intérêt se présente maintenant, à l'inverse, comme le fruit proprement dit du capital, comme la chose première ; le profit, par contre, qui prend alors la forme de profit d'entreprise, apparaît comme un simple accessoire et additif qui s'ajoute au cours du procès de reproduction. Ici la forme fétichisée du capital et la représentation du fétiche capitaliste atteignent leur achèvement. A—A' représente la forme vide de contenu du capital, l'inversion et la matérialisation des rapports de production élevées à la puissance maxima : la forme productrice d'intérêt, la forme simple du capital où il est la condition préalable de son propre procès de reproduction ; la capacité de l'argent ou de la marchandises de faire fructifier leur propre valeur, indépendamment de la reproduction, – c'est la mystification capitaliste dans sa forme la plus brutale[52].

Le capital fictif

La notion de capital fictif concrétise l'analyse du fétichisme inhérent au capital porteur d'intérêt ou de placement financier plus généralement. Ce qui paraît, aux yeux du porteur de titres, être pour lui du « capital », « son capital », doit être analysé comme étant une pure fiction du point de vue du mouvement du capital entendu comme reproduction du capital productif. La notion a reçu plus d'attention que d'autres parties de la cinquième section du Livre III. Le rôle des banques et du crédit ayant été bien étudié par les théoriciens marxistes, une place un peu plus grande a été faite à la théorie du capital fictif qu'à d'autres aspects de la théorie du capital porteur d'intérêt. Dans le cours de leurs opérations, les banques créent des formes déterminées de capital fictif, notamment avec le crédit à des fins d'investissement. Parallèlement, le capital propre des banques est très largement composé de titres juridiques sur une production à venir qui sont, dans le meilleur des cas, des duplicata fictifs d'un capital réel. Dans le Livre III, les banques sont étudiées à la fois comme institutions financières centralisant « l'argent en masse » et comme dispensaires de crédit. Même si les deux rôles deviennent toujours plus étroitement imbriqués, il importe de respecter cette distinction. Au plan théorique il faut séparer les opérations de création de crédit, de celles tenant aux processus de valorisation par les banques de sommes d'argent « oisif » (le mot employé par Keynes est justifié car autrement cet argent serait thésaurisé), dont l'existence résulte largement des rapports de production en tant que rapports de répartition et dont le montant s'accroît à mesure que grossit le nombre des gens ayant le statut économique de « capitalistes passifs » qui cherchent à participer au partage de la plus-value. Il est possible de saisir la portée de cette distinction en la resituant dans l'histoire économique et sociale des soixante dernières années. La finance administrée des banques nationalisées travaillant la main dans la main avec le Commissariat général du Plan a créé du capital fictif de la première variété et a joué le rôle d'auxiliaire indispensable de l'accumulation du capital réel (infrastructures et moyens de production). Ce type de crédit bancaire à moyen terme est le seul que Schumpeter considère légitime et auquel il fait place dans sa théorie initiale du développement capitaliste en longue période, construite autour de l'entrepreneur et de l'innovation[53]. Par opposition, la finance libéralisée mise en scelle depuis 1978-80, crée des actifs financiers (des « produits financiers » dans le jargon actuel) qui apparaissent aux yeux de leurs porteurs comme étant « leur capital », alors qu'il s'agit de prétentions sur une production à venir. Leur degré d'effectivité est tributaire du succès de l'appropriation de plus-value comme de la bonne humeur des « marchés ». Leur nature économique est celle d'une ponction sur la plus-value, facteur possible de blocage de l'accumulation réelle.

Une lecture attentive de Marx montre qu'il fait cette distinction tout en soulignant l'enchevêtrement croissant entre les deux processus. Cela peut m'être contesté car c'est au moment d'atteindre les chapitres où il est question du crédit et du capital fictif dans leurs différentes dimensions, que le texte proposé par Engels devient particulièrement chaotique. Mais Robert Guttmann en a fait une lecture attentive qui le conduit également à bien marquer la distinction. D'un côté, il souligne sans ambiguïté que « la création de crédit *ex nihilo* est en soi une source de capital fictif et la raison pour laquelle la monnaie de crédit n'a pas de valeur intrinsèque » De l'autre, il procède à une analyse de la « domination du capital fictif » où il se réfère à la configuration spécifique du capitalisme qui résulte de la pleine réémergence d'institutions brassant des titres auxquels il a précédemment donné le nom de capital fictif[54]. Dans la terminologie défendue par Guttmann :

> L'intégration de la finance et de l'industrie par le biais du crédit porteur d'intérêt donne naissance au « capital financier », alors que « les transactions des institutions financières engendrent leur forme spécifique propre de capital. [...] Marx a expliqué que ces activités servent de fondement à ce qu'il nomme le capital fictif. Ce concept désigne tous les actifs financiers dont la valeur repose sur la capitalisation d'un flux de revenus futurs, qui n'ont comme tels aucune contrepartie dans le capital industriel effectif. En partant de cette définition, Marx a identifié plusieurs formes de capital « fictif », qui sont toutes devenues des piliers de l'économie de portefeuille contemporaine[55].

Le crédit bancaire comme capital fictif et le capital fictif dans l'actif des banques

Sous la forme d'avances aux industriels, les banques créent des moyens de financement qui jouent le rôle de capital sans en être. Il s'agit donc d'une forme de capital fictif. Ce fait peut paraître ôter à la notion son mordant. Si les banques, auxiliaires indispensables des entreprises et donc agents à ce titre de l'accroissement des forces productives, créent du capital fictif en permanence et que leur propre capital est largement composé de créances et de titres, alors la formation d'un capital fictif peut être réduite au rang d'effet négatif, sans doute fâcheux, d'une fonction centrale indispensable. Le capital fictif d'origine bancaire est un ingrédient majeur des crises financières. La convergence entre le système de crédit et « l'argent centralisé en masse », permet au capital « se dédoubler ». Elle donne une impulsion formidable à ce que Marx nomme « l'accumulation de capital-argent proprement dit » par opposition à « l'accumulation véritable de capital »[56], avant de créer les conditions d'éclatement des crises financières.

L'exposé de Marx de l'activité des banques comporte la distinction classique faite par les économistes et les spécialistes de la banque, entre le crédit commercial et le crédit bancaire. L'exposé du crédit commercial est morcelé, l'essentiel se trouvant au chapitre XXX[57]. Ce chapitre est typique des difficultés qui confrontent le lecteur. En effet, sous le titre « Capital-argent et capital réel », le texte commence par des interrogations générales sur les rapports entre « l'accumulation du capital-argent et accumulation véritable du capital ». Suit un assez long passage (le second de la cinquième section), relatif au caractère de capital fictif des titres de propriété sur les entreprises et le mirage de leur cotation en Bourse, accompagnées de remarques sur le fait que ces titres « représentent une partie notable du capital du banquier », lequel est donc en bonne partie fictif. Vient ensuite une observation très importante sur le fait que « les fonds d'État, comme les actions et autres titres sont des sphères d'investissement pour du capital prêtable, pour du capital destiné à devenir productif d'intérêt. Ce sont des formes de prêt de ce capital. Mais elles ne sont pas elles-mêmes le capital de prêt [...] » et en tous les cas pas ce « dont l'industriel ou le commerçant a besoin quand il veut faire escompter des traites ou effectuer un emprunt », à savoir « de l'argent ». Dans la suite du chapitre, dit Marx, c'est de « l'accumulation de *ce capital de prêt-là* qu'il s'agit »[58]. Le mot accumulation peut surprendre, puisque c'est le crédit qui va procurer à l'industriel cet « argent frais », crédit qu'il est donc nécessaire de distinguer des opérations dans les « sphères d'investissement pour du capital porteur d'intérêt ». C'est une forme de ce qu'il nomme « l'accumulation financière ».

Dans le cas du crédit commercial, les opérations s'effectuent entre capitalistes (à différents points du système productif ou entre industriels et négociants de matières premières et vendeurs des marchandises finies). Les banquiers n'interviennent que pour autant que les traites sont portées chez eux pour être escomptées. Alors « à ce crédit commercial (le crédit commercial *stricto sensu*), vient maintenant s'ajouter le crédit monétaire proprement dit. [...] Dans l'escompte l'avance n'est que nominale »[59]. Autrement dit, l'industriel bénéficie d'une fiction : grâce à l'escompte, il voit la conversion en argent, et donc pour lui de nouveau en capital, de marchandises contenant la plus-value avant que le commerçant ne les ait effectivement vendues. Marx s'empresse à rappeler que cette fiction, créée et soutenue par le système du crédit, ne dure qu'autant que le bouclage du cycle de valorisation s'effectue pour la majorité des entreprises. La fiction est fortement ébranlée en moment de crise économique. La durée de vie juridique des traites étant courte (le plus souvent de trois mois) et leur montant faible, l'escompte ne comporte pas la création d'une fiction de très grande ampleur. Il n'en va plus de même pour ce que Marx nomme « le crédit du banquier », c'est-à-dire le prêt d'une somme en bloc ou l'ouverture d'une ligne de crédit à la banque, qui sont consentis à un industriel en vue d'un investissement et faits pour une durée de moyen terme. Ici il y bel et bien un accroissement fictif du capital dont l'industriel dispose, puisqu'il peut compléter son capital propre grâce au crédit. Mais il y a plus car cette création de capital fictif repose elle-même sur la possession par le banquier d'un capital qui est lui aussi très largement fictif.

Il faut donc en arriver à l'analyse du caractère fictif du capital bancaire lui-même. Ici il n'y a pas de difficultés liées aux textes comme tels. L'exposé de Marx se trouve dans le chapitre XXIX dont le titre, « Composantes du capital bancaire », correspond ici exactement à son contenu :

> Le capital bancaire se compose : 1. d'argent en espèces, or ou billets ; 2. de titres. Ceux-ci [...] nous pouvons les diviser en : effets de commerce, traites, qui circulent, viennent à échéance de période en période et dont l'escompte constitue l'activité proprement dite du banquier ; et valeurs publiques : valeurs d'État, bons du trésor, actions de toute nature [...][60].

Le caractère fictif de ces différents types de titres va être traité dans un instant dans les points 3 et 4. Mais la partie du capital composée d'argent, en or ou en billets, qui est inscrite au bilan des banques sous forme de dépôts fais par les clients, est elle aussi très largement fictive. « Le fonds de réserve excepté, qui se resserre ou s'étend selon les besoins de la circulation réelle, ces dépôts se trouvent en réalité toujours entre les mains, d'une part des capitalistes industriels ou commerçants [...], d'autre part, entre les mains des négociants en titres (courtiers en bourse), ou du gouvernement (dans le cas de bons du Trésor et de nouveaux emprunts) ». Et de poursuivre quelques lignes plus loin :

> A mesure que se développent le capital productif d'intérêt et le système de crédit, tout capital semble se dédoubler, et par endroits tripler même, grâce aux diverses façons dont un même capital, ou simplement une même créance, apparaît dans des mains différentes, sous des formes différentes. La majeure partie de ce « capital-argent » est purement fictive. Le fonds de réserve excepté, tous les dépôts ne sont que des créances sur le banquier, qui n'existent jamais réellement en dépôt. Dans la mesure où ils sont employés dans les affaires de virement, ils font fonction de capital pour les banquiers, quand ceux-ci les ont prêtés. Entre eux les banquiers se règlent les assignations réciproques sur des dépôts qui n'existent

pas, en faisant venir ces créances en déduction les unes des autres[61].

Ce n'est pas seulement la majeure partie du capital-argent inscrit au bilan des banques qui est fictive, mais aussi les titres, « espèce de richesse imaginaire qui ne constitue pas seulement une partie fort importante de la fortune des particuliers [*mais*] aussi une portion notable du capital des banquiers »[62].

Nature fictive des obligations et des actions, et fiction de la valorisation boursière

L'analyse de la nature fictive des titres de la dette publique est faite dans deux passages, du chapitre XXIX puis du chapitre XXX. Marx commence par situer la question dans le cadre de l'analyse du fétichisme du mouvement A—A', du mirage propre au capital porteur d'intérêt :

> La forme du capital porteur d'intérêt implique que tout revenu-argent déterminé et régulier apparaisse comme l'intérêt d'un capital, que ce revenu provienne ou non d'un capital. D'abord on transforme l'argent empoché comme intérêt et quand on a l'intérêt on trouve ensuite le capital qui l'a produit[63].

Puis vient un passage qui pose à la fois la nécessité de la liquidité des titres pour qu'ils aient les attributs d'un « capital » pour ceux qui les détiennent et la fiction complète de cette apparence du point de vue du mouvement de la reproduction du capital productif. « L'État doit payer chaque année à ses créanciers une certaine somme d'intérêts pour le capital emprunté ». Mais tant qu'il ne vient pas à échéance, « le créancier ne peut pas réaliser son prêt ; il ne peut que vendre sa créance, le titre de propriété qui l'établit. Le capital lui-même a été mangé, dépensé par l'État. Il n'existe plus ». Et Marx de développer les deux idées :

> Ce que le créancier de l'État possède c'est : 1. une obligation de l'État, mettons de 100 l. st. ; 2. cette obligation lui donne droit à une certaine somme, disons 5 l. st. ou 5 %, sur les recettes annuelles de l'État, c'est-à-dire du produit annuel des impôts ; 3. il peut vendre à son gré ce titre de 100 l. st. à d'autres personnes [...]. Or, dans tous ces cas, le capital qui, aux yeux des gens, produit un rejeton (intérêt), ici le versement de l'État, demeure un capital fictif, illusoire. Non seulement parce que la somme prêtée à l'État n'existe plus du tout, mais encore parce que jamais elle n'avait été destinée à être dépensée en tant que capital, à être investie, et que

c'est seulement son investissement en tant que capital qui aurait pu faire d'elle une valeur susceptible de se conserver par elle-même. Pour le créancier initial A, la part des impôts annuels qui lui échoit représente l'intérêt de son capital, de la même manière que l'usurier reçoit une part des biens de son prodigue client, et pourtant, ni dans un cas ni dans l'autre, la somme d'argent prêtée n'a été dépensée comme capital[64].

La fiction repose donc sur la possibilité qui est donné au détenteur de titres de les vendre et de d'exercer ainsi ce que Keynes nommera la préférence pour la liquidité :

La possibilité de vendre sa créance sur l'État représente pour A la faculté de récupérer son principal. Pour B [*à qui A revend son titre*], de son point de vue privé, il a placé son argent sous forme de capital productif d'intérêt. Objectivement, il a simplement pris la place de A et acheté la créance du premier sur l'État. Il peut y avoir autant de transactions que l'on voudra : le capital de la dette publique n'en reste pas moins purement fictif et, à partir du moment où les titres de créances deviendraient invendables, la fiction se dissiperait (et on verrait que ce n'est pas un capital)[65].

La possibilité de négocier les titres de la dette publique facilite « le développement d'une classe de créanciers de l'État, qui sont autorisés à prélever pour eux certaines sommes sur le montant des impôts »[66]. Leur poids social peut même se consolider, avec tout ce que « l'accumulation de droits, de titres juridiques sur la production à venir » peut impliquer en termes d'effets sur l'accumulation réelle et de polarisation de la richesse.

Le caractère de capital fictif des titres de propriété sur les entreprises est traité dans les mêmes chapitres. A l'époque de Marx il s'agit presque exclusivement d'actions de sociétés de chemins de fer, de charbonnages, de compagnies de navigation. Ces actions « représentent un capital réel : celui qui a été investi et qui fonctionne dans ces entreprises » :

[C]e capital n'existe pas deux fois, une fois comme valeur-capital des titres de propriété, des actions, la seconde en tant que capital investi réellement [...]. Il n'existe que sous cette dernière forme, et l'action n'est qu'un titre de propriété ouvrant droit, au prorata de la participation, à la plus-value que ce capital va permettre de réaliser. Que A vende son titre à B et B à C [...] ne change rien à la nature des choses [...] C a converti son capital en un simple titre de propriété ouvrant droit à la plus-value qu'on espère du capital par actions[67].

Ainsi, la nature des actions est celle de simples duplicata :

> Mais ces titres se transforment eux aussi en duplicata du capital
> réel, en chiffons de papier, comme si un certificat de chargement
> pouvait avoir une valeur à côté du chargement, et en même temps
> que lui. [...] [L]e capital réel existe à côté d'eux et ne change abso-
> lument pas de mains, [alors que] ces duplicata passent d'une main
> dans une autre. Ils se métamorphosent en formes du capital pro-
> ductif d'intérêt, non seulement parce qu'ils assurent certaines re-
> cettes, mais aussi parce qu'en les vendant on peut obtenir qu'ils
> soient remboursés en valeurs-capital[68].

Pour cela il faut que des marchés spécialisés, les Bourses, où les titres
de propriété peuvent être vendus. Leur existence est indispensable à la constitution de sociétés par actions. En effet, les actions sont « des titres sur du
capital réel ». Mais ils « établissent seulement des droits sur une fraction de
la plus-value qu'il [le capital réel] va s'approprier. ». « Mais [les titres] ne
permettent pas de disposer de celui-ci. Il ne peut être retiré ». Seul le marché boursier permet à l'investisseur financier de récupérer son capital-
argent, pour le placer ailleurs ou le dépenser. La Bourse renforce encore la
dimension fictive des actions du fait des oscillations de prix des titres, qui
peuvent valoir à leurs possesseurs des plus-values boursières. La « valeur-
capital » des titres négociables est en quelque sorte doublement fictive,
pouvant « augmenter ou diminuer tout à fait indépendamment du mouvement de valeur du capital réel, sur lesquels leurs détenteurs ont un droit »[69].

Une des conséquences du développement du marché boursier est
d'accélérer le processus de centralisation et concentration du capital et aussi
de créer des « raccourcis » pour l'accession à la propriété des moyens de
production :

> Gains et pertes par suite des fluctuations de prix de ces titres, ainsi
> que leur centralisation entre les mains de rois de chemins de fer,
> etc., seront – ainsi le veut la nature des choses – de plus en plus le
> résultat de la spéculation, qui apparaît au lieu et place du travail
> comme le mode originel d'acquérir du capital et qui remplace aus-
> si la violence directe[70].

Le capital fictif, les crises financières et le poids de « l'accumulation de droits »

La nature fictive des titres qui les rend invendables à des moments déterminés, le caractère spéculatif du marché boursier et le dédoublement ou

plus des créances du fait des transactions inter-banques, sont autant de facteurs qui portent en eux les germes des crises du système du crédit :

> Dans la crise on voit se manifester cette revendication : la totalité des lettres de change, des titres, des marchandises, doit pouvoir être tout d'un coup et simultanément convertible en argent bancaire et tout cet argent à son tour en or[71].

L'enchevêtrement entre les mouvements des prix de marché des titres aussi bien qu'entre les créances des banques et leurs engagements expliquent la peur de la banque :

> La peur qu'éprouve la banque moderne devant la sortie d'or [*forme prise par les ruées bancaires au XIXᵉ siècle*] dépasse tout ce que le système monétaire [*antérieur*], pour qui le métal précieux était la seule vraie richesse, a jamais pu imaginer[72].

Ces quelques citations suffisent à montrer, ainsi que Suzanne de Brunhoff l'a dit fort à propos, que si Marx n'a pas voulu faire une théorie générale des crises de crédit et encore moins devenir « conjoncturiste »[73], c'est uniquement parce que ses objectifs théoriques étaient autres. De façon complémentaire, on peut aussi dire que la théorie des crises financières esquissée par Marx – en tant que crises où se combinent des effondrements de la valeur (fictive) des titres et la contraction brutale du crédit, sous l'effet des difficultés bancaires et de l'enchevêtrement des dettes et des créances – n'est pas propre à l'analyse marxienne ou marxiste. Elle annonce la théorie des crises des meilleurs théoriciens keynésiens dans ces domaines, en particulier de Hyman Minsky[74]. Celui qui a compris la nature de capital fictif des titres et l'enchevêtrement des dettes et des créances, n'a aucun mal non plus à comprendre la « fragilité systémique » dont est frappée la finance de marché, surtout lorsqu'elle est mondialisée[75].

L'originalité de la théorie marxienne du capital porteur d'intérêt se trouve ailleurs. Elle se situe notamment dans l'analyse qui lui est propre de la nature des actifs financiers et de la puissance sociale des classes et des couches sociales qui en bénéficient. Bien que fictifs, ces actifs peuvent peser de tout leur poids sur la société du fait de constituer une « accumulation de droits, de titres juridiques sur une production à venir [...] »[76]. C'est sur ce plan que Marx développe des idées que peu de gens ont été capables d'accepter en héritage théorique de sa part, à savoir éléments d'une théorie du « pouvoir de la finance » entendue comme la forme la plus fétichisée, mais aussi la plus féroce, de la « puissance autonome de la valeur ». Marx a noté que la politique monétaire suivie lors des crises économiques, était entièrement conduite « pour garantir l'existence mythique et autonome de cette valeur qu'incarne l'argent. [...] Aussi faut-il pour sauver quelques millions d'argent, sacrifier bien des millions de marchandises »[77]. Au début du XXIe siècle, ce sont les conditions élémentaires d'existence de milliards de femmes, hommes et enfants qui sont sacrifiées quotidiennement ainsi que les fondements mêmes de la reproduction de la vie sur la planète qui sont menacées, pour que les valeurs boursières continuent à satisfaire les appétits des incarnations contemporaines du « thésauriseur », celui dont le vœu pieux (est de voir) « l'intérêt lui pousse[r] qu'il dorme ou veille, qu'il soit chez lui ou en voyage, de jour et de nuit »[78].

2 - Une relecture initiale de Hilferding

Hilferding est le premier théoricien après Marx à s'être vraiment attelé à l'analyse de la finance et il en reste pratiquement le seul. Son travail est pourtant largement méconnu. Ses positions politiques dans la période historique critique de la révolution d'Octobre et la fondation de la IIIe Internationale y sont pour beaucoup[79]. C'est à la social-démocratie à laquelle il s'était rallié, qu'il aurait appartenu de faire vivre le travail de Hilferding. Mais celle-ci a abandonné la critique même théorique du système capitaliste, si vite et si complètement qu'elle ne pouvait pas le faire. Hilferding a donc été connu surtout au travers des citations faites de lui dans *L'impérialisme, stade suprême du capitalisme*[80]. L'écrasante majorité de ceux, marxistes ou non marxistes, militants appartenant souvent à des fractions par ailleurs hostiles, qui se sont intéressés à la notion de capital financier n'ont pas lu Hilferding mais seulement Vladimir Lénine (à son tour souvent simplement ânonné par eux). Ils connaissent donc avant tout la définition donnée du capital financier par celui-ci : « concentration de la production avec, comme conséquence, les monopoles, fusion ou interpénétration des banques et de l'industrie »[81]. Le terme « interpénétration » n'est pas utilisé par Hilferding, pas plus que ne l'est l'expression imprécise de « oligarchie financière », qui revient souvent dans le livre de Lénine et que nous utilisons tous souvent de façon vague. Le passage de son livre qui s'en rapproche le plus est celui où Hilferding écrit :

> Le capital financier signifie en fait l'unification du capital. Les secteurs, autrefois distincts, du capital industriel, commercial et bancaire, sont désormais sous le contrôle de la haute finance, où les magnats de l'industrie et des banques sont étroitement associés[82].

Mais il propose une autre définition, jamais citée, qui prolonge et développe les éléments présents chez Marx :

[*En raison de*] la puissante force de concentration du capital financier [...] toutes les formes partielles de capital s'unissent. Le capital financier apparaît comme capital-argent et possède en fait sa forme de mouvement A—A', [...] la forme la plus générale et la plus matérielle du mouvement du capital[83].

C'est un des points qui font du *Capital financier* un vrai jalon dans la théorie marxiste de la finance, l'un de ceux qui me semblent les plus cruciaux.

Une comparaison synthétique de la théorie de la finance chez Hilferding et chez Marx

Dans cette section, il ne va pas être question du livre de Hilferding dans sa totalité, mais seulement des aspects qui concernent directement notre propos[84]. Il est utile de voir où Hilferding reprend des positions établies par Marx, où il leur donne un vrai développement et où, au contraire, il les ignore. Une synthèse rapide des principaux points de l'analyse faite plus haut peut y aider.

1. Pour Marx, lorsque le mode de production capitaliste a établi sa pleine emprise, tout argent, en tant qu'il est l'expression autonome d'une somme de valeur, acquiert le caractère de capital potentiel. Cette potentialité est le résultat de l'implantation profonde des rapports de production capitalistes et avec eux de la formation d'une classe d'individus – ceux qui forment le prolétariat – obligés de vendre leur force de travail et d'effectuer un surtravail non payé donnant lieu à la plus-value. A l'époque où Hilferding écrit, cela est acquis. Son travail part du constat qu'il existe des masses très importantes d'argent « mobilisables comme capital », des dizaines de milliers de gens fortunés désirant « faire fructifier » leur argent sans devenir des capitalistes actifs, ainsi que les rapports sociaux de production leur permettant de le faire.

2. Chez Marx, l'accumulation de sommes oisives ayant le caractère de capital potentiel, par des individus qui n'ont pas l'intention de devenir des industriels mais qui veulent voir leur argent croître, crée au sein de la société capitaliste le besoin de mécanismes et d'institutions capables de permettre à des possesseurs d'argent de participer au partage de la plus-value. Ce sont les banques qui y répondent par une double activité de centralisation des sommes oisives et de leur mise à la disposition des capitalistes industriels au moyen de prêts. Le prêt de sommes amassées cherchant à se valoriser est conceptuellement distinct du crédit bancaire, même si les deux tendent à être étroitement imbriqués. De « petites sommes incapables isolément d'agir comme capital-argent » peuvent être ré-

unies et aider à constituer « une puissance financière ». La place des banques en tant qu'institutions qui répartissent les sommes prêtables et qui accordent le crédit en tant que « représentants du capital social », c'est-à-dire le capital comme un tout, en sort renforcée.

Ici Hilferding actualise l'analyse et ensuite la développe :

> [*Grâce aux banques,*] [*p*]our l'ensemble de la classe capitaliste, l'argent ne reste pas inactif : s'il est immobilisé quelque part comme trésor, le crédit le transforme immédiatement en capital-argent actif dans un autre processus de circulation. Ainsi se réduisent pour toute la classe les dimensions du capital-argent à avancer[85].

Plus loin :

> [*La banque*] exerce enfin une troisième fonction en rassemblant sous forme d'argent le revenu de toutes les autres classes et en le mettant à la disposition de la classe capitaliste en tant que capital-argent. Les capitalistes voient donc affluer vers eux, en plus de leur propre capital-argent, [...] l'argent immobilisé de toutes les autres couches sociales[86].

Hilferding fait ensuite deux apports sur lesquels on reviendra plus bas. D'abord, il présente une analyse du rôle joué par les sociétés par actions dans la centralisation et la valorisation de l'argent « inactif », ou ce qu'il nomme la « mobilisation » du « capital potentiel ». Ensuite, il énonce une théorie assez poussée, qui n'existe pas chez Marx, de la Bourse. Il montre la manière dont les banques aussi bien que les sociétés par actions ont besoin d'être secondées par une institution qui garantit la liquidité des titres.

3. Dans le Livre III du *Capital*, la figure du « capitaliste » présentée au Livre I comme un seul personnage « idéal-type », celui pour qui « accumuler, accumuler, est la loi et les prophètes », se scinde en deux. Marx donne deux représentations de la scission. La première oppose le « capitaliste actif » qui assure la production et l'appropriation de la plus-value, au « capitaliste passif » qui vient en partage de la plus-value sans intervenir directement dans son extraction. La seconde, qui surgit avec la constitution des sociétés par actions, oppose les « propriétaires du capital » d'un côté et les « administrateurs » ou « managers » de l'autre. Les deux représentations sont présentes chez Hilferding sans être développées. Hilferding introduit dans l'analyse des acteurs capitalistes non encore présents chez Marx, à savoir les très grandes entreprises issues du processus de concentration, à la fois seules et alliées entre elles. Cependant il n'y a pas chez lui de théorie des « managers ».

4. Chez Marx, le capital porteur d'intérêt est en position « d'extériorité à la production ». Dans un sens étroit cela n'est pas le cas chez Hilferding. On fait souvent de lui un auteur qui valorise le rôle que les banques jouent à l'égard des entreprises auxquelles elles s'intéressent. Considérées seulement comme « partenaires » des entreprises, cette vue des banques est exacte. Ainsi, quand les banques avancent du capital-argent sous forme de crédit pour l'achat de capital fixe, Hilferding note qu'elles respectent les délais indispensables d'immobilisation du capital constant et qu'elles « participent au sort des entreprises »[87]. Mais ce constat va de pair avec une caractérisation très sévère de leur rôle social. Les banques sont des agents actifs de la concentration du capital et de la cartellisation de l'économie. Confrontés aux effets de la tendance à la baisse du taux de profit pour elles-mêmes en tant qu'actionnaires des entreprises, la réponse des banques est de multiplier « l'effort en vue de créer des monopoles. Ainsi les tendances du capital bancaire coïncident avec celles du capital industriel en vue de l'élimination de la concurrence »[88]. Les surprofits des branches cartellisées ne font qu'accroître les obstacles à l'égalisation du taux de profit et donc au mouvement du capital vers des branches dont le développement serait nécessaire. Sur un plan encore plus général :

[Les banques] deviennent les fondateurs et finalement les maîtres de l'industrie, dont elles tirent les profits [...], tout comme autrefois le vieil usurier, avec son intérêt, le revenu du travail du paysan et la rente du seigneur. L'hégélien pourrait parler de négation de la négation : le capital bancaire était la négation du capital usuraire et lui-même à son tour est nié par le capital financier. Ce dernier est la synthèse du capital usuraire et du capital bancaire et s'approprie, à un niveau infiniment plus élevé du développement économique, les fruits de la production sociale[89].

5. Hilferding fait un usage limité de la théorie du fétichisme de la forme A—A'. La théorie du fétichisme ne sous-tend vraiment qu'un seul passage où est annoncée la proximité de A—A' avec l'abstraction des modèles mathématiques :

A la Bourse, la propriété capitaliste apparaît dans sa forme pure en tant que titre de revenu, en lequel est transformé automatiquement le rapport d'exploitation, l'appropriation du surtravail. La propriété cesse de s'exprimer en un rapport de production déterminé et devient un titre de revenu, qui apparaît tout à fait indépendant d'une activité quelconque. Elle est détachée de tout rapport avec la production, avec la valeur d'usage. La valeur de chaque propriété apparaît déterminée par celle du revenu, rapport purement quantitatif. *Le nombre est tout et la chose n'est rien. Le nombre seul est le réel et comme le réel n'est pas un nombre, ce qui les lie l'un à l'autre a un caractère plus mystique que la foi des pythagoriciens.* Toute propriété est capital et non-propriété, les dettes sont, ainsi que le démontre chaque emprunt d'État, aussi du capital, et tout capital est égal et s'incarne dans les morceaux de papier imprimé, qui montent et descendent à la Bourse. La vraie formation de valeur est un phénomène qui échappe entièrement à l'action des propriétaires et qui détermine d'une façon complètement mystérieuse leur propriété[90].

En dehors de cela Hilferding fait une présentation assez plate du capital fictif et propose une théorie de la création de crédit, dont sont expulsés les éléments relevant du « dédoublement, triplement des créances » soulignés par Marx[91].

Les sociétés par actions et les fonctions remplies par la Bourse

Hilferding aborde les sociétés par actions et la Bourse comme un tout, dans deux chapitres étroitement liés. Il commence par énoncer la distinction de Marx entre capital propriété et capital fonction avant de s'attacher à l'analyse du premier aspect, à savoir : « la libération du capitaliste industriel à l'égard de la fonction de l'entrepreneur industriel. Ce changement de fonction donne au capital investi dans la société par actions pour le capitaliste, la fonction de pur capital-argent »[92]. Il y a plusieurs différences entre le placement sous forme de prêts et en actions. Dans le second cas la rémunération du placement est indéterminée, « [l]'intérêt pour le capital-argent mis à disposition sous forme d'action n'est pas fixé d'avance comme tel, mais il n'existe que comme un droit sur le profit d'une entreprise déterminée »[93]. Ensuite, avant que l'actionnaire ne jouisse de sa possession d'un pur capital-argent et puisse, s'il le veut, redevenir simple prêteur d'argent :

> Pour que l'actionnaire devienne prêteur d'argent, il est nécessaire qu'il puisse reprendre à tout moment le capital-argent qu'il a prêté. Mais son capital apparaît comme [...] fixé dans l'entreprise. [...] L'argent a été cédé et a servi à l'achat de machines, de matières premières, au paiement des ouvriers, etc., bref il s'est transformé de capital-argent en capital productif [...] pour entreprendre son mouvement circulaire en tant que capital industriel. Ce capital, une fois cédé, l'actionnaire ne peut plus le reprendre. Il n'a plus sur lui aucun droit, mais seulement sur une part déterminée du revenu[94].

C'est là un obstacle qui doit absolument être levé. Pour que le capital investi dans une société par actions possède la fonction de pur capital-argent, il faut que l'actionnaire soit « en mesure de reprendre à tout moment son capital au moyen de la vente de ses actions ». Si c'est le cas, alors « il se trouve dans la même situation que le capitaliste prêteur d'argent ». La possibilité de vente est fournie par un marché spécial, la Bourse. Celle-ci « donne au capital-actions, lequel devient dès lors à tout moment 'réalisable' pour l'actionnaire individuel, le caractère de capital-argent »[95].

La généralisation des sociétés par actions conduit à « une transformation et en même temps un doublement du droit de propriété. La propriété sur les moyens de production passe des personnes privées à une société juridique, qui est formée [...] de l'ensemble de ces personnes privées, mais où chacune d'elles [...] n'a plus le droit de propriété sur son bien »[96]. Dans la société par action, « sa propriété, qui signifiait autrefois un droit de disposition réel, illimité, sur les moyens de production [...] est maintenant transformée en un simple titre de revenu et son droit de disposition sur la production lui a été enlevé »[97]. La liquidité des titres assurée par la Bourse a pour fonction de rendre ce problème gérable. Le marché des actions donne « au capitaliste la possibilité de retirer à tout moment sous forme d'argent son capital investi et de le transférer dans d'autres domaines »[98]. Plus loin, Hilferding précise :

> Pour la fonction de la Bourse qui consiste à donner au capital industriel, par la transformation en capital fictif, pour le capitaliste individuel, le caractère de capital-argent, l'importance du marché est essentielle, car le caractère de capital-argent dépend du fait que les actions et obligations peuvent être vraiment vendues à tout moment et sans trop grande perte de cours[99].

Pour peu qu'on perçoive une « loi interne du capitalisme » se traduisant sous forme de « besoin de mettre toutes les valeurs existant dans la société en tant que capital au service de la classe capitaliste », cela « pousse à la mobilisation du capital et, par là, à son estimation en tant que simple capital rapportant intérêt, la fonction de la Bourse est de rendre possible cette mobilisation »[100]. Il faut donc reconnaître à Hilferding le mérite d'être le premier économiste marxiste, sinon l'économiste tout court, à avoir cherché à situer la Bourse et la liquidité offerte par le marché des actions dans le mouvement du capital.

L'autre fonction de la Bourse est d'offrir une apparence de solution aux obstacles à une mise en œuvre effective de la tendance à l'égalisation du taux de profit :

[*Celle-ci*] se heurte de plus en plus à l'impossibilité croissante de retirer d'une branche de production le capital productif, dont la principale partie est formée de capital fixe. Le mouvement réel de l'égalisation ne s'accomplit que lentement, progressivement et d'une façon approximative, principalement par le placement de la plus-value à accumuler dans les sphères de placement à taux de profit élevé et la renonciation à de nouveaux placements dans celles où le taux de profit est bas. Le taux d'intérêt, lui, contrairement au taux de profit, est à tout moment donné, égal et général. L'égalité de tout le capital [...] ne trouve son expression adéquate que dans la généralité et l'égalité du taux d'intérêt[101].

De même « le plus grand dividende et le cours le plus élevé des actions » peut « montre[r] la voie au capital qui cherche à s'investir »[102]. Mais cela a peu d'effet, de sorte que « la tendance à l'égalisation du taux de profit se heurte à certains obstacles qui s'accroissent au fur et à mesure du développement du capitalisme »[103]. Il y a enfin le rôle joué par la Bourse en tant qu'accélérateur du mouvement « de formation de propriété capitaliste en dehors du procès de production ». Elle est le théâtre d'un « procès de concentration de la propriété indépendant du procès de concentration dans l'industrie »[104].

Si la Bourse remplit donc des fonctions indispensables à la mobilisation du capital, elle ne ravit pas aux banques pour autant leur position dominante, une raison majeure étant le fait que c'est de leurs interventions que dépendent l'intensité des échanges et le niveau des cours. Le marché des titres et plus généralement les « affaires boursières » sont l'objet d'une intense rivalité entre les banques et la Bourse. Celle-ci est un aiguillon à la concentration bancaire, mais Hilferding estime que dans la concurrence sur les marchés de capital fictif, les banques sont gagnantes parce que mieux informées[105]. L'activité de la Bourse sur tous ces plans comporte la création massive de capital fictif dont la nature n'est pas comprise par ceux qui les détiennent :

L'action est [...] un titre de revenu, titre de créance sur une production future, bon de revenu. Du fait que ce revenu est capitalisé et constitue le prix de l'action, un second capital semble exister dans ces prix des actions. Mais il est purement fictif. Ce qui existe vraiment, c'est seulement le capital industriel et son profit. Cela n'empêche pas que ce capital fictif existe sous forme de comptes et est mentionné comme « capital actions »[106].

De surcroît, ce capital fictif semble avoir la capacité de croître du fait de la hausse du prix des titres. La fiction devient double pour la raison suivante :

> Les achats et ventes d'actions ne sont pas des achats et des ventes d'un capital, mais des achats et ventes de titres de rentes ; les oscillations de leurs prix n'affectent en rien le capital industriel fonctionnant vraiment, dont ils représentent le revenu et non la valeur. Leur prix ne dépend pas seulement du revenu, mais du taux de l'intérêt auquel ils sont capitalisés. Mais ce dernier, dans ses mouvements, est tout à fait indépendant du sort du capital industriel individuel[107].

L'exportation de capitaux sous forme d'investissements directs à l'étranger

Reste à parler de la place faite par Hilferding à l'expansion extérieure du capital concentré, au cœur duquel se trouve le capital-argent sous la forme dominante de l'époque. C'est chez lui qu'on trouve le premier énoncé théorique du lien entre la finance et l'internationalisation du capital. Il précise que par « exportation de capital », il faut entendre « l'exportation de valeur destinée à produire de la plus-value à l'étranger. » :

> On ne peut parler d'exportation de capital que quand le capital travaillant à l'étranger reste à la disposition du pays d'origine et quand les capitalistes de la métropole peuvent disposer de la plus-value produite par ce capital. Il crée alors un poste dans la « balance des comptes » [*extérieurs*], la plus-value venant accroître chaque année le revenu national[108].

Ce sont les investissements directs qui sont visés autant que ceux de portefeuille. Vient le lien entre les investissements directs et le taux de profit :

> La condition de ces exportations de capital [*et leur force motrice la plus fondamentale*] est la différence des taux de profit : elles sont le moyen de l'égalisation des taux de profit nationaux. Le niveau du profit dépend de la composition organique du capital, par conséquent du niveau du développement capitaliste. Plus il est avancé, plus le taux de profit est bas[109].

Il y a aussi des motifs spécifiques qui poussent les entreprises à produire de la plus-value à l'étranger. Écrivant dans un contexte de protectionnisme douanier très fort, où le jeu du libre échange comme mécanisme pouvant aider à contrecarrer la baisse du taux de profit se trouvait fortement bloqué, Hilferding voit une forme particulière d'exportation de capital, à savoir « l'installation d'usines à l'étranger », comme étant l'une réponse donnée par les entreprises pour tenter d'en atténuer les effets. D'un côté, la création de filiales à l'étranger est la meilleure façon de contrecarrer le protectionnisme douanier ; de l'autre, c'est une manière de bénéficier de contextes où le taux de profit est supérieur à ce qu'il est chez soi. Un « secteur industriel menacé par le protectionnisme des pays étrangers », retourne l'arme contre eux « en transférant une partie de sa production à l'étranger ». Les autres pays étant susceptibles d'en faire autant on est en présence d'un facteur qui « contribue par là à la transformation capitaliste du monde et à l'internationalisation du capital »[110].

Les banques sont au cœur du mouvement d'exportation de capital en raison de leur rôle dans la prise de décision des entreprises, mais elles y participent aussi pour leur propre compte. L'exportation de capital peut se faire sous deux formes : « en tant que capital portant intérêt ou en tant que capital rapportant un profit. En tant que créateur de profit, il peut fonctionner comme capital industriel, commercial ou bancaire ». Les banques recourent aux deux méthodes. Elles exportent du capital portant intérêt pour bénéficier du fait que :

> [*Le taux d'intérêt*] est beaucoup plus élevé dans les pays à faible développement capitaliste, sans organisation de crédit et bancaire, que dans les pays capitalistes avancés, à quoi s'ajoute le fait que l'intérêt contient la plupart du temps encore des parties du salaire ou du bénéfice de l'entrepreneur. Le taux d'intérêt élevé est un stimulant direct à l'exportation de capital de prêt[111].

Mais le capital bancaire s'implante aussi directement :

> [*U*]ne grande banque allemande fonde une succursale à l'étranger ; celle-ci lance un emprunt, dont le produit est employé à l'établissement d'une installation électrique ; celle-ci est confiée à la société de production de matériel électrique avec laquelle la banque est liée dans son pays d'origine. Ou le processus se simplifie encore : la succursale en question fonde à l'étranger une entreprise industrielle, émet les actions dans le pays d'origine et confie les fournitures aux entreprises avec lesquelles la banque principale est liée. Le processus s'accomplit à l'échelle la plus vaste dès que les emprunts des États étrangers sont employés à l'achat de fournitures industrielles. C'est l'union étroite du capital bancaire et du capital industriel qui favorise ce développement des exportations de capital[112].

Hilferding évoque enfin le cas des investissements directs manufacturiers dans des pays à faible niveau de développement, coloniaux ou semicoloniaux :

> Le bénéfice de l'entrepreneur est plus élevé parce que la main-d'œuvre est extrêmement bon marché et que sa qualité inférieure est compensée par une très longue durée du travail. Mais en outre, parce que la rente foncière est faible ou purement théorique du fait qu'il y a encore beaucoup de terres libres, soit naturellement, soit par suite de l'expropriation violente des indigènes, le bas prix de la terre réduit le coût de production. A cela s'ajoute l'accroissement du profit par les privilèges et les monopoles. S'il s'agit de produits dont le nouveau marché lui-même constituerait le débouché, des surprofits abondants sont réalisés, car ici les marchandises produites selon le mode capitaliste sont en concurrence avec des produits fabriqués sur la base artisanale[113].

Il est impossible de faire ici l'histoire des rapports entre les propriétaires du capital, banques et actionnaires, et les dirigeants des entreprises industrielles. La version simplifiée donnée par Lénine dans un texte aux objectifs politiques immédiats, a été transformée par ses épigones en vulgate. Cela a bloqué les recherches sur cet aspect de la théorie du capital porteur d'intérêt comme sur les autres. L'arrêt a été d'autant plus net que les événements du milieu du XXe siècle ont ôté à un tel travail tout caractère d'urgence : destruction massive de capital fictif dans la crise de 1929 ; mesures prises aux États-Unis pour contrôler la sphère financière ; Seconde Guerre mondiale dont est sortie une finance administrée fortement encadrée. Il n'y a qu'aux États-Unis que la question des rapports entre propriétaires du capital et dirigeants des entreprises a continué à avoir une importance théorique et pratique. Elle a d'abord intéressé les défenseurs des politiques du *New Deal*, sous l'impulsion notamment des travaux d'Adolf Bearle et Gardiner Means[114]. Puis plus proche d'aujourd'hui, elle a intéressé la gauche marxiste, notamment les économistes de la *Monthly Review*. Force est de renvoyer à une autre occasion la discussion de la perception qu'ils ont au début des années 1970 des questions traitées dans ce chapitre[115].

3 - La reconstitution à grande échelle du capital se valorisant sur les marchés financiers

Au milieu du XXe siècle, pendant une période d'environ cinquante ans, le capitalisme a été marqué par l'éclipse passagère de la domination de la finance au sein du capital pris comme un tout. Celle-ci s'est accompagnée, dans le cas des États-Unis d'un recul assez important de la primauté du capital-propriété sur le capital-fonction et dans d'autres pays après 1945, de changements tels dans la propriété du capital que partout les managers privés dans certains, et étatiques dans d'autres, ont été tout puissants pendant plusieurs décennies. C'est l'époque qui croit connaître la domination de la « main visible » sur la « main invisible »[116]. L'une des conséquences de la crise de 1929, de ses prolongements dans les années 1930, puis de la Seconde Guerre mondiale, a en effet été l'effacement d'une masse importante de capital fictif, c'est-à-dire la destruction d'une grande partie des titres (obligations ou actions) ouvrant droit au partage de la plus-value ou autorisant par le biais des impôts un prélèvement sur les revenus primaires. Même aux États-Unis, le montant des prétentions des détenteurs de titres sur le partage du profit a été momentanément sérieusement réduit et leur pouvoir social et politique donc également affaibli. Ce n'est qu'à partir des années 1970 que la situation a commencé à se modifier progressivement. La reprise, face à l'accumulation ayant comme champ la production réelle, d'une accumulation d'argent « oisif » et aussi avec les systèmes de pensions privés, de formes d'épargne ayant un vrai besoin de se préserver et si possible de s'accroître, est donc un processus récent dont les étapes peuvent être reconstituées aisément. Les exigences du capital porteur d'intérêt à peine reconstitué ont été au cœur des politiques de sortie de crise choisies par les cénacles du capital et les gouvernements des pays du G7 qui commencent à se concerter en permanence[117].

Le trait nouveau, le plus saillant, aux conséquences décisives, de la reconstitution d'un capital de placement hautement concentré, a été la perte par les banques, au profit des fonds de pension et des *Mutual Funds*, de leur prééminence – qui était même pratiquement un monopole dans certains pays – dans la centralisation et la valorisation de l'argent en quête de placement[118]. Aujourd'hui on est dans une situation, où dans un sens formel les propriétaires-actionnaires se comptent par dizaines de millions dans les pays capitalistes avancés, de sorte qu'ils sont obligés de déléguer leurs « prérogatives » à des gestionnaires de portefeuille. Il en résulte une configuration très particulière, avec des aspects conflictuels, de la relation entre « finance et industrie ». Celle-ci se noue entre deux catégories « d'administrateurs du capital», les gestionnaires des fonds de pension et de placement collectif, et les dirigeants-managers des groupes industriels, tous deux placés en situation de dépendance à l'égard du mouvement A—A' matérialisé par le rendement des portefeuilles et personnifié, pour ainsi dire, par les marchés financiers.

La première phase : profits non réinvestis et prêts aux pays dépendants

La phase initiale de ré-accumulation d'un capital spécialisé dans le prêt s'est faite entre 1965 et 1973 et a eu comme support le marché des eurodollars. Une dernière fois les banques ont été les artisans et les bénéficiaires. Les firmes multinationales (FMN) américaines sont venues déposer leurs profits non réinvestis auprès de banques jouissant à Londres d'un statut spécial « *offshore* » en les leur confiant pour qu'elles les valorisent comme capital de prêt. Cette identification des profits industriels non réinvestis comme point de départ de la reprise de l'accumulation financière est importante. Chaque fois que des capitaux sont refoulés de la production parce que le taux de profit est jugé trop faible par les entreprises ou les débouchés pour les marchandises produites insuffisants pour de nouveaux investissements, ils viendront gonfler l'accumulation financière. Pour le capitaliste individuel, dit Marx, le choix suivant est offert :

> Il peut choisir : prêter son capital comme capital producteur d'intérêt ou le faire valoir lui-même comme capital productif [...]. Il est évidemment insensé de généraliser et d'appliquer cela à l'ensemble du capital social [...] mais tout ceci est un fait pour le capitaliste individuel[119].

Il peut y avoir des moments où le réflexe devient général. Face aux limites endogènes des rapports de production capitalistes telles qu'elles sont exprimées par la tendance à la baisse du taux de profit, le fait de confier aux banques les profits qui ne peuvent pas être investis comme capital productif pour qu'elles les valorisent comme capital de prêt peut représenter, au moins transitoirement, une réponse donnée par tout un groupe de firmes.

A partir de 1974, l'arrivée à la *City* des pétrodollars est venue gonfler très fortement la masse d'argent déposée. Le mot « recyclage » a servi à désigner les opérations de valorisation menées par les grandes banques. Elles ont surtout pris la forme de prêts syndiqués, proposés en consortium à des pays du Tiers-Monde subordonnés économiquement et politiquement à l'impérialisme. Le recyclage a eu deux effets. Le premier a été d'ouvrir aux firmes des pays capitalistes avancés, frappées par la récession des espaces géopolitiques encore peu exploités, à des fins de valorisation soit par l'exportation soit par l'investissement direct. Ici les banques ont joué pour le compte du capital productif leur rôle comme « représentants du capital social » ou « capital commun » de la classe capitaliste comme un tout. Le second a été de jeter les bases d'une relation entre prêteur et débiteur, où les traits usuraires originaires du capital de prêt ont refait surface. Ils ont eu des conséquences dramatiques pour les couches dominées et exploitées des pays concernés, mais aussi des effets qui ont marqué plus tard le mouvement de reproduction du capital et les conditions d'exercice de la domination politique impérialiste. Le piège de la dette contractée entre 1975 et 1979 a été celui de sommes empruntées à taux d'intérêt variables, indexés au dollar, ce qui paraissait, du fait de la forte inflation, favorable aux emprunteurs.

Le relèvement simultané des taux d'intérêt américains et du taux de change du dollar par les autorités états-uniennes entre 1979 et 1981, parallèlement à la libéralisation des marchés financiers et la titrisation des bons du Trésor, a eu un ensemble d'effets qui lui ont donné valeur d'un coup d'État financier[120] en faveur des créanciers et instaurant leur « dictature ». C'est dans les pays économiquement et politiquement dominés que ses conséquences ont été les plus dramatiques. La multiplication par trois et même par quatre des taux d'intérêt auxquels les sommes empruntées ont dû être remboursées a précipité la « crise de la dette du Tiers-Monde » dont le premier épisode a été la crise mexicaine de 1982. La dette a donné lieu à des négociations au cours des années 1980 qui lui ont permis d'être reconduite dans des conditions où elle ne pouvait et ne devait jamais être complètement remboursée mais reproduite de période en période. Les effets de la dette ont été titrisés, provoquant l'entrée en scène d'investisseurs financiers prêts à acheter à des taux très élevés les titres émis par les Trésors sur les marchés financiers « émergents ». La libéralisation financière des pays à marchés financiers « émergents » au début des années 1990 a placé les gouvernements des pays débiteurs sous la coupe d'une spéculation financière à très court terme.

La subordination s'est approfondie. Sous l'effet de taux d'intérêts supérieurs au taux de croissance et de nouveaux prêts pour assurer le service de la dette, elle est devenue une dette ineffaçable, caractérisée aujourd'hui, à juste titre, de dette « inique ». Le service de la dette repose sur des prélèvements et des ponctions sur le surproduit et le surtravail sous toutes leurs formes, capitalistes ou encore, en partie, pré-capitalistes, dont une première analyse, à biens des égards toujours actuelle, a été celle faite dans les derniers chapitres de *L'accumulation du capital* de Rosa Luxemburg[121]. Ici se vérifie l'affirmation de Marx :

> Non seulement l'usure continue d'exister en tant que telle, mais encore elle est libérée, chez les peuples à production capitaliste développée, des entraves que lui avait imposées toute la législation antérieure. Le capital productif d'intérêt conserve la forme du capital usuraire envers des personnes et des classes (ou dans des conditions) telles que les prêts ne s'effectuent pas et ne peuvent s'effectuer dans le sens du système de production capitaliste[122].

La dette est devenue un formidable levier permettant d'imposer les politiques d'ajustement structurel et d'enclencher chez beaucoup des processus de désindustrialisation. Elle a conduit à une accentuation forte de la domination des pays capitalistes centraux, et elle représente une composante importante de l'impérialisme comme régime économique et politique mondiale.

Les retraites par capitalisation et la montée en force des fonds de pension

Au cours de cette première phase de constitution du capital de placement concentré, ce sont les banques qui ont été à la fois initiatrices et bénéficiaires de l'accumulation financière. Cette phase correspond cependant au plein épanouissement de la crise structurelle des années 1970 qui frappe le capitalisme dans sa configuration de l'après-guerre. Les politiques de libéralisation et de déréglementation qui commencent par la finance avant de s'étendre aux échanges de marchandises puis aux investissements directs à l'étranger (IDE) ouvrent la voie à des changements radicaux dans la configuration et le fonctionnement du capitalisme. Dans la sphère de la finance, ceux-ci conduisent à la perte de la prééminence des banques comme maîtres du mouvement A—A' et à l'entrée en scène des fonds de pension, rapidement suivie par la montée en puissance des fonds de placement financiers collectifs (*Mutual Funds* et OPCVM). La primauté des ces deux types d'investisseurs institutionnels, auxquels se sont joints les grandes compagnies d'assurance, ouvre une nouvelle période dans l'histoire du capitalisme mondial. Les fonds de pension ont été les bénéficiaires immédiats du coup d'État financier de 1979, dont l'une des composantes centrales a été la création de marchés obligataires publics libéralisés. La « titrisation » des effets de la dette publique des pays capitalistes avancés a permis aux gouvernements de diminuer la fiscalité sur le capital et les revenus des classes supérieures et moyennes. Dans des proportions variables selon les pays, le placement des bons du Trésor et autres effets de la dette sur les marchés financiers a permis l'explosion des déficits budgétaires. L'objectif de la libéralisation des mouvements de capitaux, de la titrisation et de la hausse des taux d'intérêt était de casser l'inflation en créant les conditions de « sécurité financière » pour les placements et de baisse relative des salaires (la déflation salariale). La chute de leur part dans les PIB a été l'expression de la modification dans les rapports de force entre capital et travail.

De façon contradictoire, les changements dans les rapports de force avec une répartition de la richesse au profit des couches sociales les plus riches ont été adossés à des mesures qui ont été présentées comme faites en faveur des salariés en tant que futurs retraités. C'est le cas de la loi ERISA (*Employee Retirement Income Security Act,* 1974) qui facilite les placements des systèmes de retraites en même temps qu'elle cherche à les contrôler. La libéralisation des mouvements de capitaux, la titrisation et la hausse des taux d'intérêt ont coïncidé avec le moment où il devenait impératif pour les fonds de pension privés de trouver des occasions de placement à grande échelle[123]. Ils avaient accumulé des montants considérables et commençaient à devoir faire face au début du départ en retraite de salariés ayant cotisé dans les systèmes d'entreprise. Il fallait que la « capitalisation » nécessaire au paiement des retraites – les flux d'intérêts, dividendes et profits des spéculations réussies – se matérialise sur une large échelle. Aux États-Unis, la formation des caisses de retraite d'entreprise ou d'administrations publiques remontait parfois aux années 1920, mais le plus souvent à la période 1940-1960. En effet, leur montée en force comme piliers de la finance de marché à la fin des années 1970 est la conséquence du choix politique fait, à la fin de la Seconde Guerre mondiale, en faveur des systèmes de retraites privés. Des incitations fiscales en ont renforcé l'attractivité dans les années 1970. Dans d'autres pays, ce sont les sociétés d'assurance qui ont créé les plans de retraites privés soit à titre principal, soit à titre complémentaire, faisant d'eux les investisseurs institutionnels les plus puissants. Sous la forme de la cotisation-vieillesse aux systèmes par capitalisation et de plans d'épargne salariale, les fonds de pension ont effectué la centralisation notée par Marx de « petites sommes dont chacune isolément est incapable d'agir comme capital-argent », mais qui « constituent une puissance financière quand elles sont réunies en masse ». La gestion de ces sommes a permis aux investisseurs institutionnels nonbancaires de ravir aux banques la primauté en tant que foyers de centralisation financière et également de leur ôter, moyennant la « désintermédiation », une partie de leurs activités de prêt[124]. Les banques ont dû partager avec les marchés obligataires d'effets privés auxquels les fonds de pension et de placement collectif ont accès, l'activité de prêts aux entreprises.

La titrisation des bons du Trésor et des effets de la dette publique – et les taux d'intérêt réels élevés qui ont prévalu jusqu'au début des années 1990 –, ont été l'instrument d'un immense transfert de richesse en la faveur de ces investisseurs institutionnels nonbancaires, dont tous les possesseurs de titres ont bénéficié en même temps qu'eux. A la fin des années 1990, la part du budget allouée au service de la dette a atteint ou dépassé 20 % pour la plupart des pays de l'OCDE, à commencer par les États-Unis. De 1987-1988 jusqu'au milieu des années 1990, les déficits budgétaires des pays de l'OCDE et donc le recours à l'emprunt se sont situés entre 3 % et 7 % de leur produit intérieur brut. Après une décrue passagère, le niveau supérieur a été atteint de nouveau par les États-Unis en 2003. Dans les années 1980, la dette publique a permis l'expansion, ou dans des pays comme la France la résurrection des marchés financiers. Elle est le pilier du pouvoir des institutions qui centralisent le capital de placement. La dette publique est génératrice d'austérité budgétaire et de paralysie des dépenses publiques. Comme dans les pays dits en développement, c'est elle, au cours des derniers dix ans, qui a facilité la mise en œuvre des politiques de privatisation. La valorisation du capital qui se place en titre de la dette publique repose sur le service des intérêts au moyen de sommes qui sont perçues par l'impôt et transitent par le budget de l'État. Elle a donc comme base les transferts de richesses qui ont commencé par revêtir la forme de salaires, de revenus agricoles et artisans, partiellement celle de profits, vers les investisseurs institutionnels.

La caractérisation de ce mouvement de valorisation comme étant constitutif d'un rapport essentiellement prédateur, qui est au cœur du pouvoir contemporain de la bourgeoisie, fait problème chez certains. Parce qu'ils centralisent des cotisations de retraite salariales ainsi qu'une « épargne » d'un type particulier, on constate une certaine réticence, parfois forte, à appliquer cette caractérisation aux fonds de pension. Le fait que des placements afférents au mode de valorisation propre au capital porteur d'intérêt, servent au paiement de retraites ne change rien à l'affaire. En raison de « l'alchimie » propre à la centralisation financière, l'épargne accumulée entre les mains des gestionnaires se mue en capital. Les salariés retraités cessent d'être de simples « épargnants » et deviennent, le plus souvent sans qu'ils en aient une claire conscience, parties prenantes de mécanismes qui comportent l'appropriation de revenus fondée sur l'exploitation des salariés au travail, aussi bien dans le pays où le système de pension par capitalisation a été créé que dans ceux où des placements et des spéculations seront réalisés. Les plans d'épargne salariale font de leurs bénéficiaires des individus déchirés emprisonnés dans la relation déjà décrite par Marx :

> La caisse d'épargne est la chaîne d'or par laquelle le gouvernement tient une grande partie des ouvriers. Ceux-ci ne trouvent pas seulement de cette manière intérêt au maintien des conditions existantes. Il ne se produit pas seulement une scission entre la partie de la classe ouvrière qui participe aux caisses d'épargne et la partie qui n'y prend point part. Les ouvriers mettent ainsi dans les mains de leurs ennemis mêmes des armes pour la conservation de l'organisation existante de la société qui les opprime.
> L'argent reflue à la Banque nationale, celle-ci le prête de nouveau aux capitalistes et tous deux se partagent le profit et ainsi, à l'aide de l'argent que le peuple leur prête à vil intérêt – et qui ne devient un levier industriel puissant que grâce à cette centralisation même, – ils augmentent leur capital, leur domination directe sur le peuple[125].

La centralité de la Bourse et le changement d'identité des actionnaires

Au nombre des traits véritablement spécifiques de la configuration interne actuelle du capital, il faut mettre la place occupée par la Bourse et le changement de la propriété du capital au profit des fonds de pension ou de placement financier. La transformation de l'actionnariat des entreprises a suivi l'accumulation élevée de ressources financières par le biais de la dette des pays avancés, comme de celle du Tiers-Monde. Elle a poussé les fonds financiers à diversifier leurs placements en direction des titres d'entreprises, à commencer par les actions. Le mouvement de baisse des taux obligataires publics des années 1990 les y a incités toujours plus fortement. Une nouvelle étape dans la valorisation du capital de placement s'est donc ouverte, où les dividendes sont devenus le mécanisme le plus important d'appropriation de la plus-value et les marchés d'actions le pivot d'une valorisation reposant sur l'exploitation du travail de façon directe et où le capital-propriété a pu reprendre l'initiative après la phase d'éclipse partielle rappelée plus haut.

A Wall Street comme à Londres, l'accumulation financière effectuée par les fonds de pension et de placement collectif a mis fin à la dispersion de l'actionnariat qui avait permis au « capital-fonction » de desserrer l'étreinte du capital-propriété. Les intérêts accumulés grâce à la dette des pays industriels ont été utilisés pour acheter des actions. Avec le changement dans l'identité des possesseurs de titres, c'est l'indépendance antérieure assez grande des managers qui a pris fin. Aux États-Unis, un seuil dans le transfert de « propriété » vers les investisseurs institutionnels a été franchi vers 1985. En 1990, leur part des actions à la Bourse de New York, *New York Stock Exchange* (NYSE), a atteint 40 % alors qu'elle n'était que de 3 % en 1950. La concentration des actions entre les mains des fonds, notamment celle des plus grandes entreprises cotées parce qu'elles offrent le plus de liquidité, leur a conféré un pouvoir de revendiquer collectivement des prérogatives hors de portée de l'actionnariat dispersé. Ce pouvoir s'est révélé au grand jour lors de la vague d'OPA hostiles des années 1980 et de l'émergence de la Bourse comme « marché pour le contrôle des entreprises »[126]. Les fonds de pension et les *Mutual Funds* y ont joué un rôle actif, se portant acquéreurs de titres de rachat d'entreprises avec effet de levier ou participant aux opérations de fusions-acquisitions et d'OPA hostiles de façon directe. Ils ont consolidé l'affirmation d'une conception purement financière de l'entreprise, qui fait de celle-ci une collection d'actifs divisibles et liquides, susceptibles d'être cédés ou achetés au gré des occasions de rendement financier. Ils ont enfin et surtout introduit les procédures hautement standardisées du « gouvernement d'entreprise» qui codifient les formes contemporaines du rapport entre la finance et l'industrie.

Les placements en bons du Trésor gardent leur importance. En temps de secousse financière, les titres de la dette publique des États les plus forts, les États-Unis en tête, demeurent la valeur refuge par excellence. Les prêts obligataires aux sociétés (entreprises et banques) et les crédits hypothécaires aux particuliers complètent la panoplie de l'appropriation dont la source ultime de trouve toujours dans la production. Ils sont étroitement articulés aux mécanismes de taux d'intérêt interbancaires bas ou très bas, et de création de crédit qui forment le socle de la politique de stimulation des dépenses qui est caractéristique de la macroéconomie du régime d'accumulation financiarisé. Aux États-Unis, la Fed a pratiquement érigé en principe l'obligation de fournir aux teneurs de marché en cas de difficulté, les lignes de crédit qui les aident à maintenir la liquidité. Après avoir donné au pouvoir de la finance ses assises au moyen de la hausse des taux d'intérêt, une politique de taux très bas, même négatifs, a été utilisée pour donner, presque en permanence, de l'oxygène aux marchés d'actifs ou de quasi-actifs financiers.

Le face-à-face entre deux catégories « d'administrateurs du capital »

La propriété mobilière et la capitalisation boursière sont fortement concentrées, mais cette concentration est adossée à une situation où des dizaines de millions de personnes aux États-Unis comme dans plusieurs autres grands pays capitalistes avancés sont des bénéficiaires de système de retraites privés ou des déposants inquiets d'une épargne salariale souvent accumulée avec difficulté. Leur nombre et leur méconnaissance des marchés financiers obligent ces propriétaires-actionnaires à déléguer leurs « prérogatives » de propriétaires des entreprises aux gestionnaires des fonds. Ce sont ces derniers qui traitent avec les dirigeants des firmes cotées. De ce fait, la « haute finance » décrite par Hilferding, « où les magnats de l'industrie et des banques sont étroitement associés », sinon liés par des « liens d'union » encore plus forts, a été remplacée par une forme très particulière de relation entre deux catégories « d'administrateurs du capital », d'un côté les gestionnaires des fonds de pension et de placement financier collectif et de l'autre les dirigeants-managers des groupes industriels. On est loin aussi du cas de figure où un capitalisme industriel, personnifié par des Morgan ou des Carnegie qui étaient des « barons voleurs », mais aussi des « capitaines d'industrie », pouvait organiser la concentration des banques sous son contrôle et dans les limites voulues par lui[127]. La relation entre gestionnaires et managers est gérée par des procédures et des normes élaborées par une troisième catégorie de « serviteurs du capital », les analystes financiers et les banques d'investissement. Plus important encore, la relation est placée, pour les uns comme pour les autres, sous l'autorité « impersonnelle » des marchés financiers, puisque ce sont la cotation des titres et le rendement des portefeuilles qui sont les critères d'évaluation essentiels des performances. Les gestionnaires se livrent une concurrence très forte qui est porteuse de très forte instabilité[128]. Ils cherchent à se ravir les parts de marché de « l'industrie » de la gestion en affichant les meilleurs rendements des portefeuilles, mais ils le font en adoptant presque tous des stratégies identiques.

Le rapport entre les deux catégories « d'administrateurs du capital » mérite d'être examiné de plus près. « L'extériorité à la production » propre à la finance n'est pas l'apanage des seuls gestionnaires. Elle procède des marchés financiers, en tant que mécanismes « impersonnels », et les deux groupes y concourent autant l'un que l'autre. Ainsi les expressions du type « les marchés pensent » traduisent bien sûr le retour en force du fétichisme de la forme A—A', la personnification fétichisée d'une puissance sociale quasi surnaturelle[129], mais aussi le fait que cette forme est portée par une sorte de sous-système clos dont les marchés de titres sont la clef de voûte[130]. Le pouvoir des investisseurs institutionnels et de leurs gestionnaires procède de la liquidité des titres qui est offerte, sinon garantie par la Bourse en dehors des phases de krach. Il repose sur la menace permanente de retrait qu'ils brandissent face aux directions d'entreprise et la possibilité qu'ils ont de s'affranchir de tout engagement financier du jour au lendemain. Il se double ensuite d'un pouvoir plus large et plus diffus, celui d'évaluer publiquement les entreprises à l'aide de méthodes et d'outils standardisés produits par les analystes financiers et sur des formes de « dialogue permanent » avec les gestionnaires financiers auquel les managers doivent se soumettre. D'où l'extrême importance des procédures et des normes. Le suivi de gestion se limite aux décisions stratégiques et repose presque exclusivement sur des indicateurs financiers. A ce niveau, l'extériorité à la production est celle des gestionnaires financiers, et elle est patente. C'est au vu des résultats trimestriels des sociétés et du cours des actions qu'ils acquièrent les titres ou s'en défont. Mais ces objectifs sont maintenant totalement acceptés par les managers. Le nouveau rapport les oblige certes à intérioriser les exigences de la finance et à recourir à une communication financière sophistiquée. Mais ils le font d'autant plus facilement que leur formation dans les *Business Schools*, mais aussi leur mode de rémunération par stock-options, les conduisent à adhérer totalement à la culture financière dominante. Maîtrisant les arcanes des marchés financiers et de l'industrie des services financiers, les nouveaux managers se sont si bien adaptés à la « gouvernance d'entreprise » qu'ils ont montré leur capacité de la transformer en risée.

Le nouveau pouvoir actionnarial a ainsi souvent pu être contourné par les managers, qui ont su s'affranchir de sa tutelle plus ou moins aisément. Les faillites d'entreprises aux États-Unis après le krach du Nasdaq de 2001, illustrent la réalité de rapports entre gestionnaires et managers qui sont moins univoques que le discours dominant sur la gouvernance le donne à croire. Les dirigeants d'entreprises sont en position de peser dans leur intérêt propre sur le jugement des faiseurs des cotations en Bourse (analystes, agences de notation, sociétés d'audit, presse spécialisée), de même que sur celui des conseils d'administration et des différents comités *ad hoc* qui ont pour fonction de les contrôler (comités de rémunération, etc.). Loin de garantir la soumission des dirigeants, la rémunération par stock-options est un facteur supplémentaire d'incitation au contournement des contrôles[131]. A l'occasion de la vague des faillites de 2002-2003 (*Enron, WorldCom, Tyco,* etc.), certains managers ont montré leur capacité à maquiller les comptes financiers de leur entreprise avec la complicité des banques d'investissement, d'en surévaluer les résultats financiers, sans que les institutions chargées de les contrôler ne soient en mesure de jouer leur rôle de « chien de garde », et de berner leurs actionnaires dans le but exclusif de maximiser leur rémunération à court terme au moyen de la valorisation de l'action du groupe. Les rapports entre les deux groupes sont donc marqués par la méfiance, voire la défiance et comportent une absence totale du type de réflexion stratégique qui était permis, au moins en principe, par la relation banque-industrie.

Le « remodelage » des groupes industriels et le processus d'externalisation

Ce sont les salariés qui subissent de plein fouet le pouvoir coercitif normes de rentabilité très élevées (les 15 % de rendement sur fonds propres dont la valeur nominale en Bourse des actions est une composante) exigé par les gestionnaires de portefeuilles. Face à l'objectif de maximisation de la valeur actionnariale pour répondre aux exigences des marchés et à l'intensification de la concurrence, les dirigeants d'entreprise ont privilégié les mesures qui rencontrent les « préférences » de la collectivité des investisseurs : réduction des coûts moyennant les trains de licenciement massifs, restructuration des groupes autour des segments d'activité les plus rentables, programmes récurrents de rachats d'action et surtout *downsizing* (diminution de taille) et externalisation des opérations.

Sans remodelage des groupes et sans accroissement drastique du taux d'exploitation, notamment par la précarisation du travail, les normes de rentabilité n'auraient jamais été satisfaites. C'est sur les entreprises que la production et l'appropriation de valeur et de plus-value reposent. C'était vrai hier, cela l'est aujourd'hui. Cependant la configuration des entreprises n'est pas figée. A chaque phase du capitalisme, elle se modifie sous l'effet du mouvement propre du capital, qui inclut la production de nouvelles technologies, comme des transformations du cadre institutionnel résultant des luttes politiques et sociales, et des changements des politiques des États qu'elles permettent. Ainsi aujourd'hui la configuration et les modes d'opérations des groupes industriels visent à tirer le parti maximum de la libéralisation et de déréglementation des mouvements de capitaux, des échanges et des investissements directs à l'étranger. Sans cet ensemble de changements institutionnels, les analystes financiers et les cabinets de *consulting* n'auraient jamais pu fixer les normes de rentabilités associées à la « *corporate governance* ». Les transformations dans les méthodes d'extraction de la plus-value permises par l'introduction des nouvelles technologies ne les auraient pas obtenues à elles seules.

La socialisation de l'activité économique est une réalité qui est à la fois provoquée par le capitalisme et niée par lui dans toute la mesure où il le peut. Elle signifie que la production et l'appropriation de valeur et de plus-value sont le fait de nombreux collectifs de travail, de nombreuses entreprises, ainsi que d'institutions financées publiquement (une partie des centres de recherche). Il est impératif pour les gestionnaires financiers d'avoir affaire à un aussi petit nombre que possible de groupes industriels sur lesquels ils exerceront leur contrôle. Un résultat, sinon un objectif explicite du vaste mouvement de concentration-restructuration qui a eu lieu par vagues successives au long des années 1980 et 1990 a été de réduire drastiquement le nombre de groupes industriels dont les gestionnaires auraient à suivre la gestion avec l'aide des analystes financiers. Les gestionnaires préfèrent aussi avoir affaire à des groupes dont la forme juridique se prête au traitement du groupe comme un assemblement d'actifs financiers quasi liquides. C'est le cas de la société « holding ». On a donc assisté dans les années 1980 à une extension rapide de la forme juridique de la « holding financière » pour les groupes déjà cotés, et au changement de mode de détention du capital pour les entreprises qui ne l'étaient pas encore, moyennant la mise sur le marché boursier d'actions représentant une fraction du capital d'entreprises précédemment contrôlée par des banques (le « modèle rhénan ») ou des familles. L'ensemble dont le cœur est la holding sera le plus souvent centré autour d'un métier de base, mais il a aussi parfois un caractère plus proche du conglomérat[132]. Plus que des critères industriels, ici encore ce sont les opinions des investisseurs façonnées par les analystes financiers qui décideront du degré de centrage, les éléments déterminants étant boursiers (capacité à mener et à résister à des OPA, degré auquel les actions d'une entreprise peuvent servir de moyens de paiement au moment d'en acheter une autre).

L'une des fonctions majeures de la forme « holding » est de donner aux filiales de production des groupes la forme « liquide » exigée par des investisseurs chez qui la « préférence pour la liquidité » l'emporte sur toute autre considération, en dehors du « rendement sur investissement », c'est-à-dire sur le paquet d'actions qu'ils détiennent. Les filiales de production qui sont souvent des transnationales elles-mêmes ont, à leur tour, externalisé fortement les activités vers des entreprises plus petites contrôlées sans prise de capital. Elles ont chacune autour d'elles une constellation de filiales, mais aussi de firmes sur lesquelles une influence très forte est exercée au moyen de « partenariats » et de contrats de sous-traitance.

Les transformations dans l'organisation de la production sont caractérisées par deux mouvements parallèles. Dans les pays d'origine des groupes, l'organisation de la « dés-intégration » verticale et horizontale, et l'externalisation des opérations et, au plan mondial, leur délocalisation. L'externalisation a répondu à deux grands objectifs : le transfert vers les sous-traitants, qui sont souvent de petites entreprises luttant pour survivre, des risques industriels et commerciaux et surtout de la gestion quotidienne des tâches d'exploitation de la force de travail. L'externalisation à grande échelle a précédé et a préparé la flexibilisation et la précarisation. Avant de pouvoir « imposer au facteur travail, au moyen des politiques de flexibilité et de précarité, un équivalent de la propriété de liquidité dont le marché financier dote le capital »[133], il fallait en avoir fini avec les gros sites de production. Il fallait que la tâche de discipliner les salariés ait été transférée à des entreprises petites et vulnérables, et donc acharnées dans leur volonté de maximiser la quantité de travail fournie par leurs salariés. Mais l'externalisation a eu un autre effet encore. Elle a fourni aux groupes industriels un champ d'apprentissage qui leur a vite permis de satisfaire l'attente des actionnaires au moyen de la délocalisation des opérations de production intensives en main d'œuvre, mais qui peuvent être à haute valeur ajoutée et reposer sur une main d'œuvre très qualifiée, vers des pays à bas salaires et à faible protection sociale.

4 - Anciennes et nouvelles contradictions dans le capitalisme financiarisé et mondialisé

La configuration actuelle du capitalisme est le résultat des mesures prises par les pays capitalistes centraux pour résoudre la crise structurelle telle qu'elle se manifestait dans la seconde moitié des années 1970. On n'insistera jamais assez sur ce point. La libéralisation et la déréglementation des flux financiers, puis des échanges commerciaux et de l'investissement direct à l'étranger ont été les réponses données à cette crise telle que les États et les grandes entreprises les percevaient. La libéralisation visait à rendre au capital la liberté de mouvement qui lui permettrait de surmonter la baisse du taux de profit. La titrisation des effets de la dette devait lever les contraintes pesant sur les gouvernements au moment de financer les budgets. Les mesures prises permettaient aux uns de lever les contraintes et de cesser de nourrir l'inflation en attirant de l'extérieur les sommes oisives en quête de placements, et aux autres de se déployer toujours plus librement dans un espace mondialisé de valorisation du capital. L'ensemble des mesures prises créaient aussi, et peut-être surtout, pour les bourgeoisies comme un tout (capital et État), les moyens de modifier profondément leurs rapports avec la classe ouvrière. Celle-ci allait, la chute de l'URSS et la prise de conscience du stalinisme aidant, être disloquée et céder la place à un salariat plus indéterminé sociologiquement, plus faiblement structuré politiquement et toujours plus vulnérable sur le plan du chômage et des conditions de rémunération et de travail. Cette dimension, avec l'ensemble de ses éléments constitutifs, est sans aucun doute le legs le plus durable et pour l'instant encore le plus inentamé des politiques associées à la longue phase de « révolution conservatrice » ouverte en 1978-1979. Il n'y a dans aucun pays un « contre-pouvoir » à celui du capital. Celui-ci peut transférer le poids des contradictions de son mouvement de valorisation mondialisé sur les travailleurs d'autant plus librement qu'il peut les mettre en concurrence à une échelle véritablement mondiale.

L'autre grande victime de la victoire sans partage du capital est la planète considérée comme patrimoine commun de l'humanité, de la planète comme écosphère, ainsi que des autres écosystèmes fragiles qu'elle abrite. Ici la primauté du profit et de la valeur actionnariale a pour conséquence l'aggravation de l'ensemble des menaces pesant sur la reproduction de la vie comme telle chez les peuples et dans les couches sociales les plus démunies et vulnérables[134]. Elle a aussi pour effet de renforcer le pouvoir de ceux, concentrés autour des Bourses, dont les intérêts seraient les plus touchés par des vraies mesures de sauvegarde de la planète.

Sur le plan écologique, à la différence de celui des rapports avec les travailleurs, il n'y a pas de projet délibéré de la part du capital. On est face aux effets extrêmes de l'anarchie de la concurrence. Pour l'humanité on est face à une nouvelle expression de l'alternative « socialisme ou barbarie ». Mais pour les gouvernements et le capital, les ravages écologiques actuels et les menaces prochaines traduisent l'ampleur de leur perte de contrôle à l'heure de la toute puissance du « marché ». Leurs conséquences sociales poseront de redoutables problèmes de défense de l'ordre établi dont ils se seraient bien passés. On se trouve donc face à une forme particulière, peut-être extrême, du processus identifié par Marx, où en cherchant « à dépasser les limites qui lui sont immanentes », la production capitaliste « dresse devant elle les mêmes barrières à une échelle encore plus imposante ». Mais en portant aux commandes le capital se valorisant dans le mouvement A—A', la production capitaliste s'est créée encore bien d'autres contradictions nouvelles, venant se greffer sur celles qui ont marqué le mouvement de l'accumulation depuis le début du capitalisme industriel.

Le caractère contradictoire spécifique du régime institutionnel de la mondialisation

Le mouvement du capital se déroule aujourd'hui dans le cadre du régime institutionnel international spécifique, économique et politique, dit de la « globalisation », auquel la libéralisation et la déréglementation ont donné naissance. Celui n'aurait jamais pu s'imposer sans l'action politique tenace et continue des États-Unis pendant plus de trente ans. Ceux-ci ont construit ce régime avant tout à leur bénéfice. Mais plus le temps passe, plus il apparaît que le vrai bénéficiaire en est le capital concentré comme tel, aussi bien financier qu'industriel, ainsi que les oligarchies aux très grandes fortunes partout où elles se trouvent. Les processus nés de la « révolution conservatrice » ont relancé les mécanismes de centralisation et de concentration. Ainsi que Duménil et Lévy l'ont montré pour les États-Unis notamment[135], elles ont permis un nouveau bond dans la polarisation de la richesse. Elles ont précipité l'évolution des systèmes politiques vers la domination d'oligarchies tournées vers l'enrichissement et la reproduction de leur domination, la démocratie n'étant qu'une façade[136]. Ce sont leurs intérêts qui dictent les décisions qui aggravent la crise écologique planétaire. Dans les pays capitalistes centraux, ces oligarchies possèdent leurs bases sociales les plus solides dans les pays où dominent les systèmes de retraite par capitalisation et les plans d'épargne salariale. On ne le dira jamais assez : les bénéficiaires en sont des gens à l'appartenance sociale éclatée. D'un côté ce sont des salariés, de l'autre des individus dont le sort est lié au cours de la Bourse et à l'efficacité de ponctions à caractère prédateur. Leur capacité à se différencier politiquement de la bourgeoisie en est diminuée, souvent fortement.

Les processus de centralisation et de concentration accrue du capital et le nouveau bond dans l'accentuation de la polarisation de la richesse sont communs au « Nord » comme au « Sud », où cette dernière a toujours été très forte mais s'est aggravée encore[137]. Le régime international de la mondialisation du capital a renforcé partout les droits de propriété et les mécanismes d'appropriation fondée sur l'exploitation du travail ou les prélèvements rentiers. La transition accélérée au capitalisme de la Chine a renforcé le processus au plan global. La position sociale et le pouvoir politique de toutes les oligarchies sont renforcés par la mutation ordonnée de l'appareil du Parti communiste chinois. Dans des secteurs précis du « Sud » – la banque et les services financiers, l'agro-industrie, les mines et les métaux de base – on constate une accentuation analogue dans la centralisation et la concentration du capital. Les pays dans lesquels la formation d'oligarchies « modernes » puissantes est allée de pair avec de forts processus endogènes d'accumulation financiarisée et la mise en valeur « d'avantages comparatifs » conformes au besoin des économies centrales – atouts naturels pour les produits de base et/ou exploitation d'une main d'œuvre industrielle très bon marché – ont été intégrés au fonctionnement du régime international de la mondialisation. Ce sont les nouveaux protagonistes des conflits commerciaux comme des négociations difficiles à l'OMC : la Chine, les pays sources des oligopoles exportateurs de l'agro-industrie des pays du « Sud », peut-être bientôt l'Inde. Les très fortes tensions dans les rapports entre la Chine et les pays membres de l'ancienne Triade, ou encore à l'OMC entre les oligopoles exportateurs de l'agro-industrie des pays du « Sud » et les pays du Nord protecteurs des mêmes intérêts chez eux, n'ont peu sinon rien à voir avec des différences d'intérêt entre le Nord et le Sud comme on les comprend le plus généralement. Ce sont des tensions entre fractions du capital concentré internationalisé, la propriété du capital des oligopoles en conflit pouvant appartenir sous forme de titres en Bourse au même cercle relativement étroit des fonds de pension et des *Mutual Funds* les plus puissants.

Ces tensions sont consubstantielles à un régime marqué par la très forte accentuation de la concurrence au plan mondial. Le régime institutionnel de la mondialisation repose sur des rapports économiques et politiques entre le travail et le capital, qui extrêmement favorables à ce dernier. Ils sont pourtant très instables en raison des traits spécifiques du « capital personnifié » et de la concurrence déchaînée par la libéralisation et la déréglementation. Aujourd'hui la concurrence est redevenue le mécanisme aveugle décrit par Marx, celui qui agit comme une force coercitive toute puissante sous l'empire des tendances immanentes d'un mode de production dont le profit est le but fondamental, sinon le seul. La concurrence a non seulement acquis ce caractère sur un plan véritablement mondial pour la première fois[138], elle l'a aussi fait dans des conditions de changement d'identité du « capitalisme ». Aujourd'hui «l'agent fanatique de l'accumulation [qui] force les hommes, sans trêve ni merci, à produire pour produire »[139] n'est plus le capitaliste individuel. Il n'est plus non plus le dirigeant exerçant la « main visible » célébrée par les thuriféraires du capitalisme managérial. Il ne s'agit pas non plus de ces « propriétaires du capital » plus ou moins identifiables de la fin du XIXe et pendant la plus grande partie du XXe siècle. Il s'agit de cet ensemble d'institutions et « d'acteurs » placé au service du capital de placement qu'on a cherché à cerner plus haut. Il inclut à la fois les gestionnaires de portefeuille, les opérateurs sur les marchés financiers et les marchés eux-mêmes en tant que lieux de transactions, dont le prix des titres dépend, et donc la valeur actionnariale en partie également. Sur l'arrière fond de prégnance interrompue de la tendance à la baisse du taux de profit, le mouvement du capital dans la mondialisation est donc régi par l'effet conjoint de deux mécanismes. Ils échappent, pour le moment au moins, à peu près complètement à toute « régulation ». D'un côté on est en présence de marchés financiers, capables aussi bien de condamner des secteurs industriels entiers à disparaître si cela peut augmenter la valeur actionnariale de quelques groupes ou de détruire l'économie d'un pays faible par la spéculation, que de céder à des mouvements de panique financiers collectifs. Simultanément on est face au jeu ravageur d'une concurrence débridée, qui emporte les stratégies oligopolistiques destinées à la contenir et dont l'une des composantes est un mouvement d'internationalisation du capital productif aux traits nouveaux qui ne s'arrête pas devant la dislocation des tissus industriels et sociaux nationaux des pays qui lui ont servi jusqu'ici de base.

Les crises financières et la création continuelle de nouveau capital fictif

L'accumulation de titres possédant le caractère de capital fictif, c'est-à-dire de prétentions à participer au partage de valeur et de plus-value non encore produite[140], nourrit le fétichisme de l'argent et s'en nourrit en retour. Fétichisme de la marchandise et fétichisme de l'argent sont inséparables d'un système social qui se fixe l'enrichissement individuel comme but ultime. L'idéologie mystificatrice qu'ils véhiculent sert à la fois à l'asservissement de personnes économiquement subordonnées et politiquement arriérées, et à la centralisation des « petites sommes d'agent » si importantes pour le capital de placement. Aujourd'hui on est bombardé de slogans publicitaires où il est question de « permettre à l'argent de faire des petits » ou « de rapporter comme le fait mon chien ». Mais l'accumulation de capital fictif dont les titres font l'objet de transactions sur des marchés très particuliers situées très loin de la production, est également porteuse de crises financières, et cela de façon quasi automatique. Celles-ci sont donc réapparues avec la reconstitution d'un tel capital.

La cause primordiale de ces crises se trouve dans *l'écart* entre le montant, toujours plus élevé, des créances sur la production en cours et future et la capacité effective du capital engagé dans la production à les honorer, même avec l'aide des politiques macro-économiques des États, même en accroissant sans cesse le taux d'exploitation de la force de travail. A la racine des crises financières on trouve donc la propension du capital régi par le mouvement A—A' à demander à l'économie « plus qu'elle ne peut ». Vues ainsi les crises sont une manifestation de l'extériorité de la finance à la production. Les marchés financiers en augmentent la probabilité. La « fictivité » inhérente aux titres est encore accrue par le jeu des transactions boursières qui pousse à des niveaux très élevés la valeur nominale de certains actifs. C'est ici que les termes « irréaliste » et même « fictif » peuvent apparaître dans les commentaires des journalistes. Dans la seconde moitié des années 1990, le caractère « irréaliste » des niveaux des cours sur le Nasdaq et le NYSE a été le fait même de la « course au résultat », à laquelle les gestionnaires des fonds de pension et de placement financier se sont livrés eux-mêmes et ont forcé les groupes à se livrer[141]. Avec le passage au *total return*, c'est-à-dire la nécessité d'atteindre les 15 % magiques, et d'ajouter aux flux de dividendes, les plus-values liées aux cours en Bourse, c'est l'ensemble des agents de la financiarisation des entreprises qui ont participé à la création de la bulle boursière, alimentée ensuite par l'arrivée à New York des fonds oisifs du monde entier déterminés à profiter des promesses de gain annoncées.

Telle est la première série de causes tenant au capital fictif de ce qu'on nomme la « fragilité financière systémique ». Il s'en ajoute d'autres. Les plus importantes sans doute sont celles qui tiennent à la manière dont sont gérées la création et la détention, par le système de crédit et les institutions bancaires, de capital fictif sous diverses formes. La liste de facteurs potentiels de « fragilité systémique » est longue. Citons les plus importants, à savoir l'exposition au risque fortement accrue des banques depuis la libéralisation financière, et la capacité technique et les moyens des Banques centrales de venir à leur secours. Commençons par la place occupée dans l'actif des bilans des banques par les différents types de titres ayant le caractère de capital fictif, ainsi que la qualité de leurs créances. Les crises financières de 1990-1992 qui ont frappé tous les pays de l'OCDE à des degrés divers de gravité, ont été la conséquence des stratégies mises en œuvre par les banques pour contrecarrer les effets de la désintermédiation financière et la pénétration des fonds de placement dans leurs périmètres. Les banques ont créé, notamment sous forme de prêts aux promoteurs immobiliers, des formes de capital fictif dont la « fictivité » était particulièrement élevée. C'est ce que le jargon nomme les mauvaises créances, les créances « irrécupérables ». Certaines, notamment les banques japonaises, ont porté au même moment à l'actif de leur bilan une quantité particulièrement élevée de titres en Bourse sensées servir de contrepartie aux prêts risqués. Forcées de vendre leurs actions dès que le Nikei a commencé à baisser, elles ont été à la fois protagonistes et victimes d'un krach boursier de très grande ampleur.

A partir de 1990, on a assisté à la libéralisation et la déréglementation à marche forcée des marchés financiers des pays « émergents » situés à la périphérie des pays à marché financier ancien. Menées sous l'égide du Fonds Monétaire International et de la Banque Mondiale, sous la pression politique des États-Unis, cette intégration rapide a introduit un important élément supplémentaire de risque systémique, aussi bien en ouvrant les marchés rachitiques d'obligations et d'actions de ces pays aux opérations de placement à court terme des investisseurs institutionnels, qu'en encourageant les gouvernements, les firmes et les banques à émettre des titres libellés en dollars sur les marchés obligataires internationaux, et à relâcher les contrôles externes et internes sur les financements et les crédits bancaires. Le risque financier systémique est devenu proprement mondial. Les années 1990 ont donc été marqués par la succession rapide des crises financières aussi bien dans les pays ayant choisi de favoriser les opérations de placement sur les marchés de titres (Mexique, Argentine, Brésil) que dans ceux ayant plutôt pris le parti de libéraliser l'activité bancaire (Corée, Malaisie, Thaïlande, Indonésie). Dans les deux cas, on a pu voir les bilans des banques se gonfler de quantités importantes de capital fictif, de titres supposés représenter un capital et de créances auprès d'entrepreneurs ou de promoteurs natifs, qui ne représentaient souvent même pas « l'ombre d'un capital » ayant existé à un moment quelconque (notamment en Thaïlande et en Indonésie). Les fonds de placement états-uniens en Amérique latine, et les banques européennes et japonaises en Asie ont joué un rôle important, voire déterminant, dans la création des conditions des krachs financiers et bancaires, sous forme d'incitations à la titrisation des bons du Trésor et autres effets publics, dans le premier cas et d'incitations à la surexposition aux risques de crédit dans le second. Dans la crise mexicaine de fin 1994-début 1995, comme dans celle de la Thaïlande en juillet 1997, le retrait des marchés de titres des fonds de placement états-uniens a achevé de précipiter l'effondrement des cours et dans la foulée le cours de change des monnaies nationales.

A ce stade de l'analyse on aura compris que le propre des crises financières (dont le krach boursier est l'une des formes) est de révéler au grand jour le caractère fictif des titres. Lorsqu'un certain seuil dans ce processus de mise à nu de la « vraie nature » des titres est franchi, le mécanisme s'emballe et rien ne peut plus empêcher un effondrement complet de leur « valeur », et partant la paralysie, sinon la faillite, de toute banque ou institution financière qui les a portés en quantité à son actif. Les banques ne peuvent plus fournir de crédit nouveau et doivent au contraire recouvrir leurs créances au plus vite. La propagation de la crise vers l'ensemble de l'économie est lancée, sa vitesse dépendant de l'ensemble des facteurs conjoncturels et structurels qui entrent dans le degré de surproduction latente qui caractérise toutes les économies capitalistes. Cela signifie que la seule parade aux crises financières consiste à tenter de défendre coûte que coûte le caractère de capital fictif des titres, la promesse de revenu sur la production en cours et future qu'ils représentent. Pour cela il n'y a qu'une méthode : tout faire pour que les investisseurs restent dans le marché, qu'ils ne se portent pas tous vendeurs de leurs titres, qu'il reste une masse suffisante d'investisseurs prêts à les acheter. C'est ici qu'intervient cet élément si fortement différentié de pays à pays, qui est la capacité de « soigner le mal par le mal », c'est-à-dire d'injecter des liquidités qui aideront à éviter la destruction de capital fictif et qui peuvent se transformer en capital fictif additionnel.

La principale façon de limiter l'ampleur d'un krach c'est que la Banque centrale, en collaboration avec le gouvernement, crée dans l'heure pour ainsi dire, des montants illimités de moyens de crédit (forme contemporaine de la « planche à billets »), et les mette à la disposition des investisseurs et des opérateurs sans coût, voire à un prix inférieur à l'inflation. Parmi les Banques centrales sollicitées depuis vingt cinq ans, il n'y a que la Fed qui ait, lors du krach d'octobre 1987 et depuis, accompli cette tache complètement et sans retard, chaque fois qu'il l'a fallu pour les marchés états-uniens. En janvier 1995, elle l'a également fait au Mexique pour limiter l'effondrement du système bancaire d'une économie inféodée économiquement et financièrement aux États-Unis. L'autre facteur qui déterminera l'ampleur d'un krach est le degré de responsabilité que les investisseurs financiers assument à l'égard d'un marché au moment où les titres commencent à chuter. Or ici l'expérience a démontré de façon répétée, au cours des années 1995-2002, qu'ils ne sont prêts à l'assumer que pour les marchés où ils détiennent de gros paquets de titres et où ils sont certains de l'engagement de la Banque centrale. C'est pourquoi « la liquidité n'est pas la même à Bangkok qu'elle n'est à Wall Street »[142].

Aux États-Unis, un circuit de valorisation interne et des politiques macroéconomiques construits sur le capital fictif

Ce point ne peut pas être développé ici. Il bénéficie d'une tête de paragraphe parce qu'il est trop important pour ne pas être signalé de façon très claire. Les ressorts de la croissance des États-Unis au cours de la période 1996-2001, ont fait l'objet d'analyses divergentes et de polémiques. Elles ont porté aussi bien sur la liste des principaux facteurs que sur leur hiérarchisation. Le débat a repris depuis que les États-Unis ont retrouvé la « croissance » en 2004. Je fais partie des auteurs qui ont soutenu[143] que l'un des principaux piliers de la « nouvelle économie » a été l'entrée massive de capitaux étrangers aux États-Unis. Ils ont pris en partie la forme d'IDE mais surtout celle de capitaux de placement, affluant vers Wall Street pour profiter des possibilités très attractives offertes par les marchés financiers américains. Cet afflux a été l'une des conditions de fonctionnement d'un autre pilier de la « nouvelle économie » à savoir une demande domestique reposant sur les marchés boursiers, et dépendante de leurs performances directement et indirectement, puisque le crédit aux ménages a été accordé au vu de la valeur de leur portefeuille. L'ensemble du dispositif a été fondé sur des taux d'intérêt devenus très bas, le soutien à la consommation des ménages étant précisément l'un des buts de la politique monétaire très permissive mise en œuvre à partir des crises asiatiques. Pendant la période d'euphorie boursière qui a précédé le krach du Nasdaq de 2001, on a eu affaire à une demande reposant sur la combinaison entre un « effet revenu » fondé sur les dividendes perçus et un crédit aux particuliers (consommation courante et hypothécaire) accordé en vertu d'anticipations de revenu d'origine boursière. Le tout a été baptisé « effet richesse ». Pour les entreprises également, les titres ont fait fonction de « capital ». Celles-ci ont utilisé de façon croissante à la fin des années 1990 leurs propres actions, dont le prix était dopé par le marché haussier, comme moyen de paiement lors d'achats d'autres firmes. Le résultat a été une vague de fusions-acquisitions dont une grande partie n'a pas résisté au retournement de 2001-2002.

On est donc en présence d'un circuit de bouclage domestique du cycle de valorisation du capital, de politiques macroéconomiques publiques et de fusions-acquisitions tous fondés sur le capital fictif. Le krach du Nasdaq de 2001-2002 n'y a pas mis fin, bien au contraire, mais a conduit à des adaptations contraintes. Comme à chaque occasion antérieure, la création massive de liquidités par la Fed (rendue plus facile à justifier encore après les attentats du 11 septembre), ainsi que l'engagement des investisseurs dans la défense de leur principale base boursière, ont enrayé la chute du NYSE. Au Nasdaq le degré de « fictivité » d'une très grande part des titres était si élevé que les investisseurs ont procédé à leur prise de bénéfice et sont partis. Ceux qui ont subi de vraies pertes ont été échaudés et n'allaient pas revenir de si vite. Dans le cas du Nasdaq, la Fed a donc décidé de laisser le krach faire son œuvre, de façon à assainir le marché des actions partiellement. Dans le même temps, le gouvernement Fédéral a relancé les dépenses militaires[144], tandis que la Fed transférait vers le marché immobilier et le crédit hypothécaire sa politique de soutien de la demande. Celle-ci a été marquée par l'endettement massif des ménages et une consommation dopée par des crédits à la consommation ayant comme collatérale la propriété immobilière. Une bulle s'est formée autour d'une nouvelle forme de capital fictif, l'illusion d'un capital prenant cette fois pour la « classe moyenne » la forme du pavillon de banlieue typique de l'urbanisme résidentiel états-unien, et pour les fortunées la spéculation sur les résidences de luxe à Miami ou ailleurs. De ce fait l'un des facteurs dont la conjoncture mondiale est dépendante aujourd'hui, tient au moment et aux conditions dans lesquelles la nature véritable de ce nouvel avatar du capital fictif se dévoilera. Un autre, qui lui est lié, est le moment où les pays à fort excédent commercial et à accumulation de réserves en dollars d'Asie du Sud-est et d'Extrême orient, Japon et Chine en tête, continueront à les placer en bons du Trésor des États-Unis. A un moment donné, ils peuvent se dire que les risques de perte sont en train de devenir trop élevés.

La fuite en avant des entreprises dans la délocalisation de la production

On en vient enfin aux questions qui font parties de mes recherches en cours, dont ce chapitre est un jalon. On terminera donc celui-ci de façon un peu inhabituelle, en présentant certaines des hypothèses qui vont servir de fil conducteur à nos recherches à venir.

La première a trait à la question épineuse de la baisse tendancielle du taux de profit. L'hypothèse ici est que celle-ci représente une tendance de fond qui est sous-jacente à l'accumulation de façon permanente, l'analyse des « facteurs qui contrecarrent la loi » étant aussi important que la tendance (qui n'est pas une « loi ») elle-même. Le mouvement du capital est façonné en permanence par les réponses que le capital cherche à donner à la baisse du taux de profit. Les phases de récupération du taux profit correspondent aux succès passagers des efforts menés de façon quasi permanente, succès transitoires dont les effets de surcroît sont généralement circonscrits à des groupes capitalistes déterminés.

La seconde hypothèse, préparée par toute l'analyse qui précède sur le pouvoir actionnarial actuel, est que l'obligation faite au capital industriel sur lequel la contrainte de la baisse tendancielle pèse de façon directe est plus forte encore du fait des exigences de l'actionnariat et des marchés boursiers.

La troisième hypothèse est que cette contrainte est peut-être la clef explicative du caractère massif de l'IDE et de la sous-traitance internationale vers l'Asie, Chine et Inde en tête, ainsi que de l'ampleur du mouvement de délocalisation du capital productif à partir des États-Unis et de l'Europe.

Lorsqu'on est forcé de combattre les conséquences de l'accumulation de capital fictif en actions et en obligations, en provoquant l'extension de l'investissement immobilier spéculatif aux ménages, on mène ce qui s'appelle une politique de fuite en avant. Le recours à des moyens qui préservent la fiction de capital fictif des actifs financiers, tout en en amplifiant la dimension et en impliquant des acteurs économiques vulnérables par définition, ne fait que préparer des problèmes encore plus importants. Le mouvement massif de délocalisation de la production de la part des plus grandes entreprises états-uniennes, de même que l'ampleur de la sous-traitance internationale organisée par la grande distribution en qualité de quasi-industriel (dont *Wal-Mart* a donné l'exemple), pourraient avoir un caractère analogue. L'ampleur des délocalisations vers la Chine, visant en grande partie à réexporter massivement des semi-produits et des bien de consommation vers les pays sources de l'IDE, doit susciter de la part des chercheurs des interrogations sur les changements en cours : dans la configuration et la portée de cet IDE comme dans celles des stratégies des firmes et de leur organisation transnationale.

L'impératif du recours au marché extérieur est central à la reformulation du mouvement de l'accumulation dans le Livre III du *Capital*. Pour les capitalistes, l'exportation est une contrainte si forte qu'elle n'a plus rien à voir avec des « choix de spécialisation ». Leur marché interne se heurte aux limites de la consommation résultant du caractère antagonique des rapports entre le capital et le travail. C'est de façon obligatoire que « l'immanente nécessité pour le mode capitaliste de produire à une échelle sans cesse plus grande », se transforme en incitation « à une extension perpétuelle du marché mondial »[145].

On a vu plus haut que chez Hilferding, cette nécessité trouve une issue également dans l'IDE. Aujourd'hui le terrain d'élection des entreprises en proie aux limites de la valorisation du capital industriel est la Chine. Dans un de ces passages où il laisse libre cours à on intuition étant donné la situation de l'époque, Marx évoque fugitivement, dans le *Capital,* l'hypothèse d'une Chine capitaliste. La manière dont il le fait a une importance considérable pour les problèmes contemporains puisqu'il s'agit du développement à l'échelle internationale de la concurrence entre les travailleurs autour du prix de vente de leur force de travail. Il constate l'amorce d'une « concurrence cosmopolite dans laquelle le développement de la production capitaliste jette tous les travailleurs du monde », et il poursuit « il ne s'agit pas seulement de réduire les salaires anglais au niveau de ceux du continent, mais de faire descendre, dans un avenir plus ou moins prochain, le niveau européen au niveau chinois ». Et Marx de citer le discours d'un député anglais : « si la Chine [...] devient un grand pays manufacturier, je ne vois pas comment la population industrielle de l'Europe saurait soutenir la lutte sans descendre au niveau de ses concurrents »[146]. La transformation, un siècle et demi plus tard, de cette vision en réalité confronte les salariés à des problèmes gigantesques, dont les partis qui leur demandent leur vote mais aussi les syndicats préfèrent parler aussi peu que possible. Ici ce sera le cas aussi, notre propos étant seulement de bien exposer l'hypothèse relative au caractère de « fuite en avant » des délocalisations.

Pouvoir commencer à répondre à la question de savoir si celles-ci relèvent du processus de reproduction à une échelle plus élevée des contradictions capitalistes et de l'ajout de nouvelles, il faudra avoir une meilleure appréciation d'éléments du type suivant. Jusqu'à quel point, dans la phase clef de la période commençant vers 1998, qui voit la transformation accélérée de la Chine en base manufacturière du monde, la classe (ou l'alliance de classe, on ne tranchera pas ici) bureaucratico-capitaliste au pouvoir en Chine a-t-elle bénéficié d'une aide du capital états-unien et un peu plus tard du capital européen, d'une ampleur et d'un contenu industriel décisifs, sans lesquels ce « bond en avant » d'un type nouveau aurait été difficile ? Quel est le rôle de ces capitalismes sur un terrain analogue en Inde ? Le terme « base manufacturière du monde » appliquée à la Chine correspond-il à une réalité, mais alors exactement laquelle ? Traduit-il un projet en cours ? Ou véhicule-t-il simplement une hantise, voire un pur phantasme ?

La hantise, que certains théoriciens « souverainistes de droite » énoncent maintenant avec clarté, est celle d'une situation où l'être-en-soi de la bourgeoisie cesserait de s'identifier à celui du capital comme catégorie centrale du mode de production. Le capital aurait atteint un niveau d'identité à son concept tel, qu'il tournerait le dos aux bases nationales auxquelles il s'est identifié jusqu'à présent. Jean-Luc Gréau constate ainsi qu'en Europe comme aux États-Unis « l'entrepreneur capitaliste, tel Hermès aux chaussures ailées, a emporté la patrie à la semelle de ses souliers ». Pour les entreprises du monde occidental :

> Les Eldorados de la délocalisation se situent désormais en Europe centrale et en Chine, en attendant l'Inde, qui doit entrer incessamment dans le groupe des sites de production à haut rapport productivité-coût du travail. Les écarts énormes de rémunération des travailleurs de tout type, entre les pays émergents convenablement dotés et les vieux pays industriels, impliquent des transferts progressifs d'activités et d'emplois vers les nouveaux venus dans la compétition mondiale. Les bases industrielles des premiers pays capitalistes sont d'ores et déjà en voie de démantèlement [147].

Il attribue la responsabilité de cet état des choses à l'action de la grande distribution concentrée, mais surtout à « la prise de pouvoir des marchés financiers dont le mouvement vers la mondialisation paraît indissociable ». Et d'expliquer que cette prise de pouvoir « a deux faces » :

> Sous sa face pratique, il implique la subordination d'ensemble de la production et la subordination particulière de chaque société co-

tée aux objectifs des fonds d'épargne collectifs opérant en Bourse
[...]. Sous sa face idéologique, il pose le principe d'une unité for-
melle du capitalisme au vu de laquelle les différences ou les oppo-
sitions de cultures, de systèmes politiques, de mœurs économiques
et financières ne peuvent exister qu'à l'état de survivances. La
prétention des marchés financiers à réguler, donc à gouverner
l'économie mondiale, implique l'unité du Capital et, sous son
égide, l'unité du Travail. Il n'y a rien d'abusif à décrire le nouveau système comme une tentative explicite de réaliser le schéma
marxiste enjambant les frontières entre nations et continents. Mais
alors que l'unité en cause est aux yeux de Marx une unité de substance constatable dès le moment où le capital s'empare de la force
de travail, elle est ici le résultat d'une mutation interne d'un système, accomplie sous l'impulsion du réseau des marchés financiers surplombant les États-nations et les entreprises[148].

Pour Marx, il ne s'est jamais agi d'une « unité de substance constatable », mais d'un trait contenu dans la catégorie du capital qui a pris deux
siècles pour se développer pleinement. Il reste que des questions cruciales
sont posées par un auteur qui se situent contre Marx et contre les mouvements ouvrier et altermondialiste. Sous les effets conjoints de la baisse
tendancielle du taux de profit, de l'exacerbation de la concurrence et des
exigences de l'actionnariat, les entreprises ne sont-elles pas en train de créer
des tensions qui pourraient devenir insupportables entre l'enracinement
national que le capital a eu jusqu'à présent et une évolution où ce sont ces
traits les plus abstraits et les plus fondamentalement a-nationaux qui
s'affirment toujours plus fortement ? Le capital n'est-il pas en train de créer
à la bourgeoisie, en tant que classe qui doit gérer la vie quotidienne de sociétés nationales fondées sur la propriété privée, de redoutables problèmes ?
Que faire de « nations » dont la substance aura été vidée en termes
d'emplois notamment ?

On comprend ainsi à quel point l'analyse de la finance est devenue absolument cruciale, à quel point le présent livre doit servir de jalon dans une
discussion qui a trop tardé à s'engager.

Notes

[1] Marx, 1857, pp. 364-5.

[2] *Ibid.*, p. 229.

[3] Marx, 1857, p. 412.

[4] *Ibid.*, p. 415.

[5] François Chesnais, 2006.

[6] David Harvey, 2003.

[7] Rudolf Hilferding, 1910.

[8] Le seul marxien à avoir commencé à faire justice à la cinquième section du Livre III est David Harvey, 1982, ch. 9 et 10.

[9] Marx, 1862.

[10] Le livre de Louis Gill, 1996, échappe à cette remarque sans qu'il donne pour autant à la théorie du capital porteur d'intérêt la portée qui lui est accordée ici.

[11] Marx, 1894a, p. 263.

[12] Marx, 1894b, p. 44.

[13] David Harvey, 1982. Le but que se fixe Harvey est (voir p. 283) d'établir une distinction, voire une opposition nette, entre la vision du « capital financier » comme un processus de circulation d'un type spécifique de capital (le mot valorisation me paraît plus approprié que celui de circulation, F.C.) qui est celle de Marx à celle qui appartient à Hilferding et très largement à Lénine du « capital financier » comme un « bloc de pouvoir » interne à la bourgeoisie.

[14] Robert Guttmann, 1994. De tous les économistes contemporains, c'est lui qui fait de loin l'usage le plus poussé des analyses marxiennes sur le capital porteur d'intérêt et le capital fictif.

[15] Michael Krätke, l'un des principaux coordinateurs de la nouvelle collection des œuvres complètes de Marx et Engels (MEGA) en cours de publication, a étudié les manuscrits de Marx dont Engels s'est servi. Ceux-ci auraient l'allure d'un « chantier intellectuel », de notes où Marx se pose autant de questions qu'il n'y répond. Voir Michael Krätke, 2000.

[16] Marx, 1894b, p. 13.

[17] *Ibid.*, pp. 66-67.

[18] *Ibid.*

[19] Voir plus bas.

[20] Marx, 1894b, p. 132.

[21] Marx, 1885, p. 54.

[22] Marx, 1894b, p. 268.

[23] Marx, 1857, p. 412.

[24] *Ibid.*, p. 412 (souligné dans l'original).

[25] Marx, 1867a, p. 157.

[26] Marx, 1894b, pp. 7-8.

[27] Marx, 1862, pp. 556-57, (souligné dans l'original).

[28] Marx, 1894b, p. 8.

[29] *Ibid.*, p. 33.

[30] Dans le livre de Jean Bénard, 1952, où figure – chose qui mérite d'être signalée vu le moment où le livre a été écrit – une courte section du chapitre sur le capital de prêt, où ce point est mis en lumière (pp. 259-260).

[31] Marx, 1894b, p. 12, souligné dans l'original.

[32] Voir Frank H. Knight, 1921.

[33] Marx, 1894b, p. 39, souligné par moi.

[34] *Ibid.*, p. 41.

[35] Marx, 1862, p. 550, souligné par Marx.

[36] Marx, 1894b, p. 34.

[37] *Ibid.*, p. 21.

[38] *Ibid.*, p. 38.

[39] *Ibid.*, p. 41.

[40] *Ibid.*, p. 42.

[41] *Ibid.*, p. 44.

[42] *Ibid.*, p. 45, souligné dans l'original.

[43] *Ibid.*, p. 51.

[44] *Ibid.*

[45] *Ibid.*, p. 102.

[46] *Ibid.*, p. 103. Voir aussi le très court dernier point du chapitre XV du Livre III portant sur les causes qui contrecarrent la loi de la baisse tendancielle du taux de profit, où Marx s'interroge sur le rôle possible de l'augmentation du capital par actions, (Marx, 1994a, p. 252-53).

[47] Marx, 1994b, p. 55.

[48] C'est donc chez les philosophes marxistes qu'on trouve la reconnaissance la plus poussée de l'importance de la théorie du fétichisme et de la réification consubstantielle à celui-ci. Le *locus classicus* de la théorie du fétichisme et de la réification qui lui est consubstantielle, est l'œuvre majeure de Georg Lukacs, *Histoire et conscience de classe*, 1960.

[49] Marx, 1967a, p. 85.

[50] Alain Bihr, 2001, p. 117.

[51] Marx, 1994b, p. 56.

[52] *Ibid.*

[53] Joseph Schumpeter, 1935. La théorie du crédit et celle de l'intérêt sont au nombre de celles où il n'est pas éloigné de Marx : « Le crédit ouvre à l'entrepreneur l'accès au courant économique de biens, avant qu'il en ait acquis normalement le droit d'y puiser. Temporairement une fiction de ce droit le remplace » (p. 376), ou « Le processus (du cycle de l'innovation) ne laisse aucune place pour l'intérêt. Pour cette raison il faut que l'intérêt découle du profit. [...]. Le flot de l'évolution fait remise au capitaliste d'une partie du profit. L'intérêt agit sur le profit comme un impôt » (p. 473). La position normative de Schumpeter c'est qu'il n'y a pas place dans l'évolution pour une accumulation financière indépendante, située en extériorité à la production : « L'octroi d'un crédit agit comme un ordre donné à l'économie nationale de se soumettre aux desseins de l'entrepreneur (en tant qu'il est) fidéicommis de forces productives » (p. 377).

[54] Robert Guttmann, 1994, pp. 294-302. La citation se trouve p. 299. Le terme « crédit *ex nihilo* » vient de Schumpeter.

[55] *Ibid.*, p. 41.

[56] Dans son texte qui a sur ce point, vraiment un caractère de brouillon, Marx se pose plusieurs questions :

Premièrement : [...] Dans quelle mesure est-elle ou n'est-elle pas le signe [...] d'une reproduction à une échelle élargie ? Ce qu'on appelle la pléthore de capital, expression utilisée seulement pour parler du capital productif d'intérêt, donc du capital-argent, n'est-elle qu'une façon particulière de traduire la surproduction industrielle, ou constitue-t-elle, parallèlement à celle-ci, un phénomène particulier ? [...]

Et *deuxièmement* : Dans quelle mesure la pénurie d'argent, c'est-à-dire le manque de capital de prêt, traduit-elle un manque de capital véritable (capital-marchandise et capital productif) ? Dans quelle mesure coïncide-t-elle d'autre part avec une pénurie d'argent en soi, une pénurie de moyens de circulation ? (Marx, 1994b, p. 138).

[57] A partir de la page 141.

[58] Marx, 1894b, p. 140, souligné dans l'original.

[59] *Ibid.*, p. 146.

[60] *Ibid.*, p. 126.

[61] *Ibid.*, pp. 132-133.

[62] *Ibid.*, p. 140.

[63] *Ibid.*, p. 127.

[64] *Ibid.*, p. 127.

[65] *Ibid.*, pp. 127-128.

[66] *Ibid.*, p. 138.

[67] *Ibid.*, p. 129.

[68] *Ibid.*, p. 139.

[69] *Ibid.*, les deux citations sont à la page 139.

[70] *Ibid.*, p. 140.

[71] *Ibid.*, p. 234.

[72] *Ibid.*, p.118.

[73] Suzanne de Brunhoff, 1976, pp. 162 et suivantes.

[74] Voir au nombre des nombreux travaux de Hyman Minsky, 1980 et 1982. La filiation entre Marx et Minsky est faite par Martin Wolfson, 1994. En revanche, elle est passée sous silence ou ignorée par Charles Kindleberger, 1978.

[75] Voir pour la notion de « fragilité systémique » mon chapitre sur les crises financières dans François Chesnais, 1996.

[76] Marx, 1894b, p. 131.

[77] *Ibid.*, p. 177.

[78] *Ibid.*, p. 57.

[79] Voir l'introduction à l'édition française du *Capital financier* écrite par Yvon Bourdet. Hilferding a voté contre la guerre, mais s'est prononcé plus tard contre l'adhésion à la IIIe Internationale. Il a été deux fois ministre des Finances dans des gouvernements sociaux-démocrates en Autriche, en 1923 puis de nouveau en 1928-1929.

[80] Lénine, 1916.

[81] *Ibid.*, ch. III, deuxième paragraphe après la citation.

[82] Rudolf Hilferding, 1910, p. 407.

[83] *Ibid.*, p. 329.

[84] Ainsi la théorie de la concentration de Hilferding, sa théorie du contrôle des entreprises « en cascade » à partir d'une participation dans une entreprise dominante ou sa théorie des prix en situation de cartel ne sont pas examinées ici. Elles ont intéressé Paul Sweezy, 1946, qui y fait bonne place.

[85] *Ibid.*, p. 137.

[86] *Ibid.*, p. 139.

[87] *Ibid.*, p. 140.

[88] *Ibid.*, p. 271.

[89] *Ibid.*, p. 319.

[90] *Ibid.*, p. 219 (souligné par moi).

[91] Cela est vraisemblablement lié aux erreurs de Hilferding dans la théorie de la monnaie relevées par Suzanne de Brunhoff, 1971.

[92] *Ibid.*, p. 161.

[93] *Ibid.*, p. 162.

[94] *Ibid.*, p. 163.

[95] *Ibid.*, p.164.

[96] *Ibid.*, p. 206.

[97] *Ibid.*, p. 206.

[98] *Ibid.*, p. 206.

[99] *Ibid.*, p. 210. La formulation lourde du début de paragraphe vient de la traduction française.

[100] *Ibid.*, pp. 207-208.

[101] *Ibid.*, pp. 206-207.

[102] *Ibid.*, p. 267.

[103] *Ibid.*, p. 268.

[104] *Ibid.*, p. 209.

[105] *Ibid.*, p. 218.

[106] *Ibid.*, p. 165.

[107] *Ibid.*, p. 166.

[108] *Ibid.*, pp. 425-426.

[109] *Ibid.*, pp. 426-427.

[110] *Ibid.*, p. 424.

[111] *Ibid.,* p. 427.

[112] *Ibid.*, p. 426.

[113] *Ibid.,* p. 427.

[114] Voir A. Bearle et G. Means, 1932. Pour les commentaires de ce travail, voir *inter alia*, Michel Aglietta et Antoine Rebérioux, 2004.

[115] Voir en particulier Paul Sweezy, 1971.

[116] Alfred Chandler, 1977.

[117] Du côté des politologues, voir Serge Halimi, 2004 et des économistes, Gérard Duménil et Dominique Lévy, 2000.

[118] Voir *inter alia*, François Chesnais, 2004. L'appréciation du rôle central des fonds de placement comme trait original de la domination actuelle de la forme A—A' est un point partagé spécifiquement avec les économistes de l'École de la Régulation, Michel Aglietta, André Orléan et Frédéric Lordon. Ils en tirent des conséquences qui diffèrent d'un auteur à l'autre et dont je me différencie à mon tour.

[119] Marx, 1994b, p. 43.

[120] Sur le terme de « coup d'État » et son contenu, voir François Chesnais, 1997.

[121] Rosa Luxemburg, 1913.

[122] Marx, 1994b, p. 259.

[123] Voir Aglietta et Rebérioux, 2004, pp. 18 et suivantes.

[124] Pour ce terme voir Henri Bourguinat, 1990 et François Chesnais, 1997.

[125] Marx, 1852, annexe point 6.

[126] Voir Mary O'Sullivan, 2000.

[127] Voir *inter alia*, Harold Underwood Faulkner, 1960, ch. 21.

[128] Voir Catherine Sauviat 2004.

[129] Voir mon chapitre introductif à Chesnais, 1996.

[130] Voir André Orléan, 1999.

[131] Jean-Luc Gréau, 2005, p. 179. A la suite d'Orléan, Gréau souligne dans le même chapitre le caractère de système clos des investisseurs et des marchés.

[132] La société holding emploie directement quelques centaines de personnes au maximum (stratégie, finance). La sphère des filiales de premier rang inclut des sociétés spécialisées uniquement dans la finance.

[133] Frédéric Lordon, 2000b.

[134] Voir François Chesnais et Claude Serfati, 2003.

[135] Gérard Duménil et Dominique Lévy, 2000, pp. 176 et suivantes.

[136] Ceci est bien analysé par Jacques Rancière, 2005.

[137] Voir Merrill Lynch et Cap Gemini, 2005. Si les « riches » de nationalité américaine sont plus nombreux que les autres, la catégorie des « vraiment riches » (« *high-worth individuals* ») est partagée pour un tiers chacun entre américains, européens et ressortissants de l'ancien Tiers-Monde, à commencer par des asiatiques. Lorsqu'on passe à la dernière catégorie, celle des « *ultra high-worth individuals* », on constate une surreprésentation des Latino-Américains et même des Africains.

[138] Il suffit de lire Hilferding pour se rendre à quel point le régime institutionnel international du capitalisme avant 1914 était loin du libre échange des marchandises.

[139] Marx, 1867c, p. 32.

[140] Un indicateur des montants futurs auxquels les possesseurs d'actifs financiers estiment pouvoir prétendre est le rapport des actifs financiers nominaux, ou encore de la capitalisation boursière, au PIB.

[141] Lordon, 2000b. p. 80.

[142] Le rôle que « l'engagement collectif » des investisseurs peut jouer dans la défense d'un marché financier (la préservation de la fiction des titres comme « capital » est bien mise en lumière par André Orléan, 1999. Le fait que « la liquidité n'est pas la même à Bangkok qu'elle n'est à Wall Street » ressort de la lecture que j'ai faite du livre d'Orléan. Voir François Chesnais, 2000.

[143] Voir François Chesnais, 2001.

[144] Voir Luc Mampaey et Claude Serfati, 2004.

[145] Marx, 1894a, p. 341.

[146] Marx, 1867c, pp. 41-42.

[147] Jean-Luc Gréau, 2005, p. 33.

[148] *Ibid.*, p. 110.

La finance capitaliste : rapports de production et rapports de classe

Gérard DUMÉNIL et Dominique LÉVY

L'histoire de la finance fut mouvementée, et les aléas de son propre itinéraire ne sont rien en comparaison des tribulations des peuples du monde qui résultèrent de l'alternance des épisodes d'affirmation et de recul de son pouvoir. Le néolibéralisme définit la dernière de ces pulsations historiques, où la violence du capitalisme s'affirme sans retenue. Dénoncer certes, mais aussi comprendre. Et d'abord, quelle est cette entité sociale, baptisée ici « finance » ? Quel rapport entretient-elle avec le néolibéralisme ? C'est de domination dont il s'agit, et c'est pourquoi nous avons donné, dans diverses publications, une interprétation du néolibéralisme en termes de classe[1]. Cette démarche nous a conduits à utiliser le terme finance dans un sens tout à fait particulier. Le but de ce chapitre et du suivant est d'expliciter cette définition par référence au cadre analytique marxiste, et de fournir une interprétation du capitalisme contemporain et de son histoire vus à travers une telle grille de lecture.

Ce premier chapitre rappelle d'abord les principaux aspects de l'analyse que Karl Marx donna des mécanismes financiers et l'usage que nous en faisons ; ce rappel se prolonge dans celui des thèses de Rudolf Hilferding et de Vladimir Lénine. Mais l'essentiel du chapitre est consacré à l'interprétation historique proprement dite, jusqu'au capitalisme contemporain : (1) la naissance de la finance et sa première hégémonie, (2) la perte de cette hégémonie dans le compromis keynésien après la Seconde Guerre mondiale, puis (3) sa reconquête dans le néolibéralisme. Un vaste programme déjà.

L'analyse minutieuse du cadre analytique de Marx est réservée au chapitre suivant. C'est également là que sont discutées les thèses des grands continuateurs, celles d'Hilferding et de Lénine, dans leurs relations à celles de Marx. Ce second chapitre a donc un caractère d'approfondissement théorique. L'aspect principal est la mise en relation de la théorie du capital et de l'analyse que Marx donna des mécanismes financiers ; et, de l'une à l'autre, l'itinéraire est assez complexe. A ne pas entrer dans les méandres de ce cadre analytique, on perd, à l'évidence, la relation aux fondements théoriques de l'étude du capitalisme. Mais un tel raccourci n'interdit pourtant pas une interprétation marxiste des mécanismes financiers, et il permet de faire, au moins dans un premier temps, l'économie des subtilités d'un texte inachevé et d'une pensée toujours en ébullition. Ce qui est vrai de Marx l'est également d'Hilferding et de Lénine, bien qu'en matière de détours théoriques, Marx devance largement ses continuateurs.

Les deux premières sections ont un caractère introductif. La section 1 est consacrée à la définition de la finance et rappelle l'esprit général de notre référence à Marx. La section 2 récapitule les principaux enseignements théoriques que nous tirons de l'analyse des mécanismes financiers par Marx : le cadre analytique et les principales thèses concernant l'histoire du capitalisme. D'une certaine manière, il résume les conclusions du chapitre suivant. La section 3 traite de la période, d'un siècle environ, qui s'étend de la fin du XIXe siècle à la fin des années 1970. La section 4 décrit la finance capitaliste contemporaine dans le néolibéralisme : la fraction supérieure de la classe capitaliste et les institutions financières. La section 5 analyse la dynamique de cette nouvelle hégémonie de la finance. Quelles sont ses méthodes et son avenir ? Cette section est principalement tournée vers la situation présente et les perspectives. Il y a donc une dimension chronologique dans cette démarche : (1) jusqu'en 1980, (2) dans le néolibéralisme « historique », et (3) où va le néolibéralisme ?

1 - Introduction : une analyse marxiste de la finance ?

Un acteur dans l'histoire

Par « finance », nous entendons : *la fraction supérieure de la classe capitaliste et les institutions financières, incarnations et agents de son pouvoir* (on pourrait dire « les fractions supérieures », étant donné d'évidentes hétérogénéités). La finance, dans ce sens, n'existe que dans le capitalisme moderne, plus ou moins depuis le début du XXe siècle. La notion n'avait donc pas de pertinence dans le capitalisme du XIXe siècle, tel que Marx l'observa.

Avant d'entrer dans la matière proprement dite, il est utile de souligner certains aspects de cette définition. La finance est un agent, ou, si l'on préfère, un acteur, tant économique que politique, à l'œuvre dans l'histoire du capitalisme. C'est un objet social qui réunit deux éléments : (1) une fraction de la classe capitaliste, (2) un ensemble d'institutions (les banques, y compris, dans le capitalisme contemporain, la banque centrale, des institutions nonbancaires, nationales ou internationales comme le Fonds Monétaire International, les fonds, etc.).

Dans la discussion de la place et du rôle de la finance dans cette acception, divers éléments sont en jeu. On peut évoquer une notion de pouvoir très englobante : la capacité de la fraction supérieure de la classe capitaliste de contrôler les mécanismes économiques selon ses visées et intérêts. Un élément plus technique, mais également important, est le revenu de cette fraction de classe ainsi que la rentabilité de ses institutions financières.

Le rapport entre les deux aspects, fraction de classe et institutions financières, est crucial, et souligné par le possessif que nous utilisons volontiers en parlant des capitalistes et de *leurs* (ou de la fraction supérieure et de « *ses* ») institutions financières. La séparation de la propriété du capital et de la gestion a atteint dans le capitalisme moderne de tels degrés, que le contrôle des propriétaires sur l'entreprise pourrait s'en trouver fragilisé. La nouvelle concentration du pouvoir de la classe capitaliste dans les institutions financières est ainsi devenue primordiale afin d'assurer la pérennité de cette emprise.

La finance n'est pas un ensemble d'institutions qui domine le capitalisme contemporain hors des rapports sociaux : cette formulation omet le rapport de classe ; la finance n'est pas une classe, car la référence à la fraction supérieure de la classe capitaliste suffit à décrire le rapport de classe qu'elle sous-tend. C'est dans le processus même de sa propre constitution en classe pour soi, que cette fraction de classe s'articule structurellement aux institutions financières, et se moule dans la finance, cette entité, qui la constitue en tant qu'acteur social. La nature de cet objet est, en fait, à l'image des structures qui ont été décrites à propos de la classe prolétarienne, comme classe actrice de l'histoire, c'est-à-dire compte tenu de ses assises économiques et de ses organisations de lutte, comme les syndicats et partis.

Même en se limitant à la période allant du début du XXᵉ siècle à nos jours, la relation entre classes et institutions n'a cependant pas la même force ou le même contenu selon les sous-périodes historiques, car la classe capitaliste ne contrôle pas toujours aussi étroitement les institutions financières. Dans des circonstances particulières, elle peut perdre le contrôle de certaines d'entre elles, par exemple lorsque les principales banques sont nationalisées ou lorsque la banque centrale se rend autonome vis-à-vis des intérêts de la classe capitaliste. Si le pouvoir de la finance est fort, nous parlons d'« hégémonie financière ».

Afin d'éviter toute confusion, il est également utile de souligner ce que la finance n'est pas dans cette acception. On peut, en premier lieu, parfaitement parler de « financiarisation » (comme de « mondialisation ») pour définir certains caractères du capitalisme contemporain, mais par « finance », nous ne nous référons pas à de tels processus ou à des entités qui en découleraient : un capitalisme financiarisé, un capitalisme mondialisé, etc. En second lieu, la finance n'est pas un secteur de l'économie. Le concept de secteur financier est tout à fait pertinent, mais ce n'est pas ce que nous entendons par finance, bien que les banques, par exemple, appartiennent à la fois au secteur financier et aux institutions financières de la finance.

Enfin, nous n'opposons pas le *capital financier* au reste du capital (le *capital industriel*, comme on le lit souvent), en tant que caractéristique structurelle du capitalisme néolibéral, mais comme une distinction hiérarchique. Fondamentalement, il n'y a pas le capital financier, d'un côté, et le capital industriel ou commercial, c'est-à-dire, nonfinancier, de l'autre. Le fait majeur est justement l'inverse, à savoir que la fraction supérieure de la classe capitaliste et ses institutions, la finance, possède l'ensemble de la « grande » économie (désormais transnationale, financière et nonfinancière). La pertinence de la distinction financier/nonfinancier survit pour des sociétés de moindre envergure, souvent des capitalistes, patrons d'entreprises, qui, outre la concurrence des grands, doivent faire face au secteur financier. De ces points de vue, nous rejoignons les interprétations que Hilferding et Lénine donnèrent du capitalisme du début du XXe siècle, en termes de *capital financier* – des analyses souvent mal interprétées.

Le problème de la terminologie est délicat et une définition précise doit être proposée. Le même terme pourrait servir à désigner les institutions financières ; l'appliquer également à une fraction de classe ne va pas de soi. Un caractère fondamental de la propriété du capital par cette classe est, cependant, qu'elle est matérialisée par la possession de titres, actions et créances, ce qui lui confère le caractère d'une bourgeoisie *financière* et contribue ainsi à la justification de l'appellation : la finance.

Un cadre analytique

La référence à Marx, telle que nous la pratiquons, exige quelques précisions méthodologiques. Dans l'usage que nous faisons de la théorie de Marx, nous combinons la théorie des sociétés, en l'occurrence, de la société capitaliste, et les outils de la théorie économique proprement dite. Dans cette inspiration théorique, la globalité est plus importante que le détail, bien qu'il vaille toujours la peine de suivre Marx dans les détours de son raisonnement.

Par théorie des sociétés, nous entendons ce qu'il était convenu d'appeler en langue de bois, le *matérialisme historique* : un cadre qui articule rapports de production, forces productives, structures de classe et État (étroitement uni au pouvoir de classe, une assurance contre les dérives « autonomistes »). De ce premier point de vue, la relation entre rapports de production et classes – qu'on peut qualifier d'*homologie*, tant est sa rigueur –

est à la base de la démarche adoptée ici ; il en va de même de la théorie de l'État. La principale révision concerne le dépassement du capitalisme, mais ce n'est pas l'objet de cette étude.

Par outils de la théorie économique, nous entendons les concepts fondamentaux (marchandise, valeur, monnaie, capital, etc.) et les mécanismes (loi de l'accumulation capitaliste, loi de la baisse tendancielle du taux de profit, etc., dans les termes de Marx désormais bien datés, ce qui ne met pas en question la pertinence des analyses).

On dit souvent que, pour les marxistes, il n'y a pas de théorie économique proprement dite mais une théorie globale. C'est peu rigoureux. La formulation correcte est qu'il n'y a pas de compréhension de la réalité à partir des seuls concepts de la théorie économique. Cependant, les concepts de marchandise, de valeur, de monnaie, de capital, etc., définissent une science, qu'on peut qualifier d'économie. Ajouter « politique » peut souligner l'étymologie (le passage de la maison, *oikos*, à la cité ou à l'État, *politês*, c'est-à-dire « de la cité ») ; ou bien, dans l'usage contemporain le plus répandu, l'étroite relation qui unit les concepts économiques à l'analyse des sociétés (forces productives / rapports de production, classes et État) donc à celle de la politique.

2 - L'essentiel

Que retenir donc des pères fondateurs ?

Mutation et permanence du rapport capitaliste

Au cœur de l'analyse du capitalisme se trouve le concept de capital : de la valeur avancée par un capitaliste, qui peut revêtir, à un moment donné, les formes d'argent, de marchandises, ou de moyens de production dans l'atelier, et passe sans cesse d'une des formes à l'autre. Au fil de cette course, cette valeur est supposée s'accroître, donc rapporter une *plus-value*, provenant de l'exploitation du travailleur productif, substance d'un *profit*. Marx désigne ces mécanismes par le terme *processus du capital*. Ce processus nécessite des soins, plus ou moins ce qu'il est maintenant convenu d'appeler *gestion*. C'est là le point départ.

Le rapport de propriété capitaliste revêt des formes institutionnelles complexes et ne cessant de se métamorphoser. Notamment, apparaît une catégorie de capitalistes qui se contentent de mettre leur capital à la disposition d'une entreprise sans se charger de sa gestion. Leur capital est un *capital de financement*. Les tâches de gestion peuvent être le fait d'un entrepreneur, mais elles sont finalement déléguées à des salariés. Au Livre III du *Capital*, Marx passe graduellement d'une configuration à l'autre : (1) le capitaliste, l'avance, la gestion individuelle de ce capital, (2) le capitaliste actif (soit l'entrepreneur) et le capitaliste financeur, (3) le directeur salarié de l'entreprise et le capitaliste financeur. Ainsi, nous rapprochons-nous de ce qui prévaut dans le capitalisme contemporain.

L'idée centrale est celle de la séparation de la propriété et de la gestion. Plus rigoureusement, la propriété recouvrait originellement deux types d'attributs : (1) la propriété au sens quelquefois dit « juridique » (le droit de l'aliéner, de revendiquer le revenu qui en provient...), et (2) la capacité de contrôle (d'engager des opérations). Ces deux aspects se séparent dans une large mesure, et la notion de propriété, au sens strict, s'attache au premier terme. Cette tension entre propriété et gestion peut être maîtrisable dans des circonstances favorables et dans certaines configurations institutionnelles. Mais elle n'admet pas de résolution pleinement paisible, renaissant constamment en tant que contradiction. C'est une séparation « bancale », car les tensions qu'elle recèle sont difficiles à apaiser, et il en sera ainsi tant que ne sera pas éliminé le propriétaire capitaliste[2].

Mais un point essentiel de la démonstration de Marx est que, derrière cette double relation de séparation et de délégation, survit le rapport de production capitaliste, principalement l'appropriation de la plus-value et sa division. Malgré la distinction entre : l'intérêt et le dividende qui rémunèrent le financeur, d'une part, et le profit de l'entrepreneur, sans oublier les frais qui sont engagés pour financer la gestion, d'autre part, le lien est établi par Marx avec le dispositif analytique premier, celui de l'exploitation du travailleur productif.

Ce lien entre les revenus du capital et l'accaparement de la plus-value n'est rien d'autre que la réfutation de ce que Marx appelait l'« économie vulgaire » : la fameuse formule trinitaire des facteurs et revenus, où le « capital » est rendu autonome comme capital de financement, *Capital-Intérêt*, *Terre-Rente Foncière*, et *Travail-Salaire*, pilier de l'économie dominante et des idéologies correspondantes. Marx laisse alors libre cours à sa verve : ces trois termes ont autant en commun que « des honoraires de notaire, des betteraves et la musique[3] ». Le capital y rapporte de l'intérêt aussi naturellement que « le poirier porte des poires[4] ». Il y est conçu comme un automate qui produit mécaniquement du revenu à partir de rien[5]. L'argent se métamorphose en davantage d'argent.

Il est évidemment inutile de revendiquer l'héritage de l'analyse du *Capital* pour savoir qu'existent des créanciers et actionnaires, des travailleurs de production et des gestionnaires. C'est la perception du rapport capitaliste sous-jacent à la complexité institutionnelle, qui définit le caractère marxiste du cadre analytique. Nous n'apprenons pas dans *Le Capital* l'existence de cette configuration institutionnelle, mais nous apprenons à en donner une lecture particulière. Même le salaire devient suspect : (1) forme monétaire de la valeur de la force de travail productive, (2) forme monétaire de l'achat d'une autre force de travail aux fonctions nécessaires, quoique improductives, dont le coût vient en déduction d'un surplus déjà approprié, enfin (3) canal de distribution direct de ce surplus vers la classe capitaliste, lorsque, comme le suggère Marx, l'entrepreneur se verse un « salaire ». C'est pourquoi les marxistes n'interprètent pas les mêmes phénomènes de la même manière que les non-marxistes.

La théorie du capital fonde à un second point de vue, moins important, celle des mécanismes financiers. Le capital prend la forme d'argent et la perd (dans la vente et l'achat), et demeure sous cette forme pendant un certain temps. Ces opérations nécessitent des soins, dont se chargent certaines entreprises. Il s'agit d'une partie des tâches du capital bancaire : encaissements, paiements, gestion des comptes, etc. L'autre versant de l'activité bancaire est la centralisation et la distribution du capital de financement. Les prêteurs n'entrent plus en relation directe avec les capitalistes nonfinanciers ; le financement est transmis par les banques, un mécanisme d'une grande portée historique.

Le processus du capital et les mécanismes financiers

Au lieu de se référer au processus du capital, on pourrait parler de la *production*, ou de l'économie réelle, mais ce serait une simplification non rigoureuse. Le processus du capital contient la production, lorsque le capital revêt la forme de capital productif, et c'est là que la plus-value est accaparée ; mais le capital passe également par ses autres formes : le capital-argent et le capital-marchandise. C'est l'ensemble constitué par ce circuit (ainsi que la coexistence des diverses fractions sous chacune de ces formes à un moment donné) et l'appropriation de la plus-value, qui définit, pour Marx, le processus du capital dans son intégrité. On est là à l'actif du bilan d'une entreprise. Les mécanismes financiers sont conçus en relation à ce processus du capital. A cette « authenticité » du capital, s'oppose la « fictivité » du capital de financement, au passif du bilan de l'entreprise. Le capital de financement – les actions, les crédits et les profits retenus – sont l'expression de l'origine du capital avancé. En particulier lorsque le capital de financement est matérialisé par des titres susceptibles de faire l'objet de transactions, l'illusion naît de l'existence d'un autre capital en parallèle à celui du circuit. Dans certains cas, comme pour les créances sur l'État, aucun « capital » ne correspond au titre. Il s'agit d'une fictivité pure et simple. Tous ces capitaux fictifs représentent des droits sur des revenus à venir.

Dans l'œuvre de Marx, cette notion de fictivité est directement liée, par « métonymie » peut-on dire, à celle de fragilité. Bien que des titres publics, par exemple, représentent des placements très sûrs, les mécanismes financiers tendent à l'édification de constructions fragiles. L'exemple le plus évident est celui de la bourse, mais les mécanismes du crédit tendent à doubler ceux de la production ou des transactions de manière plus ou moins périlleuse.

L'appréciation que Marx donne des mécanismes financiers est, en fait, ambivalente. Bon ou mauvais : les deux ! Le système de crédit fonctionne comme stimulant de l'accumulation ; il contribue à la maximisation du taux de profit ; il favorise les mécanismes de la concurrence, en facilitant l'accumulation dans les branches où c'est le plus nécessaire. A lire Marx, on a le sentiment que sans les mécanismes du crédit le capitalisme perdrait une grande partie de son efficacité. Mais de l'autre côté, existe le potentiel déstabilisateur. Le crédit et la bourse s'emballent, et les corrections sont destructrices. Marx a une vision très exacte de la relation entre les mécanismes réels (le processus du capital) et financiers dans les crises, comme relation réciproque. L'un est susceptible d'instabiliser l'autre et réciproquement. L'analyse est néanmoins peu poussée.

Cette « dialectique du meilleur et du pire » est mise en scène par Marx comme composante d'une dynamique d'une toute autre portée. Le capitalisme prépare l'au-delà du capitalisme, positivement dans la sophistication des rapports sociaux qu'il suscite et, négativement, dans le caractère contradictoire de mécanismes encore privés, d'où la violence des chocs susceptibles de le déstabiliser. Marx souligne ce potentiel des sociétés par actions, lié à la centralisation du capital que ces sociétés permettent. Il analyse également le transfert des fonctions de l'entrepreneur à des travailleurs salariés – donc, au total, l'autonomisation financière de la propriété, d'une part, et de la gestion, d'autre part. Le couple *transition* au-delà du capitalisme et *instabilité et parasitisme* dans le capitalisme est ainsi mis en avant.

On touche là du doigt un trait central de la pensée de Marx, qui se manifeste dans d'autres éléments de son analyse, par exemple, dans la constatation de l'accroissement de la taille de la production et son articulation sociale croissante, nationale et internationale. Le concept utilisé est celui de « socialisation », le fait d'atteindre des envergures sociales, c'est-à-dire, à l'échelle de la société. Mais cette socialisation demeure, dans le capitalisme, sous contrôle privé. D'où la contradiction : non seulement insuffisance, mais risque particulier.

Le développement des mécanismes financiers n'est donc pas, pour Marx, une simple boursouflure, une dérive vers l'absurde. Il recèle des risques évidents, susceptibles de se manifester sous des formes dramatiques, mais : (1) les mécanismes financiers assument un ensemble de fonctions nécessaires au mode de production capitaliste, et (2) leur développement est au cœur du mouvement historique, comme expression d'une socialisation antagonique, non maîtrisée, mais cependant motrice de l'histoire.

La finance, « acteur » dans la dynamique du capitalisme

Présentant, au début de ce chapitre, la définition de la *finance capitaliste*, nous avons souligné sa nature d'« acteur » dans l'histoire. C'est précisément le désir de nommer le plus exactement possible l'acteur social dont nous identifions le jeu depuis le début du XXe siècle, qui nous a conduits au choix de la formulation : *la fraction supérieure de la classe capitalistes et les institutions financières, incarnations et agents de son pouvoir.*

Plutôt que la postulation d'une homologie stricte entre le système des concepts du *Capital*, nous recherchons le type de correspondance que Marx utilise dans ses œuvres politiques : l'identification d'un acteur des luttes de classes qui gouvernent la dynamique du capitalisme.

Marx a déjà l'intuition des conséquences de la centralisation des capitaux de financement dans les banques. Cette centralisation transforme les banques, écrit-il en « administrateurs » du capital de financement, qui affrontent les industriels. Bien que Marx reste peu explicite, cette notion est cruciale : dans l'appréhension de la classe capitaliste comme acteur dans l'histoire, il existe une dimension institutionnelle. Les capitaux se concentrent dans des institutions financières, et aux côtés de la classe proprement dites, il faut toujours identifier cet acteur institutionnel. Ce cadre analytique décrit une première configuration de la relation que nous établissons entre fraction de classe et institutions financières dans notre définition de la finance.

C'est à travers cette grille de lecture – (1) le rapport capitaliste toujours sous-jacent dans des configurations devenues plus complexes et annonçant l'avenir, (2) les mécanismes financiers ferments du dynamisme du capitalisme et de son instabilité, et contradictoirement moteurs de l'histoire, et (3) la finance, classe et institutions, comme agent historique dans le champ des luttes de classes – que les sections 3 à 6 mettent en scène la finance dans un scénario dont le fil conducteur est la poursuite de cette lutte.

Le capital financier

Mais le cadre général, dont on vient de rappeler les grandes lignes, préparait les analyses que Hilferding et Lénine donnèrent du capitalisme au début du XXe siècle.

Partant du *Capital* et confronté aux transformations du capitalisme à la transition des XIXe et XXe siècles, Hilferding mit en avant le concept de *capital financier*. Il s'agit du capital mis à la disposition des banques et transmis aux entreprises nonfinancières. C'est un *dispositif*, et non un secteur ou une classe. Par ce canal institutionnel, les grands capitalistes (les « magnats ») contrôlent la grande économie, financière et non financière. Les autres capitalistes, plus petits, sont placés dans une position subalterne. La conception de Lénine est voisine.

Cette analyse des institutions du capitalisme moderne prolonge celle de Marx, notamment sa vision du capital bancaire comme administrateur du capital de financement. Elle va cependant plus loin, car la relation avec le capital nonfinancier est établie de manière très explicite, et décrite comme étroite. Hilferding parle finalement de « fusion ». Lénine adopte le même point de vue.

L'idée de *fusion banque/industrie* est, sans doute, caractéristique de l'époque et des lieux (avec des modulations géographiques : États-Unis, Europe...) qui inspirèrent Hilferding. C'est un concept qui ne paraît pas globalement adéquat vis-à-vis du capitalisme de la fin du XXe siècle. Il n'y a pas de *fusion* entre les banques (ou fonds de placement) et les sociétés transnationales, mais des relations de dépendances.

Quelles que soient les modalités historiques de ces relations, nous sommes ici très proches de notre définition de la finance : fraction supérieure de la classe capitaliste et institutions financières. Une différence est que nous donnons aux institutions financières un champ nettement plus vaste, incluant les fonds de placement et les banques centrales, conformément aux transformations du capitalisme. De la banque « administratrice du capital » de Marx, en passant par le capital financier d'Hilferding, jusqu'à notre concept de finance, il y a une gradation où les transformations du capitalisme jouent un rôle fondamental.

3 - Naissance, grandeur, recul et résurgence

Pénétrons donc dans l'histoire. A la charnière entre les XIXe et XXe siècles, l'économie et la société états-uniennes connurent de profondes transformations, que nous décrivons comme trois révolutions : des sociétés (sociétés par actions), de la gestion et du secteur financier. Cette mutation, à la fin du XIXe siècle, fut le résultat d'une forte lutte de classes, où vit le jour et triompha la finance. Cette période fut, ainsi, celle de la première « hégémonie financière ». Ces décennies furent marquées par une forte instabilité macroéconomique, qui suscita la difficile émergence d'une banque centrale susceptible d'y remédier. Dans la foulée de la crise de 1929 et de la Seconde

Guerre mondiale, cette hégémonie de la finance dut cependant céder la place à un compromis social, connu comme le « compromis keynésien », au centre duquel se trouvaient les cadres, assez ouvert vers les classes d'employés et d'ouvriers que nous appelons *classes populaires*. Ce fut, ensuite, la crise structurelle des années 1970 qui déstabilisa ce compromis et fournit les conditions économiques de la réaffirmation de l'hégémonie de la finance dans le néolibéralisme, un acte politique.

Métamorphoses du capitalisme : les révolutions des sociétés et de la gestion, et la naissance de la finance

Au milieu du XIXe siècle, aux États-Unis, la propriété capitaliste revêtait encore largement les formes institutionnelles que Marx avait décrites par référence à la personne du capitaliste : une propriété individuelle ou familiale, directement soumise à la vigilance des propriétaires. L'activité du système bancaire était centrée sur le financement des dépenses publiques, le crédit hypothécaire et le crédit commercial aux entreprises. Au cours de la seconde moitié du siècle, la taille des unités de production et des entreprises augmenta considérablement, faisant écho à la mécanisation croissante. Un décalage fut ainsi créé entre des déterminants techniques de la production, et ses formes organisationnelles et sources de financement.

La crise des années 1890, qualifiée de grande dépression avant que celle des années 1930 ne lui ravisse la palme, fit suite à la chute de la rentabilité du capital durant les dernières décennies du XIXe siècle[6]. C'est l'époque où les grandes entreprises furent stigmatisées comme « monopoles »[7]. Ses contemporains imputèrent la crise à la violence de la concurrence, et mirent en œuvre un ensemble de pratiques tendant à en diminuer les effets. C'est ainsi que furent formés les *trusts* et *cartels*, où les entreprises passaient des accords pour se partager les marchés ou les profits. Ces accords pouvaient contribuer à résoudre des problèmes individuels, mais ne pouvaient pas surmonter la baisse générale de la rentabilité. La loi interdit ces pratiques qui violaient la libre concurrence, et qui nuisait, de fait, aux plus faibles. L'État du New Jersey vota des lois permettant la formation de sociétés de *holding*, dans lesquelles les entreprises fusionnaient. Cette innovation s'avéra extrêmement féconde : de nombreuses sociétés furent formées dans cet État et les autres États durent rapidement aligner leur législation.

A la sortie de la crise des années 1890, c'est-à-dire juste au tournant du siècle, une extraordinaire vague de formation de sociétés par actions et de fusions eut lieu aux États-Unis en très peu d'années. Cette transformation institutionnelle est connue, dans ce pays, comme la révolution des sociétés (*corporate revolution*).

Ainsi, à la transition des XIXe et XXe siècles, se produisit un profond changement où les entreprises individuelles perdirent leur autonomie à des degrés divers. La terminologie est ici multiple, ce qui complique l'énoncé de ces processus. Aux États-Unis, les deux modalités qu'on vient de décrire sont identifiées comme une « concentration lâche » (*loose consolidation*) d'une part, et une « concentration étroite » (*tight consolidation*) d'autre part. Le premier cas est celui de l'éphémère dispositif des *trusts* et *cartels,* respectant l'indépendance des entreprises. Dans le deuxième cas, il y a formation d'une unité par fusion dans une *holding.* Ces mécanismes renvoient clairement à l'analyse de la centralisation du capital de Marx, un processus qui s'accéléra alors.

Tout à fait dans la continuité de ce que Marx avait observé dans les décennies antérieures, ce mouvement se doubla de la délégation des tâches de gestion à des salariés, des cadres secondés par des employés. Ce second volet est connu comme la révolution de la gestion (*managerial revolution*). Elle suscita l'apparition d'états-majors salariés et des nouvelles classes intermédiaires correspondantes[8].

La double révolution des sociétés et de la gestion est inséparable d'une troisième : celle du secteur financier, d'un ensemble d'institutions contrôlées par quelques capitalistes, dont les Morgan, Rockefeller et confrères furent les figures emblématiques[9]. L'apparition de ce grand secteur financier fut un facteur essentiel de résolution de la crise de la concurrence (encadré 1). Parallèlement à la séparation de la propriété et de la gestion, doublée de la formation d'une bourgeoisie financière, d'une part, se développèrent les institutions financières, principalement les banques, d'autre part.

Dans le développement parallèle des nouvelles formes de propriété des entreprises et des institutions financières, la relation n'est évidemment pas celle d'une simple concomitance. Le secteur financier fut le « bras armé » de la vague de fusions. Il l'organisa et fournit les fonds, ce qui signifie qu'il entra dans le capital des sociétés. Certains analystes décrivent même ces processus comme une prise de contrôle du capital industriel par le secteur financier[10]. On saisit que la fonction d'« administration » du capital de financement par le secteur financier, dont Marx avait identifié les premières formes dans le capital bancaire, s'étendit ainsi à la promotion du changement institutionnel dans cette action « fédérative ». Les implications en termes de pouvoir en sont évidemment énormes.

Avec la constitution de la grande finance moderne, s'établissait une articulation structurelle entre les grandes sociétés et les banques. Ces dernières alimentaient les sociétés en capital de financement. En dépit du manque d'un dernier élément, celui du contrôle de la stabilité macroéconomique, dont on traitera ultérieurement, ce qui se mettait en place était le cadre institutionnel du capitalisme moderne, qui gouverne encore le monde contemporain, un siècle plus tard. Mais cette triple révolution signifia également l'entrée du capitalisme dans une période historique où le pouvoir explicatif du cadre analytique – propriété, gestion, institutions – de Marx atteignait également certaines limites.

---

1 - La révolution financière et la concurrence

Il faut bien faire la différence entre la théorie de la concurrence des économistes classiques (Adam Smith et David Ricardo notamment), reprise par Marx, et la théorie standard.

La théorie classique ne définit pas la concurrence « pure et parfaite » par le comportement dit de *price taker*, c'est-à-dire l'acceptation d'un prix supposé déterminé par le marché (en fait par un être mythique, appelé commissaire-priseur). Selon les classiques et Marx, les entreprises individuelles modifient leurs prix, de manière décentralisée, selon les déséquilibres apparents sur les marchés (la relative facilité ou difficulté de vendre). La formation d'un taux de profit uniforme entre les différentes branches (et non les entreprises dont les techniques, éventuellement les salaires, diffèrent) résulte de la réaction, également décentralisée des investisseurs, qui répondent positivement aux signaux de rentabilité, c'est-à-dire investissent davantage là où les taux de profit sont plus élevés. Ce cadre analytique conduit à poser les problèmes historiques de manière distincte.

Il existe un rapport, trop ignoré, entre la résolution des dérèglements des mécanismes concurrentiels à la fin du XIXe siècle et l'émergence des grandes institutions financières liées plus organiquement au système productif. A la taille des entreprises (des « monopoles ») correspondait celle des banques, susceptibles de financer les masses énormes de capitaux désormais requises. La tâche d'appréciation des rentabilités comparatives et des potentialités d'innovation et de croissance, appartenait maintenant à des institutions spécialisées, bénéficiant d'une information souvent interne du fait de leur participation aux états-majors dirigeants des grandes entreprises dont elles étaient actionnaires. Ainsi, l'apparition, ou la seule anticipation, de surprofits se matérialisait dans l'ajustement de l'allocation du capital.

Cette « mise à niveau » des mécanismes de la mobilité du capital par rapport à la taille des sociétés, donc par rapport aux masses de capitaux requises, résolut la crise de la concurrence. La dimension accrue des entreprises en devint compatible avec les règles traditionnelles de la concurrence capitaliste, dans un contexte institutionnel nouveau. Il est erroné de ne penser qu'à la taille des entreprises, sans mettre en regard celle des institutions financières.

Luttes de classes et affirmation de la première hégémonie de la finance

La triple révolution de la transition des XIXe et XXe siècles ne peut être analysée indépendamment des luttes de classes et de la transformation des rapports de force qui en suscitèrent la dynamique.

La classe capitaliste, propriétaire du capital de financement et séparée du système productif, définit une bourgeoisie financière qui atteignit son apogée entre le début du XXe siècle et la crise de 1929. Sa fortune était immobilière et foncière mais surtout *financière*, en ce sens qu'elle détenait d'énormes portefeuilles d'actions et d'obligations. En d'autres termes, il s'agissait d'une classe bourgeoise dont la propriété revêtait la forme du *capital de financement* ; ses revenus étaient constitués d'intérêts et de dividendes[11]. La transmission de ce patrimoine se faisait de parents à enfants, par héritages et dotes, assurant la reproduction de cette classe. A l'exception des périodes de guerre, surtout de la Première Guerre mondiale, les prix étaient relativement stables ; la bourse connut quelques effondrements, comme lors de la crise de 1907 ; mais l'assise financière de ces fortunes ne fut pas entamée avant la crise de 1929. Ce fut l'âge d'or de la bourgeoisie financière, parfois décrite comme « rentière ».

Cette période témoigna d'une concentration formidable de la richesse et des revenus. Aux États-Unis, selon les statistiques fiscales qui tendent à sous-estimer les hauts revenus, le 1 % de la population aux revenus les plus élevés recevait environ 16 % du revenu total (figure 1) ; le 1 % le plus riche détenait 37 % de la richesse de l'ensemble du pays. On peut noter incidemment qu'il semble que cette concentration de la richesse fut encore plus forte en France[12].

La réaction politique des petits producteurs à l'émergence de ce nouveau cadre institutionnel fut très vigoureuse. Dans un premier temps, ils canalisèrent à leur avantage le très fort mécontentement paysan et surtout ouvrier, dans une période d'intense lutte de classes (grèves très violentes et formation d'un parti socialiste aux États-Unis[13], avancée du mouvement ouvrier mondial). En 1890, ils obtinrent le vote du *Sherman Act*, visant à la réglementation de la concurrence par une législation fédérale[14]. La loi interdit les accords restreignant la concurrence, comme les trusts ou cartels, où les entreprises demeuraient indépendantes. Comme on l'a signalé, ce furent les sociétés de holding, dont, la même année, la loi autorisa la formation, qui prirent le pas sur ces premières formes de concentration.

Le *Sherman Act* aida une partie importante de l'économie à rester en dehors des nouvelles tendances : le monde des entreprises et des patrons, plus ou moins petits, qui ne s'alignèrent pas sur les nouvelles formes institutionnelles des rapports de production. Il en résulta une très forte hétérogénéité, une économie à deux vitesses, que nous avons analysée ailleurs et à

laquelle nous imputons une bonne partie de la violence de la crise de
1929[15]. Entre le début du XXe siècle et la crise de 1929, cette contradiction
au sein des classes dominantes, entre la bourgeoisie du capital de financement et ses institutions financières, d'une part, et les propriétaires du secteur
traditionnel, d'autre part, occupa la position principale[16]. Elle se résolut à
l'avantage de la nouvelle composante, d'abord dans la transformation de la
législation (la révolution des sociétés par actions), puis, définitivement, dans
la crise de 1929, qui élimina une grande partie du secteur ancien.

---

*Figure 1. Part dans le revenu total des ménages, du revenu du 1 % aux
revenus les plus élevés : États-Unis.*

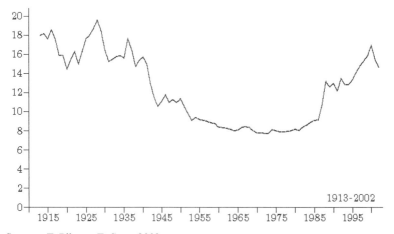

Source : T. Piketty, E. Saez, 2003.

La révolution managériale suscita une autre transformation majeure
des structures et luttes de classes. Les fondements économiques d'une nouvelle contradiction se mettaient en place. Elle plaçait face à face cette bourgeoisie du capital de financement et les cadres des entreprises (et indirectement du secteur public). Cette évolution suscita une grande émotion au sein
de la classe capitaliste[17]. Mais la position des propriétaires demeura dominante, dans la gestion des entreprises comme la conduite des politiques ; non pas qu'ils « faisaient le travail », mais que leurs intérêts restaient
privilégiés.

C'est au terme de cette triple révolution que la finance, telle que nous
l'entendons, devint un acteur social. Les familles les plus élevées dans la
hiérarchie de la bourgeoisie du capital de financement, et leur richesse de

titres, définissaient cette « fraction supérieure de la classe capitaliste ». Les grandes banques, désormais puissamment engagées dans le financement direct de l'économie au moyen de la centralisation du capital de financement, correspondaient à ce que nous appelons « ses institutions financières ». Le nouvel ordre social consacra la nouvelle forme du pouvoir de cette fraction de classe, de même que la concentration du revenu en sa faveur.

Les premières décennies du XXe correspondirent ainsi à une *première hégémonie financière*, en ce sens que cette finance : (1) devint un acteur central dans l'histoire du capitalisme, et (2) domina sans conteste, tant vis-à-vis du secteur retardataire que des cadres occupés à révolutionner la technique et l'organisation.

Le contrôle de la macroéconomie

Le progrès de la gestion des entreprises et la spectaculaire croissance des mécanismes financiers suscitèrent une tendance à une instabilité macro-économique croissante, selon le mécanisme que nous avons baptisé « instabilité tendancielle »[18]. Par là nous entendons une propension accrue de l'économie à entrer en surchauffe et à tomber dans des récessions. Au-delà de la généralisation des relations capitalistes et du marché, le lien avec l'extension des mécanismes du crédit est évident, et fréquemment rappelé, notamment par les économistes hétérodoxes ; le lien entre cette instabilité et la gestion des entreprises est plus original. C'est une thèse que nous avons établie, qui renvoie, techniquement, à notre *microéconomie de déséquilibre*[19]. De cette tendance accrue à l'instabilité découla la nécessité parallèle d'une intervention centrale pour en contrer les effets. Du XIXe siècle à nos jours, on peut parler d'une véritable course de vitesse entre, d'une part, la tendance à l'instabilité et, d'autre part, ces interventions visant à y remédier. A l'évidence cette dynamique n'exclut pas les erreurs et retards, les crises suscitant des innovations institutionnelles.

On peut résumer les principales étapes de cette poursuite de la manière suivante. Au cours des dernières décennies du XIXe siècle et jusqu'en 1913, le système financier états-unien était connu sous le nom de *National Banking System*. Les grandes banques de New York et Chicago y jouaient un rôle similaire à celui de la Banque d'Angleterre, modulant les taux d'intérêt selon leurs observations des mouvements au sein du système financier (notamment les transferts de fonds, les crédits demandés par les banques locales à celles des grands centres...). A la fin du XIXe siècle, ce système n'était pas à la mesure des défis posés par les métamorphoses de l'économie, tant réelles que financières. Les crises étaient profondes et l'effondrement de la production se doublait de la chute d'une partie du système financier, dans

une interaction réciproque où les causes et les effets sont difficiles à démê-
ler. La bourse était prise dans ces mouvements dont elle subissait les conséquences et qu'elle contribuait à provoquer. Suite à la crise de 1907, un vaste
dispositif administratif fut mis en place visant à la création d'une banque
centrale, longtemps refusée. La Réserve fédérale vit ainsi le jour en 1913.
Elle avait été précédée par des débuts d'intervention publique, notamment
du Trésor[20].

La création de cette banque ne résolut pas les problèmes car elle restait
soumise au contrôle des intérêts financiers privés. Les réticences politiques
à l'intervention demeuraient fortes. Les principes qui gouvernaient les pratiques étaient encore arriérés[21]. On peut citer notamment l'attachement à la
convertibilité en or plus qu'à la stabilité des prix ou de la production. L'inflation était perçue comme une menace planant sur la convertibilité, et la
récession comme mettant en danger la solidité du système bancaire plus
qu'un dommage en soi. La « doctrine des titres réels » (*real bill doctrine*)
énonçait que les crédits bancaires devaient « accompagner » des transactions réelles. Dans cette limite, ils étaient supposés ne pas receler de risque
inflationniste[22].

Mais les capitalistes et les institutions financières n'acceptèrent ces innovations qu'avec réticence, et certains courants restèrent profondément
opposés à ces changements. Le caractère public et central de ces mécanismes était perçu comme porteur de risques importants pour la classe capitaliste.

Dans son opposition à l'émergence de ce contrôle centralisé, la finance
avait-elle tort ou raison ? L'avenir prouva d'abord son erreur, car seule une
intervention vigoureuse permit l'arrêt de l'effondrement du système financier au cours de la dépression des années 1930. Mais les politiques macro-
économiques, après la Seconde Guerre mondiale, furent définies, dans un
premier temps, par opposition à la finance, ce qui justifia après coup les
appréhensions des plus réticents. Ils avaient, d'une certaine manière, raison
d'avoir peur. Le nouveau dispositif, était, en effet, du point de vue étroit de
la finance, chargé de risques, et celle-ci faillit effectivement ne pas s'en
remettre. Mais les choses s'inversèrent de nouveau dans le néolibéralisme. Il
apparut finalement que la finance avait eu bien tort de s'opposer à l'émergence d'un cadre musclé de contrôle macroéconomique : il suffisait de s'en
assurer la maîtrise, ce qui fut fait !

La section suivante décrit le premier épisode : l'émergence des politiques macroéconomiques dans un climat d'hostilité à la finance après la
guerre. C'est dans la foulée de la crise de 1929 et de la Seconde Guerre
mondiale, que le système financier connut cette nouvelle métamorphose. La
banque centrale et le Trésor devinrent des éléments fondamentaux du secteur financier, s'enrichissant ainsi de composantes publiques ou parapubli-

ques, mais échappant à la finance dans sa définition de classe. Ce fut une transformation majeure. Elle nous intéresse au premier chef, car lorsque nous définissons la finance capitaliste par référence aux institutions financières, ce problème de l'inclusion de ces institutions centrales dans la finance ou de leur exclusion, définit un enjeu important.

Le compromis « keynésien »

Le monde capitaliste dut, au milieu du XXᵉ siècle, encaisser un ensemble de chocs majeurs : la crise de 1929, la Seconde Guerre mondiale, ainsi que l'émergence de l'URSS (quelle que soit sa nature de classe) comme puissance (de fait un contre-empire face à l'empire états-unien dont la prééminence était désormais bien établie). A partir de là, les différents aspects de la nouvelle configuration propre au XXᵉ siècle se dissocièrent : (1) le développement des grandes sociétés se poursuivit ; (2) s'affirma le rôle déterminant des gestionnaires, au double niveau de la gestion des entreprises et de la conduite des politiques ; alors que (3) la capacité de contrôle des propriétaires capitalistes allait en s'amenuisant à ces deux points de vue.

La nature de la propriété capitaliste, au sens étroit, n'avait pas changé, car la classe capitaliste restait détentrice des actions et créances. Mais les pouvoirs et revenus associés à ce privilège se virent considérablement diminués. Si l'on redonne au concept de *propriété* l'intégralité originelle de ses attributs, c'est-à-dire si l'on y inclut le contrôle individuel et social aux côtés de la propriété juridique stricte, on peut affirmer que l'après-guerre marqua un très fort recul de la propriété capitaliste. La transformation principale se situa au niveau de la hiérarchie des pouvoirs entre les différentes classes sociales et leurs fractions. Il est convenu d'appeler *compromis keynésien*, cette grande conjoncture historique des premières décennies de l'après-guerre. Pour en analyser le profil, il faut faire un détour par l'étude, plus générale, de la relation entre l'État et la structure de classe. C'est l'objet de l'encadré 2.

En quel sens le *compromis keynésien* fut-il un compromis et fut-il keynésien ?

1. *Prolégomènes.* A partir de 1933, l'État intervint très fortement dans l'économie états-unienne afin d'enrayer la dépression, notamment en tentant de contrôler la concurrence et les prix, et en réglementent le secteur financier rendu responsable de la crise. Les organisateurs du *New Deal* et de l'économie de guerre furent baptisés, aux États-Unis, les « planificateurs », ce qui donne une idée de l'ampleur des remèdes utilisés ou envisagés. L'idée prévalait qu'une nouvelle crise allait se manifester à la fin de la guerre, ou bien le capitalisme entrer dans une stagnation structurelle. Des

penseurs acquis aux classes dominantes doutaient même de la capacité du capitalisme de se remettre sur les rails[23].

2. *L'immédiat après-guerre : le compromis.* Le nouvel ordre social qui se mit en place après la guerre fut un compromis très ouvert vers les classes populaires. Ce nouveau cours fut clairement reflété dans la chute formidable de la concentration du revenu, telle qu'en rend compte la figure 1. Le 1 % aux plus hauts revenus, vit sa part du revenu total divisée par deux environ, de 16 % à 8 %. Mais il s'agissait d'une transformation du mode de fonctionnement du capitalisme de beaucoup plus grande envergure. L'initiative privée, dans la gestion des entreprises, fut préservée. Pourtant, les gestionnaires acquirent une grande autonomie par rapport aux propriétaires capitalistes. Les taux d'intérêt étaient faibles ; peu de dividendes étaient distribués, et les profits étaient largement conservés dans les entreprises et servaient à investir. Cette période fut marquée par un progrès du pouvoir d'achat de larges fractions de la population et le développement de systèmes de protection sociale (en matière de santé et de retraite notamment). Au niveau des politiques, la croissance et le plein emploi furent érigés en objectifs explicites. Au total : une classe capitaliste contenue, aux revenus diminués, quoique non dépossédée, et de fortes concessions aux classes moyennes et populaires. Cette ouverture vers les classes populaires est une caractéristique tout à fait particulière du compromis keynésien. En dépit du compromis social interne et du recul de la finance, la nature de classe de la société était évidemment maintenue ; sur le plan extérieur, l'ordre mondial restait celui de l'impérialisme, quoique dans des configurations renouvelées.

3. *Pourquoi Keynes ?* Ce compromis mérite l'épithète de « keynésien » dans un sens très particulier mais limité. Keynes avait saisi que le problème fondamental du capitalisme n'est pas la capacité de produire ce qui est demandé ni d'investir plus, là où c'est nécessaire, que là où ce l'est moins (tout cela selon la dynamique du système, il s'entend), mais sa forte instabilité macroéconomique[24]. A la fin de la guerre, la pensée keynésienne apparut comme la base d'un compromis possible. L'État se substituait à l'initiative privée – alias la finance – dans le contrôle de la macroéconomie, soit l'ajustement du niveau de la demande globale, tout en respectant fondamentalement la gestion décentralisée des cadres ainsi que la propriété capitaliste selon cette prégnance atténuée du rapport de propriété. Cette dépossession du contrôle macroéconomique marquait un recul du pouvoir de la finance.

La dimension internationale du compromis keynésien est, elle aussi, importante, et c'est un nouveau champ où se manifesta le recul de la finance. Keynes avait également très bien compris que la libre circulation des capitaux interdisait la conduite de politiques macroéconomiques autonomes. Dans un contexte d'ouverture financière, il est impossible de contrôler les taux d'intérêt ; des politiques du crédit et des changes sont irréalisables dès lors que les agents nationaux peuvent emprunter à l'étranger et dans une monnaie qui n'est pas la leur. La solution est l'instauration d'un contrôle des changes, un dispositif dans lequel l'économiste archi-libéral von Hayek voyait l'antichambre de la servitude (c'est-à-dire du communisme)[25]. Les accords de Bretton Woods (1944) ouvrirent cette possibilité de réglementation des mouvements de capitaux, qui fut, dès l'origine, controversée[26]. Les grandes banques de New York, l'avant-garde militante de la finance, s'opposèrent à ce plan, proposant un plan alternatif, celui des *monnaies clefs*, où elles restaient gestionnaires des mécanismes monétaires et financiers internationaux comme au bon vieux temps. Les accords de 1944 manifestèrent certains compromis vis-à-vis de la finance[27].

2 - État, classes, compromis et hégémonie

Dans sa définition d'usage courant, l'État est conçu comme un organe technique, assurant des fonctions d'organisation à l'échelle de l'ensemble de la société (éducation, information, justice, police, défense, politiques économiques, etc.) et administrant les relations avec d'autres pays.

Marx définit l'État différemment : *à partir de* ses fonctions dans une société de classe. L'État est conçu comme l'institution (les institutions ou appareils) où s'exprime le pouvoir des classes dominantes ; dans une formulation plus rigoureuse, il s'agit de l'institution où se configurent les relations de pouvoir entre fractions des diverses classes, et qui est le vecteur de la mise en œuvre, nécessairement collective, du pouvoir des classes dominantes[28]. Les organes techniques sont bien là, car l'exercice de cette fonction sociale requiert le contrôle d'un ensemble d'appareils et mécanismes, comme l'école, l'armée, etc., mais en position d'instruments. En d'autres termes, la conduite des fonctions technique est appréhendée comme l'expression d'un monopole nécessaire à l'exercice du pouvoir. Le caractère « public », au sens moderne du terme, de ces institutions n'est pas déterminant : par exemple, l'école peut être déléguée à des congrégations religieuses, de même que les prisons ou l'armée peuvent être privatisées. L'exercice du pouvoir d'État s'accommode de telles délégations.

Quel est l'enjeu ? La pertinence de la conception de Marx apparaît dès lors que l'État est appréhendé *dans l'histoire*, c'est-à-dire dans un cadre théorique plus englobant (dans sa relation à d'autres concepts, comme ceux de rapports de production et de classe)[29]. Cette importance est, par exemple, manifeste dans l'analyse du néolibéralisme. Dans les conceptions keynésiennes, l'État est posé en opposition au marché, et dans le néolibéralisme, s'affrontent Messieurs l'État et le marché. Cette définition manque l'essentiel.

Dans le cadre d'une société de classe, les termes *république* et *démocratie* (un terme que Marx n'utilise pas de manière synonyme au précédent) sous-entendent « de classe ». Marx parle ainsi de la *république sociale* (populaire) pour l'opposer à la république bourgeoise (de classe) :

Si le prolétariat de Paris avait fait la révolution de Février [1848] *au cri de « Vive la République sociale », ce cri n'exprimait guère qu'une vague aspiration à une république qui ne devait pas seulement abolir la forme monarchique de la domination de classe, mais la domination de classe elle-même. La Commune fut la forme positive de cette république*[30].

La démocratie renvoyait, notamment dans l'antiquité occidentale, au pouvoir collectif d'une classe dominante, limitée typiquement aux adultes du sexe masculin d'une certaine catégorie sociale. Tel que le terme est couramment utilisé de nos jours, il désigne une république de classe, fondée sur le suffrage universel. Dans un tel régime politique, le pouvoir des classes dominantes s'appuie sur une vaste gamme de méthodes : de la domination idéologique à l'exercice direct de la contrainte et de la violence, à l'intérieur de règles données quoique constamment contournées. Cet exercice du pouvoir laisse libre cours, dans certaines limites, à la confrontation des intérêts des diverses fractions des classes dominantes, et la domination de classe s'en trouve mâtinée de certains compromis. Il est évident qu'il ne faut pas confondre démocratie de classe et dictature, cette dernière renvoyant à l'exercice d'une violence de classe sans fard.

L'enjeu théorique de telles distinctions est, encore une fois, essentiel. L'incapacité à reconnaître le caractère de classe des démocraties contemporaines place les analystes dans une position de perpétuelle « nostalgie » vis-à-vis de ce que fut, dans un passé mythique, ou de ce que devrait être, la République, notre mère à tous.

Par *compromis*, nous entendons l'acquisition du soutien de certaines classes ou fractions de classes au pouvoir des classes dominantes, sur la base d'avantages économiques (donc pas simplement comme le résultat d'une propagande pure et simple). Ce sont typiquement des classes moyennes qui sont impliquées dans de tels compromis. Mais l'éventail peut être ouvert ou fermé. Nous parlons du *compromis keynésien* et du *compromis néolibéral*, dont les contenus sont définis dans le corps du texte.

Nous utilisons le terme *hégémonie*, sans prétention, dans son sens étymologique « celui qui marche devant », et qui servit dans la Grèce antique à désigner la prééminence d'une cité sur les autres. On peut préciser la notion, dans le contexte de l'analyse des classes et de l'État dans le néolibéralisme, comme position dirigeante (en l'occurrence de la finance) dans une alliance de classe (avec les autres fractions des classes dominantes et classes du compromis)[31].

Dans ces années du compromis keynésien, le terrain de chasse du capital international resta borné par l'existence de modèles de développement assez dirigistes. Les limitations à la mobilité internationale des capitaux et au commerce mirent un frein à certains aspects des pratiques impérialistes de ces décennies keynésiennes. Les États contrôlaient leurs taux d'intérêt et encadraient leur crédit, restreignant, de cette manière, les marges de manœuvre de la finance internationale.

4. *Un ordre social impérialiste.* Gardons-nous, pourtant, d'idéaliser. Sur le plan économique, l'impérialisme de ces décennies se caractérisa par la vigueur de l'expansion des sociétés transnationales connaissant, de fait, ses rythmes de progression les plus rapides dans les années 1960 et 1970, fortement en retrait dans les années 1980. La croissance de la dette dite alors du « Tiers-Monde », dans un contexte de taux d'intérêt réels faibles et de guerre froide, au cours des années 1970, préparait l'exploitation éhontée, caractéristique de la phase ultérieure. Au plan plus directement politique, le développement des luttes dans le monde déboucha sur les guerres qu'on connaît, notamment les guerres d'indépendance des anciennes colonies et celle du Vietnam, et l'affirmation des régimes fascistes en Amérique Latine et ailleurs – des traits de l'impérialisme qu'il est inutile de qualifier.

5. *Une perte d'hégémonie financière.* Le sort réservé au secteur financier au cours de ces décennies de l'après-guerre fut sensiblement différent selon les pays. Si l'on peut parler d'« endiguement » aux États-Unis, la mise au service du développement des institutions financières alla beaucoup plus loin dans d'autre pays, comme la France, l'Allemagne, le Japon ou la Corée. En France, le système de crédit fut orienté vers la croissance, avec une forte intervention de l'État ; une partie du système bancaire fut nationalisée. Quand on calcule le taux de profit moyen du secteur financier, en France, compte tenu de la dévalorisation des créances par l'inflation, on trouve des taux de profit négatifs ! Au Japon, le secteur bancaire fut amarré au système productif, et mis au service de l'investissement et de l'innovation, dans une relation très étroite et médiatisée par les ministères publics.

La tolérance à l'inflation fut une autre expression de la transformation de la hiérarchie des pouvoirs entre la finance (classe et institutions) et le reste de la société et de l'économie. De même que Keynes avait voulu financer la Première Guerre mondiale par l'inflation, les premières décennies qui suivirent la Seconde Guerre mondiale, furent l'occasion d'un processus de dévalorisation des créances, à la défaveur des créanciers. Il atteignit son paroxysme dans les années 1970, lorsque les taux d'intérêt furent inférieurs aux taux d'inflation, c'est-à-dire lorsque prévalurent des taux d'intérêt réels négatifs. Au moins en termes relatifs, les revenus de la finance plongèrent, alors que les patrimoines financiers fondaient. Comment rester riche dans le contexte de taux d'intérêt réels négatifs, de taux de profit faibles et de profits largement retenus par les sociétés, et d'une bourse stagnante après une chute de 50 %, en termes réels, au milieu des années 1970 ?

Globalement, l'après-guerre signifia la fin de la première hégémonie de la finance. La fraction supérieure de la classe capitaliste et ses institutions financières se voyaient contenues, quoique non éliminées, et une partie des mécanismes financiers mis au service du développement. Une euthanasie, qui n'atteignit jamais son terme...

Cette diminution de pouvoir coïncida, dans une certaine mesure, avec la perte de l'emprise de la classe capitaliste sur certaines institutions financières. Au plus fort des décennies keynésiennes, la fraction supérieure de cette classe avait perdu le contrôle de la banque centrale ; dans des pays comme le Japon ou la France, il s'agissait de segments entiers du secteur financier.

C'est la crise structurelle des années 1970, notamment l'accélération de l'inflation, qui donna à la lutte permanente de la classe capitaliste, qui n'accepta jamais ce recul, les conditions nécessaires à la récupération de son hégémonie, ce à quoi elle parvint dans le néolibéralisme : une *seconde hégémonie financière*.

Néolibéralisme : la reconquête

Dans l'analyse de l'affirmation de l'ordre néolibéral, il est important de distinguer les aspects économiques et politiques. L'idée générale est celle de Marx, lorsqu'il affirmait que *les hommes font leur propre histoire, mais qu'ils la font dans des conditions déterminées*. Et derrière « conditions », on peut entendre, très largement, conditions *économiques*. Cette section récapitule les principaux aspects et étapes de cette reconquête :

1. *La crise structurelle des années 1970 et la vague inflationniste*. Aussi longtemps que se maintint la relative prospérité de l'après-guerre, le nouveau compromis social demeura difficile à distendre, ce qui ne signifie pas qu'il ne subit pas d'attaques. Vers le milieu des années 1970, les taux de croissance chutèrent dans les pays du centre. Les rythmes d'accumulation cédèrent devant la baisse de la rentabilité du capital, depuis le milieu des années 1960 ou les années 1970. Les taux d'inflation commencèrent à augmenter aux États-Unis et ailleurs, alors que dans un pays comme la France, les inflations de l'après-guerre étaient à peine jugulées. Au milieu des années 1970, les cours de la bourse, corrigés de l'inflation, plongèrent. Même ainsi tolérée, même compte tenu des transferts de patrimoine qui en résultèrent en faveur des agents débiteurs, l'inflation ne remédia pas à la crise structurelle. Elle donna un répit. C'est dans ce contexte d'inflation cumulative que les politiques keynésiennes furent attaquées de front par les cou-

rants dits monétaristes, qui leur imputaient la hausse des prix. Ces politiques militaient en faveur de l'équilibre budgétaire, et de l'abandon des ajustements de la création monétaire par le crédit en tant que processus contracycliques délibérés. Des cibles de croissance des agrégats monétaires furent définies, supposées intangibles. Ces politiques échouèrent, mais ces échecs n'enrayèrent en rien la marche en avant des représentants de la classe capitaliste. Déjà des pans entiers des accords de Bretton Woods s'étaient effondrés après la crise du dollar au début des années 1970, notamment l'abandon des parités fixes et ajustables au profit du flottement des monnaies. La poussée des institutions financières en faveur de la libre circulation des capitaux devenait de plus en plus forte. Le basculement fut subit en 1979. Alors que l'administration de Jimmy Carter appelait à la relance concertée et que le socialisme « à la François Mitterrand » fourbissait ses armes en France, la Réserve fédérale des États-Unis prit la décision de hausser les taux d'intérêt à n'importe quel niveau supposé requis pour juguler l'inflation – dans le mépris total des conséquences en termes d'emploi et d'endettement, notamment vis-à-vis des pays du Tiers-Monde. Cette décision fut un coup de génie politique, car les classes quelque peu possédantes se trouvèrent soudainement soulevées par l'allégresse des rémunérations substantielles. Les retraités, dont les retraites n'étaient pas encore attaquées, jouissaient, enfin, de leurs économies.

2. *Les eurobanques, institutions financières hors régulations.* Dans cette lutte, l'émergence graduelle d'un système financier international hors des réglementations nationales, celui des eurobanques, qui n'étaient « européennes » qu'incidemment parce qu'elles se développèrent originellement à Londres, joua un rôle fondamental[32]. Elles furent un centre de reconstitution de la finance internationale.

3. *L'information et l'enseignement.* Le pouvoir de l'argent permit la reconquête graduelle des médias et des universités.

4. *La fragilité du compromis keynésien.* L'incapacité du compromis antérieur à faire face à la crise montante fit le reste. La convergence des intérêts entre les cadres et les classes populaires s'en trouva déstabilisée. Cette situation de crise impliquait des arbitrages et des disciplines, dont les conditions politiques n'étaient pas réunies. Les partis de gauche et les syndicats se laissèrent porter par la vague des promesses qui avait soutenu leur dynamique dans les premières décennies de l'après-guerre. En France notamment, la « relance du pouvoir d'achat » était supposée résoudre les problèmes de croissance, dans une grande confusion politique et analytique, alors que la capacité du système à abaisser les seuils de rentabilité supportables s'épuisait[33]. Cet effritement du compromis – incapable de résister à l'adversité – ouvrit la voie à la restauration du pouvoir de la finance, et à la conversion des élites de la gauche traditionnelle, qui s'engouffrèrent dans le néolibéra-

lisme au nom de la modernité multinationale (à des degrés divers et selon les niveaux de résistance).

5. *Les bannières nationalistes.* Dans le cas du Royaume-Uni de Margaret Thatcher, comme dans celui des États-Unis de Ronald Reagan, la dimension nationaliste eut un rôle déterminant. Le Royaume-Uni joua la carte de la place financière de Londres, abandonnant des pans entiers de son industrie à l'action corrosive des éléments. Reagan promit le « retour » des États-Unis (*America is back*), dont les analystes de gauche, ou de droite d'ailleurs, soulignaient le déclin. Dans l'atmosphère générale de crise et de faillite au Vietnam, ces circonstances permirent aux agents de la finance mondiale de se présenter face aux classes moyennes en pourfendeurs de la médiocrité.

6. *Luttes de classes en Amérique Latine.* Dans la foulée de la révolution cubaine en 1959 et de sa consolidation (malgré la réplique des États-Unis aux audaces de l'Union Soviétique) et des luttes radicales dans les pays d'Amérique Latine, les années 1970 virent la succession de redoutables *coups* d'extrême droite, comme au Chili en 1973, en Argentine en 1976, etc. Ces nouveaux régimes introduisirent, dans des configurations complexes, certains éléments d'ouverture commerciale et financière, et réprimèrent les revendications populaires. Ces dispositifs échouèrent face à la crise de la dette du début des années 1980, mais ils apparaissent rétrospectivement comme de premières tentatives annonçant ce qu'allait être le néolibéralisme. Les forces régressives du centre et de la périphérie convergèrent. Restait à boucler le cycle du fascisme – tour à tour, suscité par les classes dominantes puis dénoncé – pour ouvrir la voie à des ordres de classe plus « civilisés », ceux des démocraties de classe libérales, soit, en l'occurrence, néolibérales.

4 - Les agents

Cette section dresse un tableau des agents dominants et des institutions dans le capitalisme néolibéral : les classes dominantes, les classes salariées supérieures dans le compromis néolibéral, les institutions financières, l'État et les sociétés transnationales.

Les hauts revenus aux États-Unis

Quand on examine les revenus de l'ensemble des ménages des États-Unis au début des années 2000, toujours dans les mêmes statistiques fiscales de 2001, on voit assez clairement se singulariser une fraction supérieure dont les revenus sont différents du reste de la population[34]. Il s'agit d'un écart de niveau, mais également de composition. Il n'est évidemment pas possible de passer sans précaution de l'observation des revenus à la structure de classe, mais il s'agit là d'un aspect important des différentiations sociales.

A en croire les statistiques fiscales, la grande masse de la population, soit 98 % des ménages, reçoit moins de 200.000 dollars par an. Son revenu est formé à 90 % de salaires, dans une acception large qui inclut les retraites. Les revenus du capital, au sens des intérêts et dividendes, représentent moins de 5 %. Le tableau change en pénétrant parmi les 2 % aux revenus supérieurs à 200.000 dollars (aux États-Unis, 2 % des ménages signifie plus de 2 millions de familles). Les salaires représentent encore un peu plus de la moitié du revenu de ces ménages ; les gains en capitaux (notamment les plus-values boursières), 18 % ; les dividendes, intérêts et loyers, 11 % ; et les revenus d'entreprises autres que les sociétés par actions, comme ceux des professions libérales et des travailleurs indépendants, 14 %[35]. Il n'est évidemment pas possible de fixer une frontière rigoureuse, et les données disponibles sont limitées, mais les traits d'un monde capitaliste privilégié semblent s'affirmer entre 2 % et 1 % ; nous placerions volontiers la frontière aux alentours du 1,5 % des ménages aux revenus les plus élevés.

L'importance des salaires et des revenus des entreprises autres que les sociétés par actions, dans les revenus supérieurs, a conduit à parler de « riches travailleurs », ou de « riches au travail ». Les pourcentages précédents appellent, cependant, les éclaircissements suivants, permettant d'en saisir la nature véritable :

1. Beaucoup de revenus financiers échappent aux statistiques fiscales, et il y a toutes raisons de penser que ce pourcentage s'est accru dans le néo-libéralisme. On estime en France, par exemple, que les revenus du capital déclarés représentent moins de 20 % de leur valeur. Il s'agit d'innombrables dispositifs permettant d'échapper à l'impôt (investir dans des paradis fiscaux, placer dans des fonds d'assurance vie, donner des portefeuilles d'actions à ses enfants, ce qui exonère de l'impôt sur les plus-values, etc.).

2. Le cas des entreprises autres que les sociétés par actions montre que le tissu des relations sociales est plus complexe encore que ce que suggère la séparation entre salaires et profits dans une société par actions. Une fraction correspond à des entreprises financières où les ménages les plus riches gèrent en commun leurs avoirs et s'engagent dans des opérations financières ; des flux d'intérêts et de dividendes sont ainsi transformés en une autre catégorie de revenus. On peut noter incidemment que ces entreprises sont des utilisateurs privilégiés de paradis fiscaux. Considérant l'ensemble de ces entreprises autres que les sociétés par actions, les activités financières et immobilières représentent environ un tiers de leur revenu total. Un quart de ce revenu provient de services rendus aux entreprises. Il s'agit de la sous-traitance de tâches de gestion à des entreprises de cadres spécialistes, vendeurs de leur compétence, mais aussi propriétaires de leur entreprise.

3. Au sein de ce 1 % supérieur en termes de revenus fiscaux, les revenus autres que les salaires sont importants. Globalement, cette caractéristique signale déjà un statut dans les relations de production distinct de celui du salarié type. Cela est d'autant plus vrai qu'on s'élève dans la hiérarchie. Les rémunérations sont si élevées, que tout ménage parvenant à ces niveaux devient, de fait, le détenteur d'un portefeuille de titres important. De plus, les revenus de ces groupes, classés comme « salaires », doivent être appréhendés avec précaution, puisqu'ils regroupent les salaires au sens strict et les distributions de titres, comme des *stock-options* réalisées ou d'autres distributions. Si l'on considère la moyenne de ces revenus pour les 100 présidents de sociétés les mieux payés, elle équivalait à un peu moins de 40 fois le salaire national moyen en 1970 et plus de 1000 fois en 1999 (presque 500 fois en 2003)[36]. En 1999, le revenu annuel moyen, par individu, de ces 100 présidents atteignit 40 millions de dollars, dont moins de 10 % de salaires et primes, au sens strict, et le reste sous la forme de distributions de titres. Nous sommes là dans un monde de rémunérations exorbitantes, dont la nature est celle d'une distribution directe de plus-value.

Nous avons évoqué antérieurement la chute de la concentration des revenus fiscaux durant les décennies du compromis keynésien, le 1 % aux revenus les plus élevés voyant sa quote-part du revenu total des ménages diminuer de 16 % à 8 % (figure 1). Tout s'inversa avec le néolibéralisme. Comme le montre la figure, ce 1 % vit sa part du revenu fiscal total passer, en un peu plus de 20 ans, de 8 % à 16 % du revenu total. Cette croissance formidable des inégalités fut particulièrement aiguë au sommet de la pyramide. Alors que 90 % des familles (aux revenus les plus faibles) connurent, entre 1970 et 2002, une stagnation approximative de leur pouvoir d'achat, celui du 0,01 % supérieur fut multiplié par 4.

Le compromis néolibéral : les classes moyennes supérieures et l'interface propriété-gestion. Gauches et droites

Bien que l'information dont on dispose soit limitée, il vaut la peine d'examiner les transformations des revenus des groupes qui n'appartiennent pas directement à cet univers des propriétaires, mais en sont les plus proches. Dans le capitalisme moderne états-unien, il s'agit de ménages salariés (les autres catégories de revenus, comme ceux des petits propriétaires, représentant assez peu de choses).

Le groupe qu'on va isoler est celui des ménages dont les revenus les situaient en 2001, en dessous du 1 % aux revenus les plus élevés, mais au-dessus des 90 % inférieurs : donc le fractile compris entre les 90 % et 99 % de l'échelle des ménages en termes de revenus. Comme tous les hauts revenus, la quote-part du revenu total que recevait ce groupe chuta brutalement à la fin de la Seconde Guerre mondiale. Ce groupe perdit environ 4 % de sa part du revenu total du pays (de 27 % à 23 %), presque autant que le 1 % supérieur (de 16 % à 8 %). A noter que, dans cette comparaison, on doit garder présent à l'esprit que le 1 % est évidemment 9 fois moins nombreux que le fractile 90-99. Ces deux pertes bénéficièrent au fractile 0-90, dont la quote-part augmenta ainsi de 9 % (de 56 % à 65 % du revenu total du pays) à la fin de la guerre. Mais alors que le 1 % continua lentement son déclin jusqu'au début du néolibéralisme, le fractile 90-99 récupéra graduellement sa quote-part, et cela régulièrement depuis la guerre.

La perte relative de revenu de la classe capitaliste jusqu'au néolibéralisme est donc bien spécifique. Mais ce qui nous intéresse ici, au premier chef, est que le néolibéralisme permit la récupération de la part des revenus de la classe capitaliste, après 1980, *sans entamer la quote-part des 90-99 et sans enrayer sa progression*. Tout se fit au détriment du fractile 0-90. L'enseignement est donc double. D'une part, les décennies du compromis keynésien furent marquées par l'avancée relative du pouvoir d'achat de la grande masse de la population, mais les classes salariées supérieures de gestionnaires privés et publics bénéficièrent particulièrement de cette période (contrairement à la classe capitaliste). On note ici une expression quantitative de la nature du compromis keynésien, particulièrement favorable aux cadres du haut de la hiérarchie, alors que les revenus de la classe capitaliste étaient contenus. Préférable à l'expression *compromis keynésien* aurait été celle de *compromis « cadriste »* selon la terminologie que nous proposons[37]. D'autre part, ces classes salariées supérieures n'ont guère souffert du néolibéralisme, à l'opposé de la majorité de la population dont la part du revenu total a chuté et le pouvoir d'achat stagné.

Que se passe-t-il donc au sommet ? Que ce soit dans le compromis keynésien ou dans le néolibéralisme, on peut toujours identifier, dans un monde où propriété et gestion sont séparées, un « lieu social » d'interaction entre actionnaires et gestionnaires. Nous le désignons comme *interface propriété-gestion*. Il s'agit du monde de la haute gestion et des conseils d'administration. S'y côtoient des propriétaires, parties prenantes dans la gestion, et des salariés. S'y définit ce qu'il est convenu d'appeler « le gouvernement d'entreprise ». L'interface ne se configure évidemment pas de la même manière dans le compromis keynésien et dans le néolibéralisme. Le compromis keynésien avait placé le sommet de la gestion dans un rapport de force favorable aux gestionnaires. La nouvelle hégémonie financière dans le néolibéralisme repose sur un renversement de ce rapport. Un des aspects importants du néolibéralisme fut la nouvelle discipline imposée aux gestionnaires en faveur des propriétaires. Pourtant, à ce niveau des hiérarchies, un tel rapport ne peut s'établir de manière purement hostile.

Le tour de force du rétablissement du pouvoir de la classe capitaliste ne fut accompli qu'au prix de l'association des fractions supérieures des gestionnaires aux avantages que le néolibéralisme conféra à la propriété capitaliste. S'est ainsi établi un lien étroit entre propriété et haute gestion.

Cette relation privilégiée, au sommet, entre propriétaires capitalistes et les fractions supérieures des salariés, s'est étendue au-delà de ce monde de l'interface, jusqu'à englober la totalité du fractile 90-99 dans l'échelle des revenus. Ce phénomène nous conduit à parler d'un *compromis* néolibéral, pendant du compromis keynésien. L'idée centrale est que, dans le néolibéralisme, la finance n'exerce pas sa domination complètement en solitaire, bien que sa position soit hégémonique. Les nouvelles classes moyennes supérieures sont acquises au néolibéralisme par le sort relativement favorable qui leur a été réservé. Elles-mêmes soumises à la propagande néolibérale, qu'elles participent d'ailleurs à définir et diffuser, leur adhésion est établie sur une base économique, puisque leurs revenus sont en jeu[38].

C'est la relation entre propriété, haute gestion et les hautes charges du secteur public qui est ici en jeu, selon diverses configurations profondément marquées par les caractères de chaque société et par le cours de l'histoire. Il ne faut pas oublier que les États-Unis furent la patrie de la révolution de la gestion, et que la relation entre *managers* et propriétaires n'y a pas revêtu les mêmes caractères que dans des pays comme la France ou le Japon.

L'alliance des couches populaires et des cadres, telle que dans le compromis keynésien, avait fait planer sur les classes de propriétaires la menace historique la plus vive. Mais les cadres du compromis keynésien représentaient un ennemi moins coriace que les cadres du socialisme réel, ceux d'un « cadrisme bureaucratique », qui suscita des décennies d'anticommunisme et toute la violence de la Guerre froide, pour finalement céder face à son incapacité à se réformer.

La nouvelle configuration du compromis néolibéral tourna le dos à cette alliance des cadres avec les classes populaires d'employés et d'ouvriers, et scella une autre alliance orientée vers le haut des hiérarchies sociales. Il est important de bien saisir les aspects économiques et politiques du compromis néolibéral : (1) ce compromis a une base *économique*, le sort réservé aux classes de cadres, principalement en termes de revenus ; (2) il s'agit d'une alliance *politique*, l'acquisition du soutien politique au sens strict et de la collaboration dans la vaste entreprise de transformation sociale en cours.

La dissolution des courants progressistes dans les partis de gauche, typiquement le parti socialiste ou les Verts en France, a conduit certains analystes à la conviction d'une perte de pertinence du clivage *droite/gauche* sur l'éventail politique. Cette conviction reflète la difficulté de construire une interprétation de cette polarisation en termes de classe. Plutôt que d'établir une correspondance stricte entre partis et classes, il faut pénétrer dans la dynamique historique de ces configurations. Les glissements entre gauche et droite (toutes les ambivalences et ambiguïtés) doivent s'interpréter sur l'échelle de ces compromis, entre le compromis cadriste populaire et le compromis néolibéral. Le basculement des alliances, dont les cadres sont le pivot, vers la classe capitaliste, entre le compromis keynésien et le compromis néolibéral, donne seul son sens à la polarisation droite/gauche sur l'échiquier politique contemporain.

Le lien, aux États-Unis, entre capitalistes et cadres au sommet, est, cependant, devenu si étroit que la problématique du compromis néolibéral, telle que définie ci-dessus, en devient probablement trop restrictive. Ces transformations ouvrent la voie à un processus de fusion au sommet (voir l'encadré 3).

---

3 - Fusion au sommet. Hyperdroite

Aux États-Unis, le rapport qui s'établit entre les fractions très supérieures des gestionnaires et la classe capitaliste, dans l'interface, dépasse désormais les bornes d'un simple *compromis*[39]. Le rapport n'est pas seulement d'association, de haut vers le bas : les propriétaires faisant un sort favorable aux catégories très supérieures des gestionnaires. Le néolibéralisme a, symétriquement, suscité un retour des classes propriétaires vers le contrôle, et une fraction importante des revenus capitalistes revêt la forme de « salaires », y compris les distributions de titres. Ce n'est pas simplement que ces capitalistes font figure de « travailleurs », comme Marx le suggérait, observant les capitalistes « encore » actifs dans le contexte des toutes premières étapes de la transition vers la bourgeoisie financière, mais qu'ils pénètrent dans le rapport cadriste désormais établi historiquement comme substitut potentiel du rapport capitaliste.

Ce nouveau rapport est ambivalent, c'est-à-dire possède une *double* portée. D'une part, il permet la perpétuation du pouvoir et des revenus des propriétaires du capital, et, d'autre part, il dessine les contours d'une métamorphose de la position de classe proprement capitaliste en faveur d'un rapport cadriste ultra-hiérarchique, complètement dégagé des alliances populaires. Il combine donc l'ancien et le nouveau, et c'est de là que découle son importance historique.

En termes de *rapports de production*, une telle configuration affecte la nature de la relation aux moyens de production. Il y a un dépassement, de fait, de la base économique du compromis néolibéral au sommet, qui demeurait essentiellement confinée à la hiérarchie des revenus. Il s'agit désormais plus directement du rapport de propriété des moyens de production : de propriété stricte et de contrôle.

En termes *politiques*, il s'agit toujours du même basculement des alliances déjà caractéristique du compromis néolibéral, mais poussé beaucoup plus avant. La nouvelle configuration parvient à ce résultat en minant la base économique des compromis potentiellement progressistes entre les cadres et les classes populaires ; ou, plus exactement, en construisant les bases économiques d'une fusion au sommet. Cette nouvelle configuration « joue », ainsi, « un sale tour » historique aux classes populaires et à la majorité des cadres. De vastes fractions des cadres sont susceptibles de se laisser piéger aux reflets de ce qui restera pour la majorité d'entre eux, un miroir aux alouettes. Car les groupes subalternes de l'encadrement cadriste demeureront probablement dans cette position de compromis, caractéristique du compromis néolibéral, en marge de la fusion au sommet. Corrélativement, au-delà du clivage gauche/droite, on peut identifier la construction d'une « hyperdroite », telle que celle perceptible aux États-Unis, traduisant le renforcement de la domination de classe que permet le dépassement des contradictions au sommet.

Il est à noter que ces rapports ne semblent pas encore s'imposer en France, bien que beaucoup y travaillent, ou, du moins, que leur établissement se heurte à des pesanteurs institutionnelles et sociales, fortement déterminées historiquement.

Les institutions financières nationales et internationales

Nous poursuivons notre examen des agents constitutifs de la finance par celui des *institutions financières*. Parmi ce qu'il est convenu de regrouper sous ce vocable, il convient de distinguer différentes catégories :

1. *Les entreprises financières privées.* Il s'agit d'abord du système bancaire, mais existent bien d'autres entreprises financières (dites nonbancaires) : de crédit, de gestions de patrimoines, d'assurance, de courtage, etc. La tendance au cours des dernières décennies fut plutôt à la diversification des fonctions au sein de grandes sociétés en partie bancaires et, plus généralement, financières, elles-mêmes divisées en de nombreuses filiales (des milliers pour les plus grandes). Aux États-Unis, il s'agit des *financial holding companies*[40]. Certaines entreprises financières n'ont pas le statut de vraies *corporations*, mais d'entreprises individuelles ou *partnerships*[41], comme les petites sociétés gérant les patrimoines des familles. Ces dernières ne sont petites que par le nombre des sociétaires. Aux États-Unis, leur valeur propre (somme des actifs moins les dettes) est égale à celle de toutes les sociétés (*corporations*) financières, dont notamment toutes les banques !

2. *Les entreprises financières hors réglementations nationales (les eurobanques).* Comme on l'a rappelé, lors de la crise de 1957 au Royaume-

Uni, commencèrent à se développer des opérations financières hors des cadres de réglementation nationaux. Les banques anglaises découvrirent qu'en dépit des limitations aux mouvements des capitaux, elles pouvaient utiliser les dépôts en dollars de leurs clients étrangers, pour faire des crédits (la monnaie du pays n'intervenant pas). Ces nouvelles pratiques allaient connaître un développement considérable et servir d'appui dans la restauration de l'hégémonie de la finance (section 3). Elles se combinèrent à la création de paradis fiscaux. Les États-Unis autorisèrent l'implantation sur leur propre territoire de telles institutions spécialisées dans l'évasion fiscale, appelées *International Banking Facilities*. Ainsi, au sein de la rubrique précédente, faut-il distinguer ces entreprises financières placées hors des cadres de réglementation nationaux.

3. *Les fonds de retraites et fonds de placement*. Ces fonds ne sont pas des sociétés. Ils n'ont pas de dettes, et la notion de fonds propres (actifs moins dettes) n'y a pas de sens. Dans les cadres de comptabilité nationale états-uniens, leur valeur est appelée « *reserve* ». Ils sont gérés dans des structures tout à fait particulières, utilisant les sociétés financières pour réaliser leurs opérations et gérer leurs portefeuilles (cette gestion est une activité des *Bank Holding Companies*), et une source de gain importante pour ces dernières.

4. *Les banques centrales et institutions publiques ou parapubliques nationales*. Parmi ces institutions financières, il en existe de nombreuses possédant un caractère étatique plus ou moins prononcé, quel que soit leur statut exact. Outre les banques centrales, on peut citer, en France, une institution comme la Caisse des dépôts et consignations, ou, aux États-Unis, des agences fédérales (qui, par exemple, acquièrent les crédits consentis par les banques), qui assurent les dépôts contre les risques de fermeture des banques, etc.

5. *Les institutions financières internationales*. Il s'agit des organisations bien connues : Fonds Monétaire International (FMI), Banque Mondiale, Banque des Règlements Internationaux, etc. Une institution comme le FMI fut créée dans le cadre des accords de Bretton Woods en 1944. Ce fonds avait vocation à la stabilisation des relations commerciales et financières internationales, par l'octroi de crédits aux pays en déficit extérieur, et au contrôle des flux monétaires et des opérations de change. Dès sa création, il représenta un objet de controverses. Certaines idées et pratiques favorables aux intérêts de la finance ne furent jamais complètement écartées. Déjà dans les décennies du compromis keynésien, ses recommandations revêtaient des caractères orthodoxes.

Au total, l'histoire des transformations du capitalisme témoigne de la relation privilégiée entre la fraction dominante de la classe capitaliste et les institutions financières. Ces institutions furent les acteurs qui représentèrent les intérêts capitalistes dans les luttes : à la fin du XIXe siècle lors de la formation des institutions du capitalisme moderne, dans l'exercice de la première hégémonie financière, dans la configuration du compromis keynésien (où la finance, y compris ses institutions, ne fut pas éliminée), et surtout dans la révolution néolibérale.

Un des aspects primordiaux du compromis keynésien fut de détacher des composantes importantes des institutions financières de l'emprise des propriétaires du capital, notamment les banques centrales, mais aussi le système bancaire en général parfois nationalisé en partie. Mais dans tous les cas, ces institutions financières ont représenté des pôles d'attraction où convergèrent les forces de la classe capitaliste dans leur recomposition. La reprise du contrôle de ces institutions, magistrale dans le néolibéralisme, est un élément central du nouvel ordre social. Cela est vrai au plan national comme au plan international. Il est inutile d'insister sur le rôle d'agent néolibéral du FMI ou de la Banque Mondiale. On connaît également l'impact des fonds de placement sur les entreprises, dont elles disciplinent les gestionnaires afin de garantir une gestion favorable aux actionnaires. L'analyse que Marx avait donné des institutions du capital de financement, fondamentalement les banques, comme administrateur de ce capital et du capital en général, apparaît plus pertinente que jamais.

L'État néolibéral

Dans beaucoup d'interprétations du néolibéralisme, à ses origines – de la part d'une certaine économie keynésienne, fort peu politique – le couple *marché/État* a joué un rôle fondamental. Et ce courant reste vivant. Nous nous sommes efforcés, dès les origines également, de mettre en avant une interprétation en termes de classe, celle qui nous a conduits à la définition du concept de *finance*. Mais ce déplacement de la problématique vers l'analyse de classe, ne règle pas la question de la relation de l'État au néolibéralisme. Cette difficulté réapparaît également dans les formulations de certains analystes, qui, prenant conscience de l'importance du rôle de l'État dans le néolibéralisme, en viennent à nier le concept, confondant ainsi le mot et le sens : si l'État intervient, il ne peut y avoir de « libéralisme ». Le terme néolibéralisme est partiellement adéquat, ce qui veut dire qu'il l'est en partie et, en partie, ne l'est pas. Les deux éléments doivent être pris en compte.

Il faut d'abord comprendre que l'expression « libre marché », qui sous-tend le terme libéralisme, ici économique, renvoie à la liberté d'action des capitalistes et des entreprises. Dans ce sens, le néolibéralisme a bien manifesté le rétablissement de cette liberté partiellement entravée pendant le

compromis keynésien, tant au niveau national qu'international. Et ce rétablissement n'est pas achevé. Au plan national, il s'agit des privatisations et
de certaines déréglementations. Mais cela est particulièrement évident au
plan international, dans la généralisation de l'ouverture des frontières commerciales (la doctrine et la pratique du libre-échange) et la libre circulation
des capitaux. Les traités internationaux, dits, justement, de libre-échange,
ont désormais pour enjeu principal la protection des investissements à
l'étranger, c'est-à-dire la libre action du capital international. Dans les relations capital-travail, les législations et réglementations évoluent dans un
sens favorable à l'initiative des employeurs : notamment la liberté d'embaucher et de mettre à la porte.

Mais cette liberté des capitalistes et des entreprises serait bien fragile
sans l'appui que lui fournissent les États, ainsi que les institutions para-
étatiques nationales et internationales. Et une interprétation de l'État *dans
les rapports de classe*, et non flottant au-dessus d'eux, est ici essentielle
(encadré 2). On peut rappeler les caractères suivants de cette intervention :

1. La transition au néolibéralisme fut conduite par les États. Elle in-
cluait le recul de certains modes d'intervention ; ces reculs ne doivent pas
être interprétés comme une démission collective, mais comme un aligne-
ment sur les stratégies des classes dominantes, faisant suite à la concoction
d'un nouveau compromis social dont les institutions étatiques sont les mar-
mites. L'appropriation des institutions étatiques par les classes dominantes,
conformément aux pondérations du nouveau compromis, ne pouvait être
qu'un processus progressif et limité par les résistances sociales. Par exemple, en France, le démontage des systèmes de protection sociale fut, et est
encore au début des années 2000, entravé par la résistance populaire, dans le
double exercice des luttes sociales et du vote sanction (forme contemporaine de l'expression, toujours résiduelle, de la volonté populaire dans les
républiques de classe).

2. Dans le néolibéralisme, l'intervention étatique, dans les champs économiques, est forte. On peut signaler, en premier lieu, la politique monétaire
très musclée et efficace, qui a supposé de profondes réformes institutionnelles (comme, aux États-Unis, le renforcement des pouvoirs de la Réserve
fédérale), et l'indépendance des banques centrales. Un autre exemple majeur
est, toujours aux États-Unis, l'énorme intervention publique dans les mécanismes du crédit qui résulte du rachat par des agences fédérales des créances
hypothécaires des banques. En Europe, qui soutiendrait que la Commission
Européenne et la banque centrale se gardent de toute intervention économique, alors qu'elles ouvrent la voie à l'ordre néolibéral et en font la police ?

3. Au plan des politiques internationales, les États sont les piliers du
maintien et de la progression du néolibéralisme. Qui négocie les traités
économiques, qu'ils soient bilatéraux ou globaux au sein d'institutions inter-

nationales ? Une institution para-étatique internationale comme le FMI est un des agents les plus efficaces du néolibéralisme dans ses formes les plus extrêmes. Mais il faudrait traiter ici de bien d'autres institutions : l'Organisation Mondiale du Commerce (OMC) et son Organe de Règlement des Différents (ORD), la Banque Mondiale et son redoutable Centre International de Règlement des Différents sur l'Investissement (CIRDI), et une pléthore d'institutions du même type, de caractère étatique global, qui font régner l'ordre néolibéral à l'échelle de la planète en faveur des classes dominantes et de leurs agents. Enfin, faut-il rappeler que la subversion et la guerre sont les instruments étatiques ultimes des mêmes fins ?

Oui, l'État néolibéral s'est délibérément dessaisi de certaines des fonctions étatiques propres au compromis keynésien, mais il est plus fort que jamais, et tout aussi impérialiste que les États du compromis keynésien (malgré la fin des guerres coloniales, et des conflagrations très chaudes de la dite « Guerre froide », comme au Vietnam, etc.). Il n'y a pas de contradiction entre la nouvelle hégémonie de la finance et les États. Bien au contraire, ceux-ci en sont les agents. L'État n'est pas en question, en tant que tel, dans le néolibéralisme, mais dans la mesure où certaines de ses institutions sont encore porteuses de mécanismes propres au compromis keynésien antérieur.

Les sociétés transnationales

Maillon crucial dans le dispositif de la mondialisation néolibérale, les sociétés transnationales jouent un rôle si important que certains analystes caractérisent la phase actuelle du capitalisme par la transnationalisation. Il ne fait pas de toute que la production dans le capitalisme contemporain est, plus que jamais, aux mains des sociétés transnationales, mais il ne faut pas confondre transnationalisation et néolibéralisme. Il en va de la transnationalisation comme de l'impérialisme, dont elle est un rouage : l'impérialisme est un caractère structurel et permanent du capitalisme depuis ses origines, mais cette constatation n'empêche pas de relever les caractères spécifiques de l'impérialisme dans le néolibéralisme[42]. Transposons à l'extension des sociétés transnationales : cela signifie que ces sociétés sont apparues bien avant le néolibéralisme, mais qu'à l'ère néolibérale, elles possèdent certains traits caractéristiques. Pourtant, il n'y a pas d'équivalence, puisqu'il ne s'agit, après tout, que d'une variante du couple mondialisation/néolibéralisme, deux processus distincts bien qu'articulés.

La progression des sociétés transnationales fut particulièrement forte dans les années 1960, en pleine ère keynésienne. Par exemple, en France, ces années virent l'entrée massive des capitaux états-uniens. Globalement, les flux d'investissement directs des États-Unis se sont considérablement ralentis dans les années 1980, avant de rebondir dans la seconde moitié des années 1990. Le néolibéralisme n'a pas clairement accéléré cette tendance historique, sachant que les taux d'accumulation sont faibles.

Dans la progression des sociétés transnationales, est à l'œuvre une dynamique d'entreprise, qui revêt des caractères particuliers dans toutes les phases du capitalisme, mais n'est pas spécifique à l'une d'elle. A l'évidence, le néolibéralisme, avec la pression placée par les propriétaires capitalistes sur les gestionnaires en vue de l'obtention de taux de rentabilité exceptionnels, est un fort stimulant de l'internationalisation de la production. L'ouverture des frontières commerciales et la libération des flux financiers facilitent l'avancée des transnationales. Mais on se souviendra que la croissance des flux d'investissements directs en Europe, dans les premières décennies de l'après-guerre, s'est produite du temps du contrôle des changes. Il en fut de même des implantations des grandes firmes, par exemple de production d'automobiles, dans des pays d'Amérique Latine, alors que le commerce extérieur y était fortement contrôlé. Le but de l'investissement à l'étranger était précisément la possibilité de vendre sur les marchés locaux malgré les contrôles.

La transnationalisation s'est, néanmoins, orientée dans des voies spécifiques, sous l'effet du néolibéralisme. Comme pour tous les aspects de ce nouvel ordre social, on peut y voir une réaffirmation brutale des caractères primitifs de l'accumulation capitaliste. Un des aspects du néolibéralisme est, par exemple, le contrôle de la progression du salaire et des protections sociales (selon la chronologie : stagnation puis désormais régression, à la périphérie et ensuite au centre, semble-t-il désormais). C'est un aspect central de ce que nous entendons par réaffirmation des caractères fondamentaux de capitalisme. On peut lui associer la précarité des conditions d'emploi. De la même manière, et en étroite relation, le néolibéralisme est à l'origine de la mise en concurrence des travailleurs des pays du centre et de la périphérie par les transnationales, avec des effets dévastateurs sur les uns et les autres (ce qui n'empêche pas la surenchère des États des pays de la périphérie dans l'effort de se vendre au meilleur prix, d'où découle une concurrence criminelle). Les transnationales sont ici un maillon dans la grande stratégie de la classe capitaliste, dont on peut rassembler les aspects suivants : (1) concentration de la propriété active (les vrais administrateurs du capital mondial) dans les pays du centre, (2) localisation de la production à la périphérie chez les plus coopératifs et rassurants, et (3) transformation des classes capitalistes locales en rentiers[43]. C'était une des trajectoires possibles de l'économie mondiale, résultat de l'option néolibérale.

5 - Acquis et contradictions

Cette section prolonge les précédentes du point de vue des procédés de la nouvelle hégémonie de la finance et, finalement, discute ses perspectives. La première section est consacrée au cadre dans lequel s'est établi le pouvoir de la finance, et à sa capacité, corrélative, à garantir ses revenus. Les deux sections suivantes décrivent la dynamique de fonctionnement, très particulière, du capitalisme néolibéral, centrée sur la rentabilité, et conduisant à des logiques d'accumulation et de consommation, également spécifiques, notamment du point de vue du centre du système, les États-Unis. Enfin la dernière section discute les perspectives. La fin du néolibéralisme est-elle programmée ? Sur quels horizons cette fin serait-elle susceptible de déboucher ?

Les modalités d'une appropriation de revenus nationale et internationale

Les modalités de la nouvelle hégémonie de la finance sont multiples, et rien n'est simple. Certaines reflètent davantage les procédures d'établissement qu'on a déjà décrites, alors que d'autres définissent les acquis d'une situation de maturité ; il y a une hiérarchie des méthodes, dont certaines introduisent à d'autres ; les expériences nationales diffèrent ; enfin, quel que soit le succès foudroyant de l'affirmation de l'ordre néolibéral, les luttes et résistances ne sont jamais pleinement surmontées. On peut, cependant, rappeler les traits majeurs suivants :

1. *Des revenus financiers élevés.* La figure 2 montre la part des revenus financiers dans le revenu total des États-Unis et, à titre de comparaison, en France. En dépit des fluctuations reflétant celles des cours boursiers, on voit clairement se dessiner la croissance relative de ces revenus. Le mécanisme le plus simple fut la hausse formidable des taux d'intérêt, au-dessus de l'inflation, donc la hausse des taux d'intérêt réels. Il s'agit là de ce nous avons baptisé le « coup de 1979 ». Très brutalement, et jusqu'au début des années 2000, les taux réels ont été maintenus à des niveaux très élevés. Ces taux élevés ont créé, de toutes pièces, des endettements cumulatifs des États (dette publique) ou pays (dette extérieure), à partir du stock de dette préexistant, comme dans les pays de la périphérie (la dette externe ayant connu sa première vague de croissance à la fin des années 1970). Mais il en fut de même aux plans nationaux, y compris au centre, comme aux États-Unis.

Les classes aisées construisirent ainsi un dispositif de polarisation extrême, entre créanciers et débiteurs, aux proportions gigantesques. Ce mouvement s'est accompagné de l'imposition de nouveaux critères de gestion, débouchant sur le versement d'énormes flux de dividendes et la hausse des cours de bourse. En parallèle, s'ouvraient graduellement les nouveaux canaux de « rémunération » au sommet des hiérarchies gestionnaires, dans ce champ où la frontière entre revenu de la gestion et de la propriété s'estompe. Simultanément, étaient créés ou étendus des paradis fiscaux, alors que, dans les pays mêmes du centre, la fiscalité du capital et des hauts revenus était allégée. Ce drainage des ressources possède évidemment des dimensions nationale et internationale, c'est-à-dire impérialiste, dont nous avons tenté de donner des mesures[44].

Figure 2. Part des revenus financiers dans le revenu total des ménages (%) : États-Unis et France

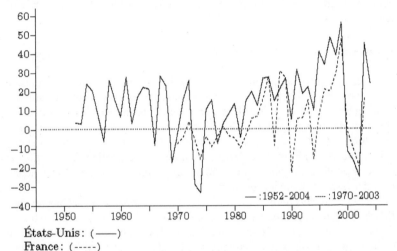

États-Unis : (——)
France : (-----)

Les revenus financiers sont la somme des intérêts, dividendes, et gains en capitaux (réalisés ou virtuels) corrigés de l'inflation (en France, *Revenus de la propriété mobilière*). Le revenu total est la somme des rémunérations des salariés (charges sociales comprises), du revenu des travailleurs indépendants, des loyers payés aux ménages et des revenus financiers. La majeure partie des fluctuations est due à celles des cours de bourse.

2. *Une rentabilité accrue des entreprises.* Beaucoup des revenus financiers sont prélevés sur les États ou les ménages. Néanmoins, l'élargissement de la plus-value, au sens fondamental du terme, et la hausse de la rentabilité des entreprises (mesurée par leur taux de profit) définissent un autre ensemble de procédés de la nouvelle hégémonie financière. Nous parlons ici de rentabilité avant paiement des intérêts et, évidemment, des dividendes. Ce

résultat fut, en premier lieu, obtenu, comme on l'a dit, par le blocage ou la diminution des salaires et prestations sociales. Il s'appuie sur une mise en concurrence des travailleurs du monde. La très forte pression placée sur les états-majors de gestion, avec l'aide des nouvelles technologies, a, de plus, contribué, a l'affirmation d'un cours plus favorable du changement technique (la fin de la baisse de la productivité du capital et la nouvelle tendance à la hausse du taux de profit).

3. *Un horizon sans borne de l'accumulation du capital.* Dans un monde où les frontières commerciales et financières ont été largement levées, et continuent de l'être, le terrain de chasse du capital international semble n'avoir de limite que planétaire. C'est ce monde de libre accès des sociétés transnationales, dont les intérêts sont garantis par des traités et dont les conditions de gestion ont été transformées au bénéfice des propriétaires. Bien des limitations à l'action de ces sociétés ont été levées, qu'il s'agisse des conditions de travail ou de protection de l'environnement.

Au total, le diagnostic tient en peu de mots : *un monde favorable aux classes capitalistes.*

La pression vers la rentabilité

L'hégémonie de la finance dans le néolibéralisme a considérablement modifié les conditions de détermination des grandes variables macroéconomiques – notamment la rentabilité, l'accumulation et la consommation – et leurs relations réciproques. L'importance de ces mécanismes est double. D'une part, ils donnent aux décennies néolibérales leurs caractères, et, d'autre part, ils modulent le devenir de cet ordre social, donc conditionnent les perspectives.

Un des mécanismes qu'on a signalés ci-dessus, est la pression placée sur les états-majors de gestion, visant à augmenter la rentabilité des entreprises, soit leur taux de profit. Dans cette nouvelle gestion, baptisée pompeusement *gouvernement d'entreprise*, un levier essentiel est la menace de la part des actionnaires – notamment institutionnels, comme les grands fonds de placement – de se défaire des actions des sociétés si elles n'atteignent pas certains taux de rentabilité. A cela il faut ajouter les rémunérations des principaux responsables, notamment les *stocks options*, qui les conduisent à maximiser les rendements boursiers.

Le ratio d'usage courant est désigné par le sigle ROE (*Return On Equity*), que complète le ROA (*Return On Assets*). Dans les deux cas, *return* signifie taux de rendement, alias le taux de profit. Leur numérateur est une mesure des profits de la période ; et le dénominateur est une mesure du capital avancé, alternativement les fonds propres (actifs moins dettes, ou *shareholder equity*) ou les actifs (*assets*). On peut noter que nous présentons souvent des ROEs dans nos travaux[45] (ou des ROAs, sur une partie des actifs, les capitaux fixes et avec une définition large des profits). Du point de vue de l'analyse marxiste, le néolibéralisme a eu, au moins, l'avantage de remettre le taux de profit au centre de la dynamique du capitalisme.

L'appréciation de la rentabilité d'une entreprise possède un caractère différentiel, afin de guider les placements (selon le mécanisme que Marx appelait la *mobilité du capital*). Il s'agit de savoir si une entreprise fait mieux, ou moins bien, qu'une autre. Pour cela, il faut comparer les taux des diverses entreprises.

Dans cette analyse de la rentabilité, il est utile de se référer à une norme. La procédure à la mode est connue sous le sigle charmant EVA (*Economic Value Added*). L'idée générale est de soustraire du taux de profit une telle norme désignée comme « le coût d'usage du capital ». Comme dans les pratiques antérieures, le coût du capital emprunté est mesuré par le taux d'intérêt. Le coût des fonds propres est déterminé en lui appliquant un rendement qui est une pondération des rendements de divers types de placements sur les marchés financiers[46]. La norme serait aujourd'hui 15 %.

L'accumulation et la consommation

Une des caractéristiques les plus déconcertantes du néolibéralisme, qui nous est apparue peu de temps après avoir identifié clairement les traits du nouvel ordre social, est la déconnexion entre la remontée du taux de profit et le mouvement de l'investissement qui n'accompagne pas cette remontée. L'idée d'un changement historique important au cours des années 1980, s'était imposée à nous dans l'identification du retournement de tendance du taux de profit. Mais il ne nous a été possible de relier ces premières observations à l'entrée dans une nouvelle phase qu'avec un retard important, car le taux de profit est constamment pris dans des fluctuations qui peuvent être assez durables, sans véritable rupture de tendance. Lorsque l'idée s'est trouvée confirmée, les caractères du néolibéralisme étaient eux-mêmes bien établis (identifiés plusieurs années avant), et dessinaient, à d'autres points de vue, une nouvelle étape. Cette déconnexion nous apparut alors, qui semblait contredire le diagnostic : l'investissement ne se rétablissait pas avec la rentabilité. La première vraie synthèse – nouvelle tendance à la hausse du taux de profit, néolibéralisme et absence de reprise de l'investissement – se trouve dans notre livre *Crise et sortie de crise*[47].

A notre sens, cette déconnexion résulte du nouveau cours néolibéral de l'économie, tourné vers la création de revenus pour les détenteurs de capitaux. Un premier aspect, le plus simple, a trait aux niveaux élevés des taux d'intérêt réels. Assujettis à une forte contrainte de rentabilité, les gestionnaires des entreprises sont conduits à contenir l'endettement, voir à le diminuer, ce qui leur fait préférer une expansion réduite, à une croissance ambitieuse soumise à l'endettement. La volonté de soutenir la croissance des cours boursiers les pousse également à fortement rémunérer les actionnaires, plus sensibles à des flux de revenus présents qu'à l'anticipation de profits futurs résultant de la capitalisation des bénéfices. Toute réduction des distributions mettrait en péril les cours. Les entreprises sont même poussées à racheter leurs propres actions pour stimuler la hausse des cotations, et ajouter aux possibilités de rémunération.

On peut résumer comme suit, les engrenages qui conduisirent à la réduction des taux d'accumulation (défini comme le taux de croissance du stock de capital fixe, matériels et constructions, des entreprises)[48] :

1. Il est résulté des pratiques qu'on vient de rappeler, un divorce entre la rentabilité, mesurée avant le paiement des intérêts et dividendes, et après ces paiements.

2. A cela s'est ajouté que les transferts des prêteurs vers les emprunteurs, en l'occurrence, les entreprises, qu'avaient permis les taux d'inflation des années 1970, s'évanouirent dans les années 1980[49]. Ils avaient contribué au maintien des taux de profit après intérêts pendant cette décennie, mais cet effet favorable à l'investissement disparut avec l'entrée dans les années 1980.

3. Ainsi, les taux de profits, dits « retenus », c'est-à-dire une fois payés intérêts et dividendes, et compte tenu des effets de l'inflation, se trouvèrent brutalement diminués dans les années 1980 et 1990.

4. D'une manière générale, le taux d'accumulation varie comme le taux de profit retenu, à peu d'exceptions près. La chute du second entraîna celle du premier. C'est ce qu'indique, de manière frappante, la figure 3 qui montre les deux taux pour l'ensemble des sociétés nonfinancières des États-Unis : taux de profit retenu (profits retenus / fonds propres), corrigé des effets de l'inflation, et taux d'accumulation (taux de croissance du stock de capital fixe). On note, d'abord, l'identité des profils, avec l'unique exception de la seconde moitié des années 1990, période que nous désignons comme le « long boom » états-unien. Mais ce qui nous intéresse ici est la chute concomitante des deux variables. Un mouvement similaire est identifiable en France, où il atteint des proportions caricaturales[50].

Mais une caractéristique des États-Unis est que ce divorce entre taux de profit et taux d'accumulation s'est accompagné d'une formidable hausse de la consommation (y compris la construction de logements) des ménages. Le taux d'épargne des ménages était d'au moins 8 % avant 1980 ; il chuta, ensuite, assez régulièrement pour atteindre près de 0 %. On peut noter, en passant, que la situation est différente en France, où ce sont les dépenses publiques de consommation et d'investissement qui ont crû. Cette différence est une expression de l'insertion, encore distincte, de la France dans le néo-libéralisme[51].

Figure 3. Taux de profit retenu et taux d'accumulation (%) : États-Unis, sociétés nonfinancières

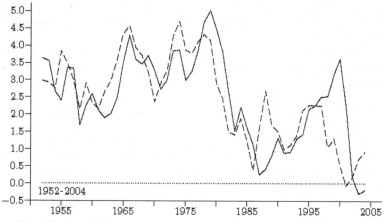

Taux d'accumulation : (——)
Taux de profit retenu : (— —)

Les deux taux sont le taux de profit retenu (profits retenus / fonds propres), corrigé des effets de l'inflation, et taux d'accumulation (taux de croissance du stock de capital fixe)
Source : NIPA (BEA, États-Unis).

L'accumulation et les dépenses publiques n'ont pu être maintenues à leurs niveaux respectifs, aux États-Unis, que grâce à la centralisation des épargnes mondiales en faveur de ce pays. Ce phénomène a atteint une telle ampleur que les avoirs financiers du reste du monde sur les États-Unis sont maintenant doubles de ceux de ce pays sur le reste du monde, en dépit de sa position d'impérialisme central. C'est ce que montre la figure 4.

Néolibéralisme et impérialisme (hiérarchies impériales) combinent ici leurs caractères. Ce financement externe des États-Unis manifeste une importante contradiction. Il est difficile d'imaginer que les classes dominantes, le centre de la finance mondiale, puissent continuer à dominer le monde sans épargner. Les flux financiers que les États-Unis paient au reste du monde, au début des années 2000, sont égaux à ceux qu'ils obtiennent du reste du monde !

Figure 4. Pourcentage dans le Produit National Net des États-Unis des avoirs d'agents de ce pays sur le reste du monde, et du reste du monde sur ce pays

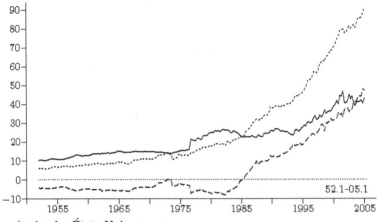

Avoirs des États-Unis : (——)
Avoirs du reste du monde : (-----)
Avoirs nets du reste du monde : (— —)

Un signe positif pour l'écart entre les deux variables (– –) indique que le reste du monde détient davantage d'actifs sur les États-Unis que ce pays sur le reste du monde
Source : Flow of Funds (Réserve fédérale, États-Unis).

Cette contradiction est indéniable. A sa racine, se trouve le sort fait par le néolibéralisme aux classes dominantes des États-Unis ; l'impérialisme états-unien n'est pas en cause. Il est, si l'on peut dire, « impeccable », dans sa logique : efficace et dévoreur. Comme on le sait, il combine, sans retenue, la violence économique directe (notamment dans l'ouverture des frontières), la corruption, la subversion et la guerre.

En fait, la finance états-unienne a mis en place un dispositif mondial qui définit la nouvelle configuration de l'impérialisme dont on a signalé l'émergence plus haut. L'Amérique Latine, Argentine en tête, en fournit l'archétype[52]. D'une part, les sociétés transnationales du centre acquièrent la grande économie (les grandes entreprises) des pays dominés, et les classes capitalistes locales se placent dans une position de rentiers vis-à-vis des pays impérialistes, principalement les États-Unis. D'un certain point de vue, cette configuration est idéale pour les pays États-Unis. Faut-il donc s'en tenir à l'idée de *contradiction* ?

Deux mécanismes sont ici en jeu. Les États-Unis auraient pu, d'une part, investir dans le reste du monde, et, d'autre part, bénéficier des placements de ces pays, avec un différentiel de rendement (de fait, du simple au double), en l'absence des déséquilibres extérieurs propres à ce pays. Ce qui a créé l'écart entre les stocks d'avoirs, avec la surcroissance des avoirs du reste du monde sur les États-Unis, c'est le déséquilibre de la balance courante de ce pays, en fait le déficit des échanges commerciaux. Ce déficit est l'expression de la surconsommation états-unienne. On notera, au passage, que l'ajustement du taux de change (l'effondrement du dollar) ne serait pas compatible avec l'exportation de capitaux de ce pays et son hégémonie impérialiste. Si les ménages états-uniens dépensaient moins, c'est-à-dire épargnaient et, donc finançaient l'accumulation de leur pays, les deux stocks d'avoirs se développeraient en parallèle, et les États-Unis jouiraient tranquillement des différentiels de rendement.

La nouvelle configuration de l'impérialisme est donc bien « idéale », mais elle est viciée par les appétits de consommation des ménages aisés de ce pays. On peut également affirmer que cette folie consommatrice aurait été impossible en l'absence de l'établissement de cette nouvelle configuration impériale. Ce train de vie exorbitant a, en dernière analyse, été permis par les effets combinés du nouvel ordre néolibéral et du nouveau cours de l'impérialisme états-unien.

Cette vague de consommation est une des bases économiques du compromis néolibéral. Elle soutient l'adhésion des revenus les plus élevés, et, dans une certaine mesure, des couches moyennes supérieures, à ce nouvel ordre social.

Des lendemains qui déchantent ?

Dans la discussion des trajectoires possibles pour les décennies à venir, il faut se garder de diverses confusions. Le dépassement du néolibéralisme ne signifie pas nécessairement – et c'est une chose lamentable à l'évidence – un retour à un compromis social associant les classes populaires, soit un déplacement « à gauche » du centre de gravité des équilibres sociaux. Les sociétés de classe ont bien davantage d'imagination. Que les classes populaires doivent lutter pour obtenir ce résultat est une autre question. Les aspects néolibéraux et impérialistes se conjuguent de manière complexe, mais renvoient à deux réalités distinctes. Comme on l'a rappelé, le compromis keynésien fut impérialiste, de manière spectaculaire. Le cadrisme bureaucratique des pays du socialisme réel le fut aussi. Il existe une grande autonomie entre les arrangements sociaux intérieurs et l'attitude face au reste du monde. Par ailleurs, il ne faut pas juger un ordre social uniquement sur ses méthodes ; ses finalités, qui sont l'expression la plus intime de sa nature, sont plus importantes. L'inconvénient du terme « néolibéralisme » à ce propos est qu'il met l'accent sur des procédés, et c'est pourquoi nous lui préférons « nouvelle hégémonie financière ».

Les choses se jouent à plusieurs niveaux. Au moins deux catégories de mécanismes ont des caractères plus fondamentaux que le néolibéralisme : (1) le compromis social parmi les classes supérieures aux États-Unis, et (2) l'établissement de la nouvelle configuration impérialiste. Et, à l'évidence, leur relation est ici en jeu.

Il faut, en fait, distinguer plusieurs types de tendances. A un premier niveau, les modalités traditionnelles de concentration du revenu au sommet, propres au néolibéralisme, donnent certains signes d'épuisement. Il sera très difficile de rétablir des taux d'intérêt similaires à ceux des années 1980 et 1990 ; la polarisation entre créanciers et débiteurs atteint des sommets menaçants, bien qu'elle s'accélère, par exemple pour les ménages, au début des années 2000 ; il n'est pas possible de distribuer une part toujours croissante des profits des sociétés en dividendes ; les cours de bourse peuvent, éventuellement, fluctuer autour d'une tendance horizontale, mais la surévaluation des entreprises est telle qu'on ne peut envisager la poursuite de la hausse longue des cours en termes réels. Ainsi, les miracles des deux décennies touchent, peut-être, à leur terme. Il en résulterait un profond changement de caractère de la période.

A un second niveau, ces tendances ne peuvent – aux États-Unis, au moins – qu'accentuer l'importance des nouveaux canaux de distribution des revenus (les nouveaux « salaires » au sommet, les revenus des petites sociétés dites *partnership* gérant les patrimoines ou rendant des services aux entreprises), ainsi que les arrangements de classe au sommet. A ce titre, la perte éventuelle de pertinence des mécanismes néolibéraux (hauts taux d'intérêt, forte distribution de dividendes, hausse tendancielle de la bourse) pourrait accélérer la marche vers un cadrisme hyper-hiérarchique, avec des tendances droitières encore très augmentées du fait du rôle qu'y jouent les individus issus de la classe capitaliste, et la consolidation de la domination de classe qui résulte de l'apaisement des contradictions internes au sommet.

Enfin, la pression sur le reste du monde sera accentuée, et c'est là que les caractères proprement libéraux se maintiendront ou se renforceront : l'ouverture forcenée. Dans un tel scénario, faudra-t-il conserver le terme « néolibéralisme » ? Ce souci apparaît bien futile face aux enjeux. La réponse dépendra des pondérations et modalités.

Ce qui précède décrit les tendances inhérentes à la dynamique de classe qui se dégagent de notre interprétation du cours de l'histoire, un scénario bien pessimiste.

Mais d'autres options sont ouvertes pour l'avenir :

1. *Le repli national*. Bien des voix se font entendre aux Etats-Unis, allant dans le sens d'un contrôle des flux internationaux de marchandises et de capitaux. Nous pensons qu'en l'absence d'une crise majeure, ils ont peu de chances de l'emporter, et ne préfigurent rien de bon. Que signifie « bon » dans ce domaine ? : la reconfiguration équitable des échanges, mis au service du développement – ce qui implique, entre autres choses – leur réduction, mais pas le repli rétrograde.

2. *L'affirmation d'un compromis « à gauche »*. C'est une option plus souriante. Elle ne peut résulter que des luttes sur deux plans : (1) interne, par la pression des classes populaires, et (2) externe, par les fronts anti-impérialistes. L'Amérique Latine soulève certains espoirs sur les deux plans, et le mouvement altermondialiste combine les deux facettes de ces processus. Mais les forces centrifuges impérialistes secondaires sont également à l'œuvre. Faut-il craindre l'Asie sur ce plan ?

3. *Le socialisme*. Les visions radicales et conciliatrices – le vieux couple réforme ou révolution – sont en train de s'affronter dans l'extrême gauche, en Amérique du Sud notamment ; resurgit le grand idéal d'établissement d'une société sans classes, à grands éclats d'affirmation de « démocratisme » (« l'histoire ne se répétera pas »). Il est doux d'espérer.

6 - Histoire d'un rapport de production et lutte de classes

Quelques décennies de recherche nous confortent dans la conviction de la pertinence d'une interprétation de l'histoire qui emprunte beaucoup, dans ses méthodes et concepts, à celle que Marx donna il y a 150 ans. Certains seront choqués par son fondamentalisme, d'autres par son révisionnisme. Personne n'est parfait !

De quoi s'agit-il ? D'abord la reconnaissance de la primauté de la lutte des classes. Non, les sociétés contemporaines et leur dynamique historique ne peuvent pas être comprises si on les saisit comme un continuum, du haut en bas ou réciproquement, même si une telle approche peut être tempérée par la reconnaissance des inégalités, voire par celle de leur augmentation.

Ensuite, la nécessité de la théorie, en l'occurrence celle de la finance capitaliste, et l'exigence d'historicité car le monde change. A la base de la théorie de la finance se trouve la propriété capitaliste, donc le capital. A partir de là, le théoricien construit des déterminations plus complexes, avec l'objectif de leur valeur explicative potentielle. Le point de départ, les concepts fondamentaux, et le point d'arrivée, la connaissance du monde qu'il convient d'expliquer, sont tous deux importants et il n'y a pas à établir de hiérarchie. Dans les deux champs théoriques qu'on a identifiés et dont le chapitre prochain donne une analyse minutieuse, celui de la complexité du rapport de propriété capitaliste et celui des institutions financières, Marx décrypte le réseau des interrelations. Il établit ainsi le lien entre une configuration originelle « simple » et les méandres des divisions entre capitaliste actif et financeurs, entre propriétaires et gestionnaires. Et c'est bien ce lien qui est pour nous essentiel, car, s'il n'est pas reconnu, les structures sociales se dissolvent, dans les analyses, au profit d'une diversité inarticulée, celle des continuums et des inégalités de fait. De la même manière, en l'absence de la définition de ces relations, les institutions financières sont perçues au sein de vastes ensembles, également inarticulés, expression d'une vague tendance des sociétés humaines à s'organiser ou du permanent renouvellement des cadres institutionnels. Mais alors le lien avec le capital et l'histoire des rapports de production est perdu de vue. Donc la relation entre institutions et propriété, et capital – donc exploitation.

Faut-il faire ce détour pour comprendre que le néolibéralisme est un phénomène de classe ? Faut-il faire ce détour pour comprendre, que, sous-jacent à ce phénomène de classe, se poursuit la lente transformation des rapports de production, des structures de classe, pour le meilleur ou pour le pire, selon les luttes justement ? Et surtout pour donner des contenus. L'intuition est reine, et heureux sont ceux qui concluent juste sans l'aide de la théorie.

Notes

[1] Originellement dans un texte non publié : G. Duménil, D. Lévy, 1996b, disponible sur notre site internet : http://www.jourdan.ens.fr/levy/. Cette interprétation est mieux formulée dans nos livres plus récents : G. Duménil, D. Lévy, 2000 ; ou, en anglais, dans G. Duménil, D. Lévy, 2004a ; également dans G. Duménil, D. Lévy, 2003.

[2] Le couple à la mode principal-agent (soit actionnaire-gestionnaire), tend à trancher dans un sens, qu'on peut qualifier, sans anticiper, de néolibéral : comment le propriétaire peut contraindre le gestionnaire à travailler dans son intérêt. Il fige l'histoire dans un rapport de force déterminé.

[3] K. Marx, 1894c, p. 193.

[4] K. Marx, 1894b, p. 56.

[5] *Ibid.*, p. 56.

[6] La période qui suivit la Guerre de Sécession (1861-1865) fut une période de forte instabilité macroéconomique. L'économie fut frappée par deux crises violentes, celles des années 1870 et 1890. Entre ces deux crises, l'activité culmina brièvement en 1880 dans la foulée du retour à la convertibilité du dollar, suspendue pendant la guerre.

[7] On retrouvera ce thème en traitant d'Hilferding et de Lénine. Il a suscité une littérature considérable aux États-Unis, en relation à l'analyse de la dernière décennie du XIXe siècle et de la crise de 1929. Voir A.R. Burns, 1936. Nous avons consacré une étude à la législation dite antitrust : G. Duménil, M. Glick, D. Lévy, 1997.

[8] A.D. Chandler, 1977.

[9] Simultanément, les mécanismes monétaires et financiers explosaient littéralement, avec, en particulier, le développement des comptes en banque. Entre 1870 et les années 1920, le stock de monnaie, dans un sens proche de l'agrégat M2, passa de 25 % à 85 % de la production (niveau un peu supérieur à celui autour duquel il gravite depuis lors). Sur la même période, le rapport des dépôts aux espèces passa de 1 à 8 (G. Duménil, D. Lévy, 1996a, ch. 22). Ces mouvements témoignent de la dilatation des bilans des banques, donc y compris des actifs où sont comptabilisés les crédits et titres, face à ces passifs monétaires.

[10] W.G. Roy, 1996.

[11] Voir G. Duménil, D. Lévy, 2004d.

[12] E. Saez, 2004.

[13] J. Weinstein, 1968.

[14] H.B. Thorelli, 1955.

[15] G. Duménil, D. Lévy, 1996a, ch. 23.

[16] *Ibid.*., ch. 2.

[17] A. Berle, G. Means, 1932 ; A. Berle, 1960.

[18] G. Duménil, D. Lévy, 1996a, ch. 12.

[19] *Ibid.*, Deuxième partie.

[20] G. Duménil, D. Lévy, 1996b.

[21] E.R. Wicker, 1966.

[22] L'idée plus ou moins confuse était que le crédit devait s'ajuster au volume des affaires, non pas la production mais les transactions, soit plus ou moins la même chose. La monnaie devait « suivre », « faciliter », et non « précéder ».

[23] Penser, par exemple, au livre de Joseph Schumpeter, 1942.

[24] Marx avait compris, comme plus tard Keynes, que les crises doivent être appréhendées comme crises générales, c'est-à-dire affectant l'ensemble des branches de production. Il est donc, de ce point de vue, un macroéconomiste. Cette perspective

s'ancre dans sa vision de l'efficience des processus d'allocation du capital entre les branches, et de détermination des prix et quantités produites, dans son analyse de la formation des taux de profit dans la concurrence (K. Marx, 1894a, ch. X.). Il s'agit de ce que nous appelons stabilité en proportions par opposition à l'instabilité en dimension, c'est-à-dire macroéconomique (G. Duménil, D. Lévy, 1996a, ch. 14).

[25] F.A. Hayek, 1944.

[26] Keynes fut très clair sur ce point. Dans une de ses interventions à la Chambre des Lords en mai 1944 (les accords furent signés en juillet), il souligna sans ambiguïté le lien entre « le pouvoir de contrôler le taux d'intérêt dans un pays afin de garantir la disponibilité de l'argent à bon marché », et le contrôle des mouvements de capitaux : « Le plan accorde à chaque gouvernement participant le droit de contrôler tous les mouvements de capitaux, pas simplement comme une caractéristique de la transition, mais comme un dispositif permanent. Ce qui était une hérésie est adopté comme orthodoxe » (J.M. Keynes, 1944).

[27] G.W. Domhoff, 1990.

[28] Il en résulte que la notion d'État n'a pas de sens dans une société sans classes, alors que des institutions de gestion sociale collective y sont nécessaires (quelles que soient les préoccupations de décentralisation et de démocratie locale).

[29] C'est une caractéristique de toute science que les concepts y sont définis dans un réseau d'interdépendances logiques.

[30] K. Marx, 1871, p. 62.

[31] Lénine utilisa ce terme pour définir la position dirigeante du prolétariat dans son alliance avec la paysannerie. Le sens gramscien met l'accent sur la domination idéologique de la classe dominante ; le concept, tel que nous l'employons, ne renvoie pas à la base consensuelle d'un système politique, mais à un système de relations sociales et économiques, ce qui ne change rien au fait que sa finalité soit politique.

[32] E. Helleiner, 1994.

[33] La baisse du taux de profit nuit à l'accumulation, donc à la croissance. Elle augmente la propension de l'économie à se déstabiliser, c'est-à-dire à entrer en surchauffe et récession (à basculer de l'un à l'autre). Mais le cadre institutionnel du compromis keynésien, notamment la conservation d'une large partie des profits par les entreprises en vue d'investir, permit de surseoir à ces conséquences néfastes (G. Duménil, D. Lévy, 1996a, ch. 13).

[34] G. Duménil, D. Lévy, 2004d.

[35] Il s'agit des *sole proprietors, partnerships*, et des *S-corporations*.

[36] Selon le *Forbes Survey* of 800 CEOs (T. Piketty, E. Saez, 2003).

[37] G. Duménil, D. Lévy, 1998.

[38] Ainsi n'utilisons pas des concepts comme ceux d'hégémonie au sens gramscien.

[39] G. Duménil, D. Lévy, 2005a.

[40] Depuis 2001, les banques peuvent choisir ce statut plus général.

[41] Y compris une catégorie de petites sociétés appelées : *S-corporations*, ayant le même statut fiscal.

[42] Ce que nous appelons en anglais le *neoliberal-imperialist mix* (G. Duménil, D. Lévy, 2005b).

[43] G. Duménil, D. Lévy, 2005b.

[44] G. Duménil, D. Lévy, 2004b.

[45] Par exemple, figures 9.2 et 9.3 de G. Duménil, D. Lévy, 2000 ou 2004a.

[46] On en trouvera une description technique au chapitre de Michel Husson.

[47] G. Duménil, D. Lévy, 2000 ; voir également Séminaire Marxiste, 2001.

[48] Le reste de cette section utilise les résultats publiés dans diverses études notamment : G. Duménil, D. Lévy, 2004c.

[49] L'inflation dévalorise les créances, et allège la charge des emprunteurs.

[50] Dans son chapitre, Michel Husson donne de ces mécanismes une lecture différente : les entreprises investissent peu du fait des exigences de la finance en termes de rentabilité, soit « la barre est placée trop haut ». Voir également le débat avec lui dans Séminaire Marxiste, 2001.

[51] G. Duménil, D. Lévy, 2005a.

[52] *Ibid.*

Les trois champs de la théorie des relations financières de Marx. Le capital financier d'Hilferding et Lénine

Gérard DUMÉNIL et Dominique LÉVY

Ce chapitre est consacré à l'analyse de Marx, dans *Le Capital* et dans ses écrits politiques (sections 1 à 4), ainsi qu'à ses prolongements dans les œuvres de Rudolf Hilferding et Vladimir Lénine (section 5). Concernant Marx, au-delà des concepts qui sont précisément en jeu, il s'agit d'ensembles de développements faits souvent de digressions inachevées, car la pensée de Marx est en ébullition permanente, sachant que nombre de ses textes n'étaient pas prêts pour la publication. Au-delà de l'appréhension du contenu, qui est évidemment l'essentiel, subsiste donc certaines difficultés d'interprétation. Il faut lire Marx dans le contexte de sa propre démarche et de ses engagements politiques.

Il est impossible d'entrer directement dans l'analyse des mécanismes financiers, sans en revenir à certains fondements théoriques, en premier lieu, la définition que Marx donna du capital, et les concepts que cette définition met en jeu : la valeur, les travaux productifs et improductifs, la production et la circulation, etc. C'est l'objet de la première section, dont la fonction est introductive. Le premier champ relatif à l'analyse des mécanismes financiers proprement dits, a trait au rapport de propriété capitaliste (section 2). Il s'agit des développements du Livre III qui tournent autour du concept de capital de prêt, d'intérêt et de profit d'entreprise, et de la notion de capital fictif. Le second champ est celui du capital bancaire (section 3), c'est-à-dire l'analyse de la principale institution financière du capitalisme (considérée ici comme archétype des institutions du secteur financier[1]) ; s'y ajoutent diverses analyses relatives aux mécanismes financiers, notamment les fonctions du secteur financier.

Face à la question générale de l'analyse des mécanismes financiers dans l'œuvre de Marx, la séparation des deux champs, *propriété* et *institutions*, est cruciale. Cette distinction théorique structure la construction analytique de Marx relative aux mécanismes financiers. En d'autres termes, on peut affirmer qu'il n'y a pas de champ théorique unique d'analyse des mécanismes financiers dans *Le Capital*, mais bien deux cadres théoriques fondamentaux. Ce qui nous intéresse est évidemment la distinction des deux cadres analytiques mais, tout autant, leur articulation, déjà très présente chez Marx. On voit que ces deux champs théoriques se relient directement aux deux éléments que réunit notre définition de la finance comme *la fraction supérieure de la classe capitaliste et les institutions financières, incarnations et agents de son pouvoir* : (1) la classe capitaliste (l'étude du rapport de propriété des moyens de production), et (2) les institutions financières.

La section 4 s'appuie sur les œuvres politiques, un chapitre de l'histoire des luttes de classes susceptible de nous guider tant par sa méthode que par son contenu. Bien que le point de vue change radicalement puisqu'on sort de l'énoncé des concepts économiques fondamentaux, on peut parler d'un troisième champ d'appréhension des mécanismes financiers, dans le cadre général des relations de classe. Au plan méthodologique, on y observe en particulier le lien entre les catégories économiques et la structure de classe, ainsi que la manière dont est appréhendé le jeu des contradictions internes des classes dominantes et de leurs alliés. Au plan de l'histoire, on y découvre une première configuration des luttes, qui précède de quelques décennies les périodes que retrace la section 3 du chapitre précédent.

Au-delà de l'explicitation des éléments résumés à la section 2 du chapitre précédent, le principal enjeu est ici la compréhension de la relation entre la théorie du capital et l'analyse des mécanismes financiers. C'est donc sur l'étude du processus du capital que s'ouvre ce chapitre.

1 - Le processus d'ensemble du capital et son accompagnement

La première section, ci-dessous, est consacrée à l'analyse du capital, à commencer par sa définition, comme valeur en mouvement. La seconde vise à redonner au travail improductif toute sa valeur explicative, comme travail d'accompagnement des mouvements de la valeur dans le capital et, en dernière instance, comme travail de maximisation du taux de profit (alors qu'il est souvent considéré comme un résidu dénué d'intérêt).

La valeur-capital

Nous sommes ici aux fondements théoriques de l'analyse par Marx de la production capitaliste. Le centre du dispositif théorique est le concept de capital, ce qui n'est guère surprenant.

Au sens courant du terme, un capital représente une « somme », évaluée en unités monétaires, investie dans une entreprise ou dans un titre, ou simplement détenue en monnaie[2]. Il s'agit ici du capital investi dans une entreprise. Ce capital ne conserve pas la forme d'une somme d'argent car il est là pour servir, ce qui implique sa dépense en salaires, matières premières, sources d'énergie, machines ou constructions. Mais quand l'énergie, par exemple, est achetée et utilisée, la dépense ne se perd pas, puisqu'elle sert à la fabrication du produit ou à la prestation du service, et est supposée être récupérée par le prix payé par l'acquéreur. Il y a « quelque chose » qui se transmet, et devrait même s'accroître.

Lorsque Marx définit le capital[3], il le présente ainsi comme de la « valeur en mouvement » : la valeur-capital, soit le capital. Il a introduit préalablement la valeur d'une marchandise comme le travail socialement nécessaire à sa production. Par *mouvement*, il faut entendre un flux de valeur. Marx considère ce flux à deux points de vue :

(1) Le changement des formes qui fait passer la valeur-capital de la forme d'argent, notée A, à celle de marchandise, notée M, lors de l'achat des intrants, puis lui fait traverser l'atelier où a lieu la production, où il revêt la forme de capital productif, noté P, puis se présenter comme marchandise sur le marché, pour redevenir argent (encadré 1).

(2) L'augmentation de la valeur, qui se fait par l'appropriation de la plus-value dans la production, suivie de sa réalisation par la vente du produit.

Il y a donc deux aspects à la théorie du capital : la *circulation* et la *valorisation* (mise en valeur). Cette distinction structure tout *Le Capital*, l'ouvrage, et en détermine le plan.

Le vocabulaire que Marx utilise pour désigner ce processus du capital n'est pas unifié : *processus d'ensemble*, *processus de production du capital* ou *de reproduction du capital*. La première formule est la meilleure, car elle souligne la dualité du processus (valorisation et circulation). L'expression processus de production du capital est confuse, car le *processus de production* désigne également l'unité du processus de travail et de valorisation. Quant à *reproduction*, le terme évoque trop les développements du Livre II, où l'économie est divisée en secteurs.

Seule une catégorie de travail produit de la valeur. Il est dit *productif*. Ce qui circule dans ce « tuyau » capitaliste est un flux de cette substance

sociale, la valeur, qui correspond à un type particulier de travaux. Outre sa
préservation, le principal enjeu est l'accroissement de cette valeur-capital.

---

1 - Le circuit du capital et le bilan

On ne peut lire *Le Capital* sans connaître un minimum de comptabilité. Le
passif d'un bilan indique la provenance des fonds de l'entreprise. On y distingue les dettes, soit ce qui provient des emprunts y compris le crédit
commercial, et les fonds propres, qui sont égaux aux fonds collectés par
émission d'actions et aux profits retenus accumulés.

L'actif décrit la forme d'existence du capital au moment où est établi le
bilan. Marx distingue trois formes (Livre II) : le capital productif, le capital-
marchandise et le capital-argent. Le capital productif, P, regroupe les immobilisations, constructions et machines, ainsi que les intrants stockés et les
produits en cours. Le capital-marchandise, M, est le stock de produits finis
attendant la vente[4]. Le capital-argent, A, est la somme des liquidités dans la
caisse ou en banque (s'y ajoutent d'autres actifs financiers, notamment le
crédit commercial fait aux clients).

Les masses de capitaux existant sous ces trois formes sont en perpétuelle
effervescence, lorsque, par exemple, le capital-argent sert à acheter une
matière première, qui va s'incorporer dans le nouveau produit, retournant
sur le marché afin d'être reconverti en argent. Les atomes de valeur du capital fixe, soient des immobilisations, s'attardent dans la matière de la composante dont ils font partie, mais circulent également, quoique plus lentement.

Le « circuit, ou cycle, du capital » rend compte de ce mouvement. Chaque
atome de capital revêt tour à tour les trois formes : capital-argent, capital-
marchandise et capital productif. Il s'agit du fameux circuit A—
M...P...M—A, où l'on peut commencer et finir où l'on veut selon les com-
modités de l'exposé, ce qui conduit aux trois manières d'écrire ce circuit
unique : A...A, M... M ou P... P. Un « ' » peut servir à noter l'apparition de
la plus-value : A...A'. Dans ces dernières expressions, le signe « ... » marque une abréviation ; par exemple, A...A' ne signifie pas autre chose que
A—M...P...M'—A', la première « figure du circuit du capital ». A
l'inverse, A—A' est la « formule générale du capital », que Marx qualifie
de « contradictoire » ou « irrationnelle », parce qu'elle fait apparaître la
mise en valeur du capital indépendamment des étapes intermédiaires du
circuit, comme dans un prêt.

Comme tous les atomes d'un capital parcourent ce circuit à leur propre
rythme, parfois rapidement (capital circulant), parfois lentement (capital
fixe), à un instant donné, tous les atomes revêtent l'une des formes A, M ou
P, ce qui définit les trois stocks à l'actif du bilan.

> On a fait ici abstraction du fait que les frais de valorisation et de circulation (introduits ci-dessous) sont à l'origine d'opérations d'achat (de force de travail, de fournitures, de carburants, et de machines et constructions). Ils sont intégrés, de manière indistincte, dans les comptes des entreprises. Leur imputation à des biens ou services vendus, comme dans une comptabilité analytique, pose des problèmes spécifiques. Un capital est avancé à ce titre, mais échappe au concept de valeur-capital en mouvement.

L'accompagnement du processus du capital. Une théorie duale du travail

Rien ne va tout seul. Ce qui nous intéresse ici est que ce processus du capital nécessite des soins, donc du travail. Le travail mobilisé à cette fin n'est pas productif, quels que soient les agents qui le réalisent. Il ne circule pas (ne passe pas sous les formes argent, marchandise, capital productif) et ne s'accroît pas, comme le travail qui crée la valeur. Il « veille » au déroulement de ce processus. Il est dépensé, et s'évanouit ; ne demeure, si tout se passe bien, que l'effet qu'il a produit sur le processus du capital (son accélération, certaines économies). Il est important d'insister sur ce point : c'est à cela que sert le travail improductif dans l'entreprise : *l'accompagnement du processus du capital*. Tout cela est très précis dans l'analyse de Marx, quoique négligé puisque traité incidemment.

Marx est très restrictif dans sa définition du travail productif dans l'entreprise. Lorsqu'il précise la notion au Livre II, il écrit, par exemple, à propos du travail d'un employé de commerce, classé comme improductif :

> Dans un but de simplification [...], nous allons admettre que cet agent de l'achat et de la vente est un homme qui vend son travail. Il dépense sa force de travail et son temps de travail dans ces opérations M—A et A—M [*la vente de la marchandise et son achat*] ; et il vit de cela comme un autre vit en filant ou en faisant des pilules. Il accomplit une fonction nécessaire, puisque le procès de reproduction implique même des fonctions improductives[5].

Le salaire de cet employé fait partie de ce que Marx appelle les « frais de circulation ». Il en existe bien d'autres, par exemple, le coût du travail du caissier ou du comptable. Le coût du travail du surveillant des travailleurs dans la production est également un frais mais *de production*. Les salaires ne sont qu'une composante de ces frais ; il faut leur ajouter des fournitures et achats de services, ou l'usure et l'entretien de bureaux. Un « capital » est nécessaire pour financer ces frais, mais capital signifie alors, comme c'est souvent le cas, « avance », et non valeur-capital.

Dans son cadre analytique le plus simple, Marx suppose souvent que le capitaliste veille à toutes ces tâches d'accompagnement. Mais cela devient l'exception avec le développement du capitalisme. On peut noter, incidemment, que rien ne s'oppose à ce que, dans certaines circonstances, le capitaliste mette la main à la pâte dans la production, dans des fonctions généralement supérieures de conception ou de coordination ; il exécute ainsi certaines tâches productives. Mais c'est un aspect secondaire, incident, de sa fonction.

En sautant de nombreuses étapes intermédiaires, on peut affirmer que le travail improductif et les intrants qu'il requiert ont pour fonction *la maximisation du taux de profit*, ce qui n'est pas une petite affaire. Il faut donc redonner au concept de travail improductif toute sa portée théorique, et accepter le fait que la théorie du travail de Marx est, en fait, duale[6] : travail de production et travail de maximisation du taux de profit.

Dans l'entreprise, les deux couples, *tâches de production / tâches d'accompagnement du processus du capital* et *travaux productifs / travaux improductifs*, se superposent exactement, parce que la définition des deux catégories de travaux découle de la théorie du capital (la relation est définitionnelle). Ces deux types de travaux apparaissent complémentaires (alors que dans l'analyse de la marchandise, le travail improductif d'entreprise n'est pas appréhendé).

Mais il n'y a pas de correspondance stricte, seulement approximative, avec les autres couples, valorisation-circulation et prolétaires-capitalistes. Toutes les tâches de circulation sont improductives, mais la surveillance de la production l'est également. Ce n'est donc pas strictement « circulation » qui définit « improductivité ». Il s'agit d'une évidence, dès lors qu'on a compris que le travail improductif « accompagne » le processus du capital dans ses deux aspects, circulation et valorisation. On l'a dit, une partie des tâches du capitaliste dans la production peut incidemment être productive. Mais le fait qu'un individu puisse participer du processus du capital et de son accompagnement ne modifie en rien les catégories analytiques ; il signale des hybridités.

Il est, pourtant, reposant de simplifier, ce que Marx fait souvent. Par exemple, lorsqu'il n'y a pas d'enjeu particulier, on peut assimiler les tâches du capitaliste à un travail improductif, parce qu'elles le sont dans leur majorité ou en totalité et en acquièrent « fonctionnellement » les caractères dans leur ensemble, du fait de la position sociale de leur auteur.

Ce cadre analytique est tout à fait original et quelque peu déroutant. Il ne peut se comprendre qu'à partir de la définition du capital comme processus, tel qu'on l'a rappelé plus haut. Le reste en découle.

Mais quels sont les enjeux ? Un premier enjeu, qu'on laissera ici de côté, est que ce cadre débouche sur une analyse de classe particulière, et, sur cette base, introduit à ce qu'on peut désigner comme « une sociologie », toutes deux très pertinentes historiquement. Schématiquement, il s'agit, par exemple, de ce qui différencie socialement un employé de commerce d'un travailleur à la chaîne.

C'est le second enjeu qui nous importe ici : une théorie de la gestion. A côté du travail productif, il existe une masse d'autres travaux d'une grande importance. Afin d'établir le lien entre ces articulations théoriques et une distinction courante, nous avons proposé de recourir au couple *production/gestion*, en assimilant le travail d'accompagnement du processus du capital à la gestion[7]. Dans cette distinction, le terme *gestion* doit être pris dans un sens très large et, évidemment, abusif, faisant d'un caissier un gestionnaire. Alternativement, on pourrait préciser que le terme gestion ne renvoie qu'aux fractions supérieures de ces travaux. Nous tendons à en faire usage dans son sens large, distinguant donc : d'un côté, travail de *production*, au sens strict, et, de l'autre, le travail de *gestion*, au sens de l'accompagnement du processus du capital. Est-ce utile pour lire Marx ? Sans aucun doute, car une bonne partie du Livre III du *Capital* tourne autour de cette distinction, comme on va le voir.

2 - Propriété et gestion

Abandonnant ces fondements théoriques du Livre I du *Capital*, nous abordons dans une première section le cadre conceptuel du Livre III : le capital de prêt, les fonctions capitalistes, l'intérêt, le profit d'entreprise, etc. Nous rebaptisons le capital de prêt, *capital de financement*, ce qui nous fournit l'occasion de régler quelques problèmes terminologiques. Les deux sections suivantes achèvent l'analyse de ces métamorphoses du rapport de propriété par la définition du capitaliste actif, ou entrepreneur, et l'analyse du processus de délégation des fonctions capitalistes à des salariés. Ensuite vient la notion de « fictivité », dont le rapport à ce qui précède est qu'elle est un attribut du capital de financement, ce qui nous conduit à la prise en compte incidente d'un nouveau mode de prélèvement primaire d'un surplus, ne dérivant pas d'une division de la plus-value. L'ultime section rappelle, enfin, l'étrange lecture « dialectique[8] » que Marx donna de cette évolution du rapport de propriété, jusqu'au pire du capitalisme débridé, ou jusqu'au meilleur du changement social dans l'émergence d'une société post-capitaliste.

Le prêteur, le capitaliste actif, l'intérêt, le dividende et le profit d'entreprise

Écrivant au milieu du XIXe siècle, Marx est, en quelque sorte, en déséquilibre entre la considération d'un capitalisme d'entreprises individuelles ou familiales, et les grandes sociétés par actions. Le « capitaliste » est un personnage central de son analyse. Dans la plénitude de ses fonctions, le capitaliste est à la fois le propriétaire (ou copropriétaire) du capital et l'agent de l'accompagnement de son processus, de sa gestion.

C'est au Livre III qu'est introduite la possible séparation de la propriété et de la gestion. A cette occasion certains concepts nouveaux sont mis en avant : celui du capital de prêt, ou capital porteur d'intérêt, et celui du capitaliste actif, qu'on peut rapprocher de l'entrepreneur. Seul ce dernier accomplit l'intégralité des tâches décrites précédemment : l'avance du capital et les soins que requiert son processus.

La nouveauté que représente la séparation de la propriété et de la gestion vient d'abord se greffer modestement sur la configuration originelle : le capitaliste actif travaille avec son capital et des capitaux qui lui sont confiés pour qu'il les mette en valeur, par des agents qui ne les gèrent pas. La forme type de cette transaction est le prêt. Corrélativement, le profit est divisé en deux fractions, celle qui rémunère les capitaux ainsi remis, et celle que conserve le capitaliste actif, au double titre de sa propre contribution à l'avance et de son labeur de capitaliste actif :

> Par opposition à l'intérêt que le capitaliste actif doit payer au prêteur sur le profit brut, le reliquat du profit qui lui revient prend donc nécessairement la forme du profit industriel ou commercial ou, pour employer une expression allemande qui englobe les deux : la forme du profit d'entreprise[9].

On notera que l'expression « profit d'entreprise » renvoie au fait d'entreprendre (à l'entrepreneur), et non à l'institution, l'entreprise. C'est le profit qui rémunère le fait d'entreprendre : d'avancer et de gérer. La notion de *profit d'entreprise* est donc définie négativement comme ce qui n'est pas payé comme intérêt et, on va le voir, comme dividende.

Sous la catégorie de capital de prêt, Marx regroupe non seulement les crédits, mais aussi les actions. Corrélativement, ce capital porteur d'intérêt l'est aussi de dividendes. Utilisant un terme unique, Marx privilégie le fait, pour un détenteur de capitaux, de participer au financement (selon les deux modalités, crédits et actions), sans s'impliquer dans la gestion. La distinction entre prêteur et actionnaire lui paraît secondaire. Marx ne tend donc pas à considérer les actionnaires comme davantage « propriétaires » que les prêteurs.

Le capital de financement

Surgit ainsi un problème terminologique. Pour désigner ce capitaliste prêteur ou actionnaire (et son capital), Marx utilise le terme allemand *Geldkapitalist* (et donc *Geldkapital*). Ces mots sont rendus respectivement en français par les expressions *capitaliste financier* ou, parfois, *monétaire*, et *capital-argent*, une source de grande confusion. Le problème avec le premier terme, capitaliste (ou capital) financier, est qu'il est également utilisé pour traduire un concept distinct, utilisé par Marx, dont nous parlerons ultérieurement, et qu'il évoque les analyses d'Hilferding et de Lénine où il possède un autre contenu. La difficulté avec le terme capital-argent est la confusion avec la forme A du circuit du capital (la fraction de la valeur-capital qui revêt la forme d'argent, à l'actif du bilan des entreprises), une confusion que Marx dénonce pourtant :

> Dans le cours de notre analyse nous montrerons ultérieurement que, ce faisant, on confond capital-argent et capital *moneyed* [*monnayé*], pris dans l'acceptation de capital porteur d'intérêt, tandis que, dans son sens primitif, le capital-argent n'est toujours qu'une forme transitoire du capital, différant des autres formes de celui-ci : capital-marchandise et capital productif[10].

La confusion provient du fait que l'accroissement du capital de prêt, par exemple, lors de l'émission d'actions, se traduit par l'arrivée d'argent liquide à l'actif du bilan. Mais cet argent ne survit pas en tant que tel puisqu'il entre dans le circuit du capital, finançant l'achat de matières premières, le paiement de salaires ou l'achat d'éléments du capital fixe (encadré 1).

Nous traduisons *Geldkapital* par « capital de financement », et, malgré l'inélégance du terme, *Geldkapitalist* par « capitaliste financeur ».

Le dédoublement du capitaliste actif en gestionnaire et financeur

Il est impossible de reproduire ici toutes les étapes de l'analyse de Marx[11]. On notera les deux points suivants. En premier lieu, le partage quantitatif du profit se transforme en partage qualitatif, selon la formulation de Marx. Par cela, il veut dire que le capitaliste actif s'applique à lui-même le statut de capitaliste financeur, en relation avec sa contribution à l'avance, et se paie intérêts et dividendes. Du même coup, son activité en tant que gestionnaire s'autonomise :

> Transformation du capitaliste réellement actif en un simple dirigeant et administrateur du capital d'autrui, et des propriétaires de capital [*tous, y*

compris l'entrepreneur] en simples propriétaires, en simples capitalistes financiers [*Geldkapitalisten*[12], *soit financeurs*][13].

Dans cette configuration, l'entrepreneur apparaît comme un des financeurs, également gestionnaire ; il y a des financeurs, l'un gère, les autres non. Il en résulte que : « Le capital portant intérêt [*de financement*] est le capital-*propriété* face au capital-*fonction* »[14]. Il va de soi que l'expression « capital-propriété » renvoie ici au fait d'être à l'origine de l'avance de capital, de manière passive. Ce n'est pas le cas pour le capitaliste actif qui exécute les « fonctions », mais se traite lui-même distinctement dans les deux aspects de sa personnalité : propriétaire (comme les autres), à l'origine de l'avance, et gestionnaire.

En second lieu, le capitaliste tend ainsi à identifier le profit d'entreprise, calculé déduction faite des intérêts et dividendes que le capitaliste actif s'est payés à lui-même en tant que financeur, à la rémunération d'un travail comme un autre, sous la forme d'un salaire ou assimilé[15]. Les deux composantes du profit semblent alors provenir de sources différentes[16].

Bien que Marx omette de le signaler, il faut comprendre que cette nouvelle configuration implique un dédoublement des modalités de distribution du profit d'entreprise, puisqu'une partie de la rémunération du capitaliste actif, dans la mesure de son avance, revêt désormais la forme d'intérêt et de dividendes, et que l'autre revêt des formes « salariales ». On sait pourtant que les capitalistes qui occupent une telle position privilégiée, ont, dès l'origine, trouvé les moyens de s'attribuer des rémunérations également privilégiées de leur contribution à l'avance du capital (toutes les actions n'étant pas rémunérées au même taux[17]), de même que leurs « salaires » échappent évidemment à la logique purement salariale d'une force de travail.

La délégation des fonctions capitalistes

Dans ces extraits, Marx est occupé à justifier sa démonstration d'une source unique du profit, la plus-value, au fil d'un processus de division. Mais le piège majeur que la progression du mode de production capitaliste pose à sa construction, résulte de la délégation des tâches de gestion à des salariés dont la force de travail est achetée à cette fin :

La production capitaliste, elle, est arrivée au stade où le travail de haute direction, entièrement séparé de la propriété du capital, court les rues[18].

Et, à la page suivante :

[...] le simple directeur qui n'est à aucun titre possesseur de capital, ni comme emprunteur, ni autrement, remplit toutes les fonctions effectives que nécessite le capital actif en tant que tel ; il s'ensuit que seul le fonctionnaire [*celui qui exécute les fonctions, soit le gestionnaire, et non le capitaliste actif comme plus haut*] demeure, le capitaliste disparaît du procès de production [*plus rigoureusement, du processus du capital*] comme superflu[19].

La notion de profit d'entreprise subit ici, une nouvelle métamorphose. Antérieurement, l'entrepreneur se payait un salaire en tant que gestionnaire. Désormais, la gestion est déléguée à des salariés non-entrepreneurs. La rémunération de ces états-majors fait-elle partie du profit d'entreprise ? Est-elle un prélèvement sur ce profit (donc un frais selon la terminologie de Marx) ?

Nous pensons qu'il est préférable de réserver le terme *profit d'entreprise* à la rémunération d'agents qui combinent les deux aspects de la personne de l'entrepreneur : propriété et gestion. Ainsi, dans le capitalisme contemporain, on pourrait en faire usage pour désigner le revenu (salaires, *stock options*) du sommet de la pyramide gestionnaire, pour autant que ces argents restent propriétaires de masses non-négligeables du capital de l'entreprise, et sont, simultanément, impliqués dans sa gestion.

La « fictivité » comme attribut du capital de financement

Engagé dans ces analyses, Marx introduit la notion de « fictivité », comme attribut du capital de financement (notamment au chapitre XXIX). Le concept de *capital fictif* possède divers contenus alternatifs (on sait que ces analyses n'étaient pas prêtes à être livrées aux lecteurs) :

1. Dans un premier sens, très rigoureux, on peut parler d'un capital de financement radicalement fictif, parce qu'il ne finance pas un « capital » mais une dépense. Comme on l'a rappelé, pour Marx, *capital* signifie valeur prise dans un mouvement d'auto-accroissement (section 1). Une créance sur un ménage ou sur l'État ne revêt pas ce caractère. Elle ouvre un droit contractuel à un flux de remboursements et d'intérêts. Marx parle alors de capital fictif. Ce capital fictif est un capital du point de vue du prêteur, selon l'usage courant du terme capital, mais pas de l'emprunteur qui l'a dépensé.

2. Dans un second sens, la fictivité s'attache au *titre* qui matérialise un capital de financement, par exemple une action ou une obligation d'entreprise. Le circuit du capital est là, du côté actif du bilan, aussi la fictivité renvoie-t-elle à autre chose que ci-dessus : à savoir l'apparition d'un double du capital. Une action, par exemple, matérialise une quote-part dans une

avance de capital, mais on ne peut compter le capital une seconde fois ; il n'y a pas le capital dans le circuit d'une part, et l'action d'autre part :

> A mesure que se développent le capital productif d'intérêt et le système de crédit, tout capital semble se dédoubler, et par endroits tripler même, grâce aux diverses façons dont un même capital, ou simplement une même créance, apparaît dans des mains différentes, ou des formes différentes. La majeure partie [*à notre sens la totalité*] de ce « capital-argent » [*de financement*] est purement fictive[20].

Marx suggère implicitement une forme de consolidation, au sens comptable du terme, où ne subsisteraient que les fractions du capital revêtant les formes P, M et A du circuit. Est « fictif » tout ce qui disparaît dans cette consolidation[21]. De fait, une société, financière ou non, peut posséder les actions d'autres sociétés, une pyramide s'échafaudant ainsi ; il en va de même si des emprunts en financent d'autres.

3. Cette fictivité se prolonge dans le fait que l'action est susceptible de s'échanger sur un marché, la bourse ou un autre marché, et possède un prix relativement autonome des composantes du capital qu'elle est supposée matérialiser. Comme dans le cas d'une créance sur l'État, le prix des actions exprime la capitalisation d'un flux de revenu à venir, sur la base des anticipations :

> En fait, tous ces effets [*titres*] ne représentent pas autre chose que l'accumulation de droits, de titres juridiques sur une production à venir, dont la valeur-argent ou la valeur-capital tantôt ne représente pas de capital du tout, c'est le cas de la dette publique par exemple, tantôt est régie par des lois indépendantes de la valeur du capital réel qu'ils représentent[22].

Est ainsi marqué de certains traits de fictivité, un capital dont le prix est déterminé par anticipation d'un flux de revenu futur, évidemment indéterminé, donc « spéculatif ». A ce titre, un krach boursier n'est pas une destruction de valeur, bien qu'il puisse la provoquer indirectement.

Aucune composante du capital de financement n'échappe à la fictivité, quoique selon des mécanismes et à des degrés divers en fonction de la nature du financement. On aurait pu réserver le terme *capital de financement* au seul capital finançant l'entreprise capitaliste. Mais on peut en donner une définition plus large, comme un équivalent du *capital de prêt* en général, sachant qu'il inclut les prêts aux entreprises, les actions, et les crédits à d'autres agents, donc y compris le capital fictif dans le premier sens, celui des créances sur des agents autres que les entreprises (encadré 2).

2 - La mesure du capital de financement

Une fois reconnus la nature du capital de financement et le sceau infamant de la « fictivité » dont il est marqué, se pose le problème de sa mesure. On peut l'aborder du point de vue de l'agent qui bénéficie du financement ou de celui qui le fournit.

Du point de vue de l'entreprise qui reçoit le capital de financement, ce dernier apparaît au passif de son bilan, sous la forme d'emprunts et d'actions :

1. L'emprunt se conserve nominalement et peut être évalué à sa valeur originelle. Mais faut-il inclure dans le capital de financement l'ensemble des crédits, par exemple un crédit commercial ou un découvert bancaire ? La réponse à ces questions doit rester souple. Il y a dans le capital de financement un noyau dur où le contrat revêt les caractères d'une mise à disposition délibérée et durable ; mais il y a également des contributions marginales plus éphémères, comme dans un découvert, ou liées à une transaction, comme dans le crédit commercial.

2. Le problème est plus difficile pour les actions et les actionnaires. Dans le bilan de l'entreprise, faut-il leur imputer l'ensemble des profits retenus, accumulés dans les fonds propres ? C'est supposer un rapport de propriété où la délégation de la gestion est complète, et où ne demeure donc aucun rapport particulier à l'entrepreneur (le concept de capitaliste actif ayant perdu toute valeur explicative). C'est également supposer que les gestionnaires, ou leur fraction supérieure, ne constituent pas un « contre-pouvoir » face au capital de financement, ce qui permet de les considérer comme de simples employés. Dans des situations hybrides, la réponse à ces questions ne peut rester que nuancée.

Ces incertitudes peuvent paraître déconcertantes, mais elles n'impliquent aucune dissolution de la rigueur de l'analyse[23].

Concernant les titres publics, et du point de vue de l'État emprunteur, ils conservent leur valeur d'émission.

Vus du côté des financeurs, tous les avoirs ont une double évaluation, celle qui correspond à la transaction initiale et celle que déterminent les marchés secondaires où ces titres sont négociés, comme la bourse.

Cette notion de « fictivité », de château de papier qui se construit en façade et à la périphérie du capitalisme réel, est indissociable dans l'analyse de Marx de celle de *fragilité*.

Le prélèvement « primaire » de l'intérêt

L'épithète *fictif* est, à la fois, très suggestive et trompeuse. Au-delà des doubles décomptes et prix spéculatifs, une composante de ce capital fictif renvoie à un autre mode de prélèvement du revenu, distinct de l'accaparement de la plus-value. Les intérêts payés par les ménages sur leur dette et ceux payés par l'État, par l'intermédiaire de l'impôt, définissent un canal alternatif de formation de revenus capitalistes.

Ce capital et ces revenus ne sont « fictifs » qu'en relation à une définition qui confère les caractères de l'authenticité au seul capital du circuit. Mais cette extraction alternative d'un revenu est bien réelle[24]. Nous proposons d'appeler ces flux d'intérêt qui ne sont pas des redistributions de la plus-value, « flux d'intérêt primaires », au sens où l'on peut parler de *revenus primaires*, puisque ces revenus ne proviennent pas d'une division d'une plus-value préalablement accaparée. Ces intérêts payés par les ménages et l'État, une fois versés, peuvent évidemment circuler au sein des institutions financières, comme les autres, et des flux hybrides s'y forment.

Pourquoi s'arrêter sur cette ambiguïté de l'analyse de Marx ? C'est que l'importance de ces flux primaires d'intérêts est considérable dans le capitalisme contemporain. Il convient donc d'en reconnaître pleinement non seulement l'existence mais aussi le statut bien particulier.

Socialisation contradictoire et post-capitalisme

Marx voyait dans le développement des sociétés par actions, point culminant de la transformation institutionnelle du rapport de propriété capitaliste qui nous intéresse ici, une forme de transition vers une société post-capitaliste. C'est là un des aspects du processus de *socialisation*, parfois dit « socialisation des forces productives », à l'œuvre dans le mode de production capitaliste. Il s'agit de la prise en charge collective, au lieu d'individuelle, de mécanismes comme le financement, la production et la gestion, dans des grandes entreprises, qui acquièrent ainsi un caractère social.

La transition au-delà du capitalisme implique le *double* transfert : (1) de la propriété et (2) de la gestion :

Dans les sociétés par actions, la fonction [*les fonctions capitalistes*] est séparée de la propriété du capital ; partant, le travail [« *depuis le directeur jusqu'au dernier journalier* »] est, lui aussi, totalement séparé de la possession des moyens de production et du surtravail [*du bénéfice de son appropriation*]. Ce résultat du développement suprême de la production capitaliste est le point par où passe nécessairement la reconversion du capital en propriété des producteurs, non plus comme propriété privée des producteurs particuliers, mais en tant que propriété des producteurs associés, propriété directement sociale [*(1) transfert de la propriété*]. Par ailleurs, c'est le point par où passe la transformation de toutes les fonctions du procès de reproduction [*processus du capital*] encore rattachées à la propriété du capital en simples fonctions des producteurs associés, en fonctions sociales [*(2) transfert de la gestion*][25].

Dans ces analyses, Marx a principalement en tête la transformation de la société par actions en coopérative, donc des tâches de gestions « locales ». Mais on voit surgir toute la complexité de l'articulation de ces tâches aux processus de coordination sociale, comme l'arbitrage de l'investissement entre entreprises et branches ou les régulations de l'activité macroéconomique.

Le rassemblement formidable de la propriété du capital et de la gestion en peu de mains que permettent les nouvelles formes de propriété dans le capitalisme, entre en contradiction avec leur caractère privé. Cette contradiction se manifeste d'une double manière : (1) le fait que certaines entreprises puissent contrôler des marchés, et (2) que ces masses énormes de capitaux demeurent sous la coupe d'individus ou cliques :

> C'est la suppression du mode de production capitaliste à l'intérieur du mode de production capitaliste lui-même, donc une contradiction qui se détruit elle-même et qui, de toute évidence, se présente comme simple phase transitoire vers une forme nouvelle de production. C'est aussi comme une semblable contradiction que cette phase de transition se présente. Dans certaines sphères elle établit le monopole, provoquant ainsi l'immixtion de l'État. Elle fait renaître une nouvelle aristocratie financière, une nouvelle espèce de parasites, sous forme de faiseurs de projets, de fondateurs, et de directeurs simplement nominaux ; tout un système de filouterie et de fraude au sujet de fondation, d'émission et de trafic d'actions. C'est là de la production privée sans le contrôle de la propriété privée[26].

On peut reconnaître dans cette dialectique du meilleur (socialisation, préparation d'une nouvelle ère) et du pire (parasitisme, fraude), un mode de cheminement typique de la pensée de Marx.

3 - Institutions et secteur

Les mécanismes financiers, et l'étude du secteur financier proprement dit que nous abordons maintenant, sont davantage traités au Livre III du *Capital*, que dans les deux livres précédents mais cette limitation n'est pas stricte. Globalement, on trouve dans *Le Capital* divers types de développements assez éparpillés et qui ne font pas l'objet d'une synthèse. Marx est, en fait, fidèle à son plan, et les mécanismes financiers viennent se greffer sur la progression générale de son argument, sans la déterminer, positionnés souvent là où Friedrich Engels les a placés dans son travail de publication du Livre III.

Le capital du commerce de l'argent

Un premier concept, un peu méconnu et qui a beaucoup souffert des problèmes de traduction, est celui de *capital du commerce de l'argent*. Pourquoi cette expression rugueuse ?

Marx distingue trois types de capitaux selon leur manière de parcourir le circuit du capital (encadré 1). Seul le *capital industriel* l'accomplit dans sa totalité. Il existe deux circuits tronqués, ceux du *capital commercial* et du *capital du commerce de l'argent*, tous deux regroupés sous le vocable de *capital marchand*, le tout incompréhensible en français, d'autant plus que capital du commerce de l'argent est, le plus souvent, rendu par « capital financier ». La confusion est totale avec *Geldkapital*, tel qu'on l'a défini plus haut (capital de financement, crédits et actions) : vraiment autre chose, puisqu'on change de côté du bilan.

Les termes qu'utilise Marx sont *Warenhandlungskapital* et *Geldhandlungskapital*, les deux catégories du *Handelskapital*[27]. Sans connaître l'allemand, il suffit de savoir que *Hand* renvoie à la main, et *Handlung* à l'idée de maniement ; *Geld* signifie argent et *Waren*, marchandise. Littéralement, il s'agit dans les deux cas d'un commerce, celui de l'argent et celui des marchandises. La seconde expression va d'elle-même ; la première désigne les opérations de caisse, de tenue de comptes, d'encaissement de créances venant à échéance, de change, etc.

On a parlé ci-dessus de circuit tronqué. Dans les deux cas, le capital investi dans ces secteurs ne revêt jamais la forme P. C'est important, car c'est là que s'accapare la plus-value. Ces secteurs réalisent donc, dans leur profit, une plus-value accaparée ailleurs (ou un revenu approprié autrement, section 2). Ces tâches du commerce de l'argent peuvent être déléguées au banquier[28]. C'est l'étude du capital bancaire, qui confère son importance au capital du commerce de l'argent.

Le capital bancaire et le crédit

Le concept de capital bancaire est du plus grand intérêt théorique. Il existe un type d'institutions financières, les banques, qui accomplissent deux (ou trois) types de tâches : (1) le commerce de l'argent et (2) le financement des entreprises (et (3) le crédit à d'autres agents non productifs) :

> Nous avons vu à la section précédente que la garde des fonds de réserve des hommes d'affaires, les opérations techniques de l'encaissement et du paiement d'argent, des paiements internationaux et par là du commerce des lingots se trouvent concentrées entre les mains des banquiers. Conjointement à ce commerce d'argent se développe l'autre aspect du système de crédit : la gérance du capital porteur d'intérêt ou du capital-argent [*capital de financement*], en tant que fonctions particulières des banquiers. Emprunter et prêter de l'argent devient leur affaire particulière. [...] [*L*]a profession de banquier consiste, de ce point de vue, à concentrer entre ses mains des masses importantes de capital-argent [*capital de financement*[29]] destiné au prêt, [...][30].

Cet extrait introduit la seconde fonction du système bancaire, aux côtés du commerce de l'argent, celle de la collecte et du rassemblement du capital de financement. Les fonds proviennent de trois sources :

1. *Les banques gestionnaires des liquidités des entreprises* :

> D'abord, comme elles [*les banques*] sont les caissiers des capitalistes industriels, elles concentrent le capital-argent que chaque producteur et commerçant détient comme fond de réserve ou qui reflue vers lui sous forme de paiement [*le capital-argent, A, de l'actif du bilan des entreprises ; déposé à la banque, il augmente son actif et son passif, parce que celle-ci reçoit l'argent à son actif, et que le compte du déposant, au passif, s'accroît*]. Ces fonds se convertissent ainsi en capital-argent de prêt [*capital de financement du passif du bilan des entreprises qui permet un accroissement de leur actif ; créances de l'actif du bilan des banques*][31].

Marx consacre d'énormes développements au Livre II, à la formation de ces stocks de capital-argent oisifs de l'actif des entreprises, dans sa théorie de la *libération du capital*. Ils sont déposés dans les banques et constituent un fonds globalement stable, à partir de contributions volatiles des capitalistes individuels. Ce fonds peut être mis à la disposition de certaines entreprises comme capital de financement. L'intermédiation reste très importante dans l'analyse des mécanismes du crédit par Marx.

2. *Les banques administratrices du capital de financement* :

> Deuxièmement, leur capital de prêt [*de financement*] se constitue à partir des dépôts des capitalistes financiers [*financeurs*] qui leur laissent le soin de le prêter[32].

Il va sans dire que ces avoirs sont augmentés de ceux de tous les agents qui déposent leur argent à la banque, y compris les travailleurs, dès lors que l'accès leur est permis à ces institutions[33].

3. La création monétaire.

L'idée de création monétaire par le crédit est également présente dans l'analyse de Marx (voir le chapitre XXXIII du Livre III), même si les modalités ne sont pas celles prévalant de nos jours. Cette création est liée à l'émission de billets de banques (privées) et à des opérations sur titres. La banque d'Angleterre module ses taux d'intérêt en fonction des mouvements enregistrés dans l'économie, préfigurant une politique monétaire. Sur ces thèmes voir l'encadré 3.

---

3 - Création monétaire par le crédit et contrôle central dans *Le Capital*

On trouve au chapitre XXXIII du *Capital* une présentation relativement élaborée de la création monétaire et des interventions de la Banque d'Angleterre, bien que Marx tende, le plus souvent, à raisonner en termes d'intermédiation. Cet encadré retrace certains aspects de ces analyses. En l'occurrence, plus que d'« apprendre » de l'analyse de Marx, il s'agit de sonder la modernité de sa compréhension, une curiosité :

1. Émission de billets et contrepartie métallique :

Si la Banque émet des billets qui ne soient pas couverts par l'encaisse métallique entreposée dans ses caves, elle crée des signes de valeur qui ne constituent pas seulement un moyen de circulation, mais aussi un capital supplémentaire – fictif il est vrai – dont le montant nominal est celui des billets de banque émis sans couverture[34].

Il n'y a guère de raisons de traiter différemment les billets et les dépôts, c'est-à-dire tous les passifs monétaires du bilan des banques. Marx confère donc un caractère de « fictivité » à ces passifs dès lors qu'ils dépassent les encaisses métalliques. L'égalité entre l'*actif* et le *passif* du bilan le plus simple s'écrit comme suit :

Or + Crédits = Fonds propres + Billets et comptes

L'égalité *Or = Billets et comptes* que le raisonnement de Marx met en jeu, implique *Crédits = Fonds propres*. En d'autres termes, si la banque conserve du métal pour couvrir ses passifs exigibles, elle ne peut prêter que ce qui a été rassemblé comme capital de financement. Dans ce cadre, la banque n'assumerait pas les fonctions que Marx lui reconnaît, notamment la mise à disposition des uns, des avoirs des autres. Dès que cette règle de couverture intégrale n'est plus respectée, c'est-à-dire dès que la banque joue son rôle, il en résulte une création monétaire à laquelle s'attache ce caractère de fictivité. Son montant est :

Billets et comptes - Or = Crédits - Fonds propres

2. Modalités de la création monétaire :

Nous voyons donc ici comment les banques créent crédit et capital : 1. Par émission de leurs propres billets de banque. 2. Par l'établissement d'effets à 21 jours, tirés sur Londres, mais qui leur sont payés en espèces au jour de leur établissement. 3. En donnant en paiement des traites déjà escomptées, mais auxquelles l'endossement de la banque a, en premier lieu, et pour l'essentiel, donné crédit du moins pour le district dont il s'agit[35].

(1) L'émission de billets crée de la monnaie s'il n'en détruit pas simultanément, c'est-à-dire s'il correspond à un nouveau crédit (et non à la remise d'espèces ou de billets d'autres banques) ; (2) la seconde modalité correspond à un emprunt auprès d'une banque du centre du système ; (3) la troisième modalité équivaut à vendre un titre de crédit.

3. Contrôle de la banque centrale :

La puissance de la Banque d'Angleterre se manifeste par la régularisation du taux du marché de l'intérêt. Quand les affaires marchent normalement, il peut arriver que la Banque d'Angleterre ne puisse, par un relèvement du taux d'escompte, enrayer une sortie d'or limitée, provenant de sa réserve métallique, parce que les besoins en moyens de paiement sont satisfaits par les Banques privées, les banques par actions[36], *et les bill-brokers, dont la puissance capitaliste a considérablement augmenté au cours des trente dernières années. [...] Mais, aux moments critiques* [Marx cite alors un banquier :] « *En période de crise extraordinaire... quand les escomptes des banquiers privées ou des courtiers* (brokers) *sont relativement limités, ils retombent sur la Banque d'Angleterre, et elle a alors le pouvoir d'établir le taux de marché de l'intérêt* »[37].

La Banque d'Angleterre a le pouvoir d'agir sur le taux d'intérêt en offrant plus ou moins de crédit, donc la capacité de moduler le crédit.

De ces analyses découle naturellement l'idée qu'une grande partie du capital de l'actif des banques possède un caractère de fictivité :

Donc, la majeure partie du capital du banquier est purement fictive et consiste en créances (traites), fonds d'État (qui représentent du capital dépensé) et actions (assignations sur un revenu à venir)[38].

Marx étend ainsi la notion de fictivité à certains aspects du crédit bancaire, dont la nature est celle d'une création monétaire.

Les banques « administratrices » du capital de financement

Nous sommes ici à l'intersection des analyses des sections du *Capital* qui traitent du capital du commerce de l'argent et du capital de financement. Cette intersection est une expression de la dualité de la fonction des institutions financières : (1) maillons dans une division sociale capitaliste du travail, comme le capital du commerce des marchandises, ces institutions prennent en charge certains segments du circuit du capital dans ses modalités concrètes ; (2) elles concentrent le capital de financement (crédits et actions), et y servent d'intermédiaires entre financeurs et entreprises. Elles deviennent les *administratrices* du capital de financement. A travers cette notion, il faut entendre non seulement l'intermédiation, mais les fonctions et pouvoirs qui s'y attachent.

Marx souligne ce nouvel aspect de l'évolution du rapport de propriété qui confère un rôle particulier au système bancaire dans le rapport de propriété :

> [...] le simple propriétaire de capital, le capitaliste financier [*financeur*], s'oppose au capitaliste actif[,] et le capital financier [*capital de financement*] lui-même, avec l'extension du crédit, revêt un caractère social concentré dans les banques qui lui prêtent désormais aux lieu et place de ses propriétaires immédiats[39].

La fin du long extrait « Nous avons vu ... de prêt », laissée, plus haut (dans la section 1), en suspens, montre que Marx perçut très bien les implications de la réunion de ces capitaux dans les banques, en termes de pouvoir. L'extrait se termine ainsi :

> [...] de sorte que se sont les banquiers qui, au lieu du prêteur individuel, affrontent, en tant que représentants de tous les prêteurs d'argent, le capitaliste industriel et le commerçant. Ils deviennent les administrateurs généraux du capital-argent [*de financement*][40].

Est ici en jeu le rapport entre financeurs et entrepreneurs, mais Marx est assez peu explicite concernant la portée de cette « administration » et de cet « affrontement ».

Nous sommes là précisément à l'articulation du capital-propriété, tel qu'analysé à la section 2, et du secteur financier, dans la présente section, et au seuil de la relation de pouvoir qui en découle. Il s'agit d'un thème, pour nous, central : (1) l'évolution du rapport de propriété jusqu'à la délégation de la gestion, et (2) la concentration du pouvoir capitaliste dans les institutions financières.

Concentration et centralisation

Ces mécanismes sont inséparables de ceux relatifs à ce qu'on appellerait de nos jours « concentration » du capital, pour lesquels Marx utilise deux termes : concentration et centralisation. L'idée générale est que des masses de plus en plus grandes de capital sont rassemblées au sein d'une même institution. Marx décrit deux modalités de ce processus. La première, dite *concentration*, résulte de la simple accumulation. Trivialement : avec la croissance de l'économie, les entreprises deviennent de plus en plus grosses. Abstraction faite de toutes les hétérogénéités, ce processus augmente à la mesure des rythmes d'accumulation. La seconde, la *centralisation*, renvoie au rassemblement de divers capitaux au sein de mêmes unités. De ce point de vue, la taille des unités croît plus vite que l'implique l'accumulation moyenne.

Les conséquences de ces tendances sont multiples. Elles modifient les conditions technico-organisationnelles du fonctionnement des entreprises (production, commercialisation, gestion...) ainsi que la confrontation des entreprises sur les marchés, dans la concurrence. Ce qui nous intéresse ici est cependant la relation de ces mécanismes à ce que Marx appelle le « crédit » :

> Le développement de la production capitaliste enfante une puissance tout à fait nouvelle, le crédit, qui à ses origines s'introduit sournoisement comme une aide modeste de l'accumulation, puis devient bientôt une arme additionnelle et terrible de la guerre de la concurrence, et se transforme enfin en un immense machinisme [*mécanisme*] social destiné à centraliser les capitaux.[41].

La relation avec l'analyse ci-dessus des banques comme administratrices du capital de financement est évidente. Les banques rassemblent les capitaux, les injectent dans les entreprises nonfinancières et en deviennent les administratrices. Ce faisant, elles contribuent à la centralisation du capital, c'est-à-dire à la croissance de la grande économie. Nous sommes ici extrêmement proches de l'analyse d'Hilferding reprise par Lénine.

Les fonctions du secteur financier

Malgré de nombreux propos acerbes, le secteur financier et les mécanismes financiers en général ne sont pas, pour Marx, intrinsèquement inutiles ou parasitaires. On peut rapprocher cette observation du fait qu'improductif n'est nullement synonyme d'inutile. Les mécanismes financiers assument diverses fonctions dans le capitalisme :

1. *Le crédit et la maximisation du taux de profit général (ou moyen).* Le crédit contribue à l'accélération de la rotation du capital, au sens de la vitesse à laquelle le circuit est parcouru (chapitre XXVII du Livre III) : « Accélération par le crédit des différentes phases de la circulation, de la métamorphose des marchandises, outre la métamorphose du capital ; partant, accélération du procès de reproduction[42] ». Il est donc, à ce titre, un facteur de maximisation du taux de profit, car, sur la base d'un même capital, il permet une production plus grande. Le commerce de l'argent renvoie également à divers maillons du circuit du capital. Ce commerce est donc, lui aussi, un vecteur de la rotation du capital, et contribue également à la maximisation du taux de profit général.

2. *La collecte des avoirs oisifs.* Le secteur bancaire permet le rassemblement des capitaux « libérés » dans le circuit du capital, c'est-à-dire retrouvant la forme capital-argent. Cette libération reflète la simple nécessité d'avoir des fonds de roulement ; elle est l'effet des irrégularités du déroulement du circuit (par exemple du ralentissement de l'activité dans une branche) et, surtout, de la discontinuité des flux d'investissement. L'amortissement du capital fixe est accumulé en avoirs liquides avant de donner lieu à un nouvel investissement. Toutes ces liquidités, déposées en banque (s'ajoutant aux revenus des capitalistes et des travailleurs), peuvent être réinjectées dans d'autres circuits. Il s'agit d'un mécanisme additionnel conduisant à la maximisation du taux de profit.

3. *Le crédit et l'accumulation.* Il va sans dire que le crédit contribue également à augmenter l'accumulation, puisqu'il permet de financer l'investissement au-delà de ce qu'autoriserait la seule épargne. Mais il est également le vecteur d'un processus de « centralisation » des capitaux, selon la terminologie de Marx, ce qui implique la constitution d'unités capitalistes plus larges regroupant des capitaux perdant leur autonomie.

4. *L'égalisation des taux de profit dans la concurrence.* Au Livre III, dans son étude des mécanismes concurrentiels, Marx se réfère aux décisions d'investissement à travers le concept d'*allocation du capital.* Les capitalistes décident d'investir selon les niveaux comparatifs de rentabilité. Comme on sait, ces arbitrages sont à l'origine de la tendance à la formation d'un taux de profit uniforme dans les diverses branches. Il s'agit d'un mécanisme tout à fait fondamental dans le capitalisme, dont Marx estime qu'il est assez bien mené[43].La toute première fonction du capitaliste actif est de réaliser l'avance de capital dans un secteur particulier d'investissement. Où investir ? Pour produire quoi ? Tant que les relations entre capitalistes actifs et financeurs restent interindividuelles, l'allocation du capital résulte de leur interaction. La société par actions peut se substituer au capitaliste actif individuel, sans que le rapport au capital de financement en soit fondamentalement modifié. Mais dès que le financement socialisé entre en scène, dès que des institutions

financières s'impliquent dans ces mécanismes, ces nouveaux acteurs deviennent parties prenantes dans cette allocation. Du fait de la masse considérable de capital que ces institutions contrôlent, Marx y voit la source d'une efficacité accrue dans la tendance à l'égalisation des taux de profit entre branches. C'est, à ses yeux, un des effets du « système de crédit » :

> Le nivellement constant des inégalités [*de taux de profit*] s'accomplit d'autant plus vite que : 1. le capital est plus mobile, partant plus facile à transférer d'une sphère ou d'une place à une autre ; 2. que la force de travail peut être jetée plus aisément d'une sphère à une autre, [...]. Le premier point suppose [...] le développement du système de crédit qui, face aux capitalistes isolés, concentre la masse inorganique du capital social disponible[44].

5. *Le crédit et la baisse du taux de profit.* Outre sa contribution à la maximisation du taux de profit, le crédit, selon Marx, permet de mettre à l'écart de la formation du taux de profit général certaines fractions du capital total, contribuant ainsi au maintien du taux de profit pour les autres :

> [*I*]l faut encore souligner cet aspect important du point de vue économique : comme le profit prend ici purement la forme de l'intérêt, de telles entreprises demeurent possibles si elles rapportent simplement l'intérêt, et c'est une des raisons qui empêche la chute du taux général de profit, parce que ces entreprises, où le capital constant est immense par rapport au capital variable, n'interviennent pas nécessairement dans l'égalisation du taux général de profit[45].

Ce thème est également traité dans le chapitre sur les contre-tendances à la baisse du taux de profit[46].

Le secteur financier : parasitisme, fragilité et socialisation

Bien que ces fonctions du secteur financier occupent une position tout à fait centrale dans son analyse du fonctionnement du capitalisme, Marx souligne également, de manière très vigoureuse, les méfaits potentiels de ces mécanismes. On peut regrouper ces critiques autour de deux termes : *parasitisme* et *fragilité*. Le monde financier est, pour Marx, le lieu de toutes les dérives, presque « débauches ». L'encadré 4 présente quelques extraits qui se passent de commentaires.

L'existence des mécanismes financiers introduit un élément de fragilité, soit d'instabilité macroéconomique. Mais sont-ce les mécanismes financiers qui instabilisent l'économie réelle ou l'inverse ? Il est difficile de synthétiser l'analyse de Marx sur ce thème complexe. Son point de vue est celui d'une *interaction* entre mécanismes réels et financiers.

---

4 - Le petit monde des financiers

Marx n'est pas tendre avec le petit monde des financiers et ses pratiques. On a déjà cité les phrases suivantes (section 2) :

Elle [la socialisation de la propriété dans les sociétés par actions] *fait renaître une nouvelle aristocratie financière, une nouvelle espèce de parasites, sous forme de faiseurs de projets, de fondateurs, et de directeurs simplement nominaux ; tout un système de filouterie et de fraude au sujet de fondation, d'émission et de trafic d'actions. C'est là de la production privée sans le contrôle de la propriété privée*[47].

Mais on trouve également :

Comme la propriété existe ici sous forme d'actions, son mouvement et sa transmission deviennent le simple résultat du jeu de la bourse, où les petits poissons sont avalés par les requins et les moutons par les loups de bourse[48].

Ou enfin :

Le système de crédit[,] *dont le centre est constitué par les Banques dites nationales et les prêteurs et usuriers qui gravitent autour d'elles*[,] *représente une centralisation énorme ; et il confère à cette masse de parasites un pouvoir fabuleux, le pouvoir non seulement de décimer périodiquement les capitalistes industriels, mais d'intervenir de la façon la plus dangereuse dans la production réelle – et cette bande ne connaît rien à la production et n'a rien à voir avec elle. Les lois de 1844 et de 1845 sont des preuves du pouvoir croissant de ces bandits, auxquels se joignent les financiers et les stock-jobbers* [spéculateurs en bourse][49].

Mais de quel siècle parle Marx ?

La primauté du « réel » est fortement soulignée :

> Tant que le procès de reproduction poursuit son cours, continuant d'assurer par là le reflux de capital, il y a permanence et expansion de ce crédit, et celle-ci repose sur l'expansion du procès de reproduction lui-même. Dès que survient un arrêt, par suite de retard dans les retours, d'engorgement des marchés, de chutes de prix, il y a [...] une masse de capitaux-marchandises, mais invendables. [...] Il se produit un resserrement du crédit[50].

De même, on trouve :

A première vue donc, toute la crise se présente comme une simple crise de crédit et d'argent. Et, en fait, il ne s'agit que de la convertibilité des effets de commerce en argent. Mais dans leur majorité, ces traites représentent des achats et des ventes réels, dont le volume dépasse de loin les besoins de la société, ce qui est en définitive à la base de toute crise[51].

Pourtant, le crédit entre en scène en tant que facteur spécifique, à travers ses propres dérèglements :

Mais, parallèlement, une quantité énorme de ces effets ne représentent que des affaires spéculatives qui, venant à la lumière du jour, y crèvent comme des bulles ; ou encore ce sont des spéculations menées avec le capital d'autrui, mais qui ont mal tourné. [...] Tout ce système artificiel d'extension forcée du procès de reproduction ne saurait naturellement être remis sur pied parce qu'une banque, par exemple, la Banque d'Angleterre, s'avise alors de donner à tous les spéculateurs, en papier-monnaie émis par elle, le capital qui leur manque, d'acheter à leur ancienne valeur nominale la totalité des marchandises dépréciées[52].

On voit clairement ici apparaître le crédit comme facteur d'expansion (« forcée », écrit Marx) de la production, mais on voit également que la résolution de la convertibilité des titres ne rétablit pas, selon Marx, la stabilité macroéconomique.

Mais le système de crédit est également un des vecteurs de la transition au-delà du capitalisme, et cette thématique de la transition rejoint celle de l'instabilité. On retrouve pleinement la problématique de la socialisation, d'abord directement, concernant la bourse :

Dans le système des actions existe déjà l'opposition à l'ancienne forme [*de propriété*], dans laquelle le moyen social de production apparaît comme propriété privée ; mais la transformation en actions reste elle-même encore prisonnière des lisières[53] capitalistes ; au lieu de surmonter la contradiction entre le caractère social des richesses et la richesse privée, elle ne fait que l'élaborer et la développer en lui donnant un nouvel aspect[54].

Mais cette socialisation est un facteur d'instabilité :

Le système de crédit accélère par conséquent le développement matériel des forces productives et la constitution d'un marché mondial ; la tâche historique de la production capitaliste est justement de pousser jusqu'à un certain degré le développement de ces deux facteurs, base matérielle de la nouvelle forme de production. Le crédit accélère en même temps les explosions violentes de cette contradiction, les crises et, partant, les éléments qui dissolvent l'ancien mode de production.

Voici les deux aspects de la caractéristique immanente du système de crédit : d'une part, développer le moteur de la production capitaliste [...] ; mais, d'autre part, constituer la forme de transition vers un nouveau mode de production[55].

4 - Les classes dominantes

Avec cette section, nous abordons le dernier des trois volets de notre incursion dans l'étude des mécanismes financiers par Marx. Il s'agit de l'analyse des classes qui sous-tend la référence que nous faisons « à la fraction supérieure de la classe capitaliste ». A un premier niveau, on peut faire dériver directement des catégories du *Capital* diverses fractions de la classe capitaliste, auxquelles il faut ajouter les cadres salariés qui la secondent. Mais si ce procédé de « décalque » fournit la base indispensable de l'analyse des classes, il est impossible de s'en contenter. Les classes sont aussi des ensembles d'agents, de familles, et des acteurs d'une histoire dont Marx raconte un premier épisode. Les déterminations s'affinent.

Les fractions des classes dominantes selon Le Capital *: propriétaires fonciers, financeurs et banquiers*

On sait que *Le Capital* se termine dramatiquement sur le chapitre LII, d'une page et demie, publié sous le titre *Les classes*. Le point de vue que Marx y adopte est clairement indiqué dans le premier paragraphe :

Les propriétaires de la simple force de travail, les propriétaires de capital et les propriétaires fonciers dont les sources respectives de revenu sont le salaire, le profit et la rente foncière [*énumération sans verbe*] ; par conséquent, les salariés, les capitalistes et les propriétaires fonciers constituent les trois grandes classes de la société moderne fondée sur le système de production capitaliste[56].

A chaque type de revenu, Marx fait ainsi correspondre une classe. Il s'agit d'une homologie stricte entre les catégories de la théorie économique et la structure de classe. L'usage général de cette méthode permet de produire un tableau relativement développé. En particulier, elle suggère la distinction de diverses fractions des classes dominantes. Elle est susceptible d'enrichissement par rapport à ce que Marx a, lui-même, réalisé. Tout dépend du champ de l'analyse économique pris en considération :

1. *Propriétaires fonciers et capitalistes.* Bien que nous n'en ayons pas traité dans les sections antérieures, une première distinction oppose les propriétaires fonciers qui vivent de la rente foncière et les capitalistes. Parmi ces derniers, on peut évidemment faire des fermiers capitalistes une catégorie particulière, bien que dans son analyse de la concurrence, Marx intègre ces fermiers dans le processus de formation d'un taux de profit moyen aux côtés des autres capitalistes.

2. *Capitalistes industriels et commerciaux.* On sait que seul le capital industriel parcourt le circuit complet, y compris la forme *capital productif* où est accaparée la plus-value. Le cycle tronqué du capital commercial (du commerce des marchandises) définit une autre configuration. Cette distinction conduit à l'identification possible de capitalistes industriels et de commerçants, comme deux fractions des capitalistes actifs.

3. *Banquiers.* Les banquiers définissent un autre sous-groupe, dont la relation au système des catégories économiques est un peu plus complexe, du fait de la dualité des fondements théoriques du capital bancaire (commerce de l'argent et administration du capital de financement).

4. *Capitalistes actifs et financeurs.* La distinction entre les capitalistes actifs (entrepreneurs) et les financeurs (créanciers et actionnaires) définit un autre clivage au sein de la classe capitaliste. Leurs intérêts ne coïncident pas nécessairement, par exemple dans la négociation du taux d'intérêt[57].

Hors de cette logique se trouve une autre distinction, qui ne requiert pas d'entrer dans les arcanes de l'analyse théorique, celle qui oppose les petits, les moyens et les grands ; par exemple, la fameuse distinction entre petits et grands bourgeois.

Les fonctionnaires du capital

A l'évidence, à poursuivre cet exercice théorique, on se trouve confronté au groupe des salariés auxquels les tâches du capitaliste actif ont été déléguées. Fondamentalement improductifs comme le capitaliste actif, ces groupes exécutent les fonctions du capital[58], ce que nous avons désigné comme *les fonctions d'accompagnement du processus du capital*, soit de gestion, et c'est pourquoi Marx utilise le terme *fonctionnaire*. Rien ne prouve qu'ils puissent être considérés globalement, comme un groupe unique, dans l'analyse de la structure de classe, mais Marx n'entre pas dans cette complexité.

Les ayant clairement localisés, Marx n'hésite pas à parler, à propos de leur fraction supérieure, d'une « classe nombreuse de directeurs industriels et commerciaux[59] », mais il s'empresse de refermer la boîte de Pandore. Comme pour Marx, l'existence de ces groupes reste une question épineuse pour beaucoup de marxistes qui ne veulent pas reconnaître la nature de classe de ce rapport d'*encadrement* (souvent confondu avec l'« intellectualité » pure et simple).

Mais le diagnostic de Marx survit dans sa justesse et sa brutalité : « seul le fonctionnaire demeure, le capitaliste disparaît du procès de production comme superflu »[60]. Quelles que soient les réticences à identifier ces groupes à une classe, la question de leur position et de leur dynamique particulière dans la structure de classe reste posée : dociles fonctionnaires des propriétaires ou susceptibles de comportements dotés d'une certaine autonomie ? Depuis plus de trente ans, c'est un thème central de notre recherche[61].

La classe capitaliste et les luttes de classes selon les œuvres politiques de Marx

Un des textes les plus éclairants des œuvres politiques de Marx en ce qui concerne les classes, les luttes de classes et l'État, est le *18 Brumaire de Louis Bonaparte*[62]. Il faudrait également mentionner ici les analyses de *La guerre civile en France*[63], qui contient un résumé des luttes de classes décrites dans *Le 18 Brumaire* et le traitement de la Commune de Paris.

Dans ces analyses, on saisit très bien les interactions entre les contradictions internes des classes dominantes et la contradiction fondamentale qui les oppose aux classes dominées, et c'est en ce sens qu'elles sont susceptibles de nous aider dans notre compréhension des phases ultérieures du capitalisme. Les contradictions internes manifestent un rapport de coopération et de lutte, avec la prépondérance du premier terme, qui exprime la solidarité des classes supérieures dans la lutte des classes face aux classes dominées. Ces classes supérieures entraînent dans leur sillage d'autres fractions (moyennes).

Dans le *18 Brumaire*, Marx utilise divers clivages au sein des classes dominantes, dans l'esprit de la typologie décrite antérieurement. Le premier a trait aux grands propriétaires fonciers, clairement décrits comme bourgeois même s'ils sont des aristocrates, et le grand capital, tant financier qu'industriel (encadré 5). Ils étaient, tous deux, royalistes, quoique appartenant à des courants distincts. La république permit leur unité (citation « les royalistes deviennent républicains » dans l'encadré). Mais, outre cette grande bourgeoisie financière et industrielle, on trouve également une bourgeoisie industrielle, moins grande quoique distincte de la petite bourgeoisie. En dépit de divergences d'intérêt, elle entre également dans l'alliance républicaine face au prolétariat (citation « la bourgeoisie industrielle »). Ce front bourgeois uni va gagner (citation « la victoire bourgeoise »).

---

5 - Les classes dans le 18 Brumaire

1. Les royalistes deviennent républicains :
Toutefois, cette masse de bourgeois était royaliste. *Une partie d'entre elle, les grands propriétaires fonciers* [classés parmi les bourgeois], *avait régné sous la Restauration et était, de ce fait,* légitimiste. *L'autre partie, les aristocrates de la finance et les grands industriels, avait régné sous la monarchie de Juillet et, de ce fait, était* orléaniste. *[...] C'est ici, dans la république bourgeoise, qui ne portait ni le nom de* Bourbon, *ni celui d'*Orléans, *mais s'appelait* capital, *qu'ils avaient trouvé la forme d'État sous laquelle ils pouvaient régner en commun*[64].

Noter que le clivage est bien établi en relation aux rapports de production :
Ce qui séparait ces deux fractions, ce n'étaient donc nullement de prétendus principes, c'étaient leurs conditions matérielles d'existence, deux types différents de propriété, c'était la vieille opposition entre la ville et la campagne, la rivalité entre le capital et la propriété foncière[65].

2. La bourgeoisie industrielle :
Il [Le National, journal de l'époque] *combattait l'aristocratie financière, comme le faisait alors l'ensemble de l'opposition bourgeoise. [...] La bourgeoisie industrielle lui était reconnaissante de défendre servilement le système protectionniste français qu'il approuvait toutefois pour des raisons plus nationales qu'économiques, et l'ensemble de la bourgeoisie se félicitait de ses dénonciations haineuses du communisme et du socialisme. Au demeurant, le parti du* National *était* républicain pur, *c'est-à-dire qu'il réclamait une forme républicaine de la domination bourgeoise au lieu d'une forme monarchique, [...]. Ce qui était clair, [...] c'était son impopularité parmi les petits-bourgeois démocrates et surtout parmi le prolétariat révolutionnaire [...]*[66].

3. La victoire bourgeoise :
La République bourgeoise triompha. A ses côtés se tenaient l'aristocratie financière, la bourgeoisie industrielle, la classe moyenne, les petits-bourgeois, l'armée, le lumpenprolétariat organisé en garde mobile, la crème des intellectuels, les curés et toute la population rurale[67].

Dans ces analyses, la correspondance entre les catégories de la théorie économique et les classes est très directe, tout à fait en ligne avec les exigences théoriques de Marx. Elle fournit le point de départ, et, une fois recoupée avec la distinction des grands et des petits, également le point d'arrivée. Mais deux constatations importantes doivent être soulignées :

1. Les maîtres des grandes banques sont des acteurs dans ces luttes, dotés d'une certaine identité et autonomie. Marx les désigne sous le vocable « aristocratie financière ». Cette aristocratie a gouverné sous Louis Philippe. Cependant, dans *Le 18 Brumaire*, elle intervient comme composante de la grande bourgeoisie, et non selon ses caractères spécifiquement financiers. La distinction entre une bourgeoisie financière et une bourgeoisie industrielle est présente, mais n'est, désormais, plus centrale.

2. Le clivage entre capitaliste actif et financeur, bien traité dans *Le Capital*, ne joue pas de rôle dans les écrits politiques, et, *a fortiori*, les fonctionnaires du capital. On constate donc là un décalage important entre l'analyse théorique des catégories économiques et les distinctions que Marx juge importantes vis-à-vis des luttes de classes dont il fut témoin. Le pouvoir explicatif de ces autres catégories ouvrait des perspectives énormes vers l'avenir, mais il n'était pas encore à l'ordre du jour lorsque Marx écrivit ses œuvres politiques.

Une différence importante entre l'analyse du *Capital* et les œuvres politiques est que ces classes sont abordées comme acteurs dans une lutte de classe, ce qu'il était convenu d'appeler *classe pour soi*, par opposition à la *classe en soi*, c'est-à-dire dans ses déterminations dérivant des rapports de production.

Ce troisième champ complète donc ce panorama de l'analyse des relations financières par Marx, commencé dans les sections précédentes. L'étude des modalités du rapport de propriété et de la séparation de la propriété et de la gestion introduit à l'identification d'une bourgeoisie financière détentrice du capital de financement. La notion de capital bancaire et sa relation au capital de financement établissent les institutions financières dans leur fonction d'administratrices du capital de financement. Enfin, la classe capitaliste apparaît comme acteur dans l'histoire, dans le cadre général des luttes de classes. Nous sommes désormais très proches de ce que nous appelons *finance*.

5 - Les institutions du capitalisme du XXᵉ siècle analysées par Hilferding et Lénine

On va considérer tour à tour les analyses d'Hilferding et de Lénine concernant la finance. Une dernière section est consacrée au traitement de la concurrence dans les travaux de ces auteurs.

Le capital financier

Dans son ouvrage majeur, *Le capital financier*[68], Hilferding tire, si l'on peut dire, les analyses de Marx jusqu'à leurs ultimes conséquences concernant le capitalisme du début du XXe siècle. Cette analyse doit être comprise en relation aux transformations historiques décrites au chapitre précédent (section 3). On fera ici abstraction du fait que l'observation de la réalité européenne, plutôt qu'états-unienne, modifie sans doute certaines appréciations. Mais il s'agit fondamentalement des mêmes processus.

Le cadre où se situe Hilferding est celui d'une transition entre les deux formes de concentration qu'on a décrites. Il existe simultanément des trusts et cartels d'une part, et des grandes sociétés résultant de fusions d'autre part. Hilferding considère que cette distinction n'est pas essentielle[69]. Il existe, cependant, une différence terminologique entre le vocabulaire généralement utilisé dans les analyses des transformations historiques du capitalisme états-unien et les formulations d'Hilferding. Dans *Le capital financier*, les grandes entreprises résultant des fusions sont appelées *trusts* (au lieu de holdings) ; le résultat de la consolidation « lâche » est désigné comme *cartel*. Ces unions peuvent déboucher ou non sur l'existence de monopoles, selon les conditions. On peut aussi noter, pour être complet, qu'Hilferding a bien identifié la révolution managériale et la croissance d'employés salariés chargés de fonctions d'accompagnement du processus du capital, notamment dans le procès de travail. Il insiste sur le fait que, même au bas de l'échelle, ou surtout au bas de l'échelle, ces classes se distinguent elles-mêmes fortement du prolétariat[70]. Hilferding était dans l'histoire.

Ce qui nous intéresse ici est la notion de *capital financier* :

> J'appelle le capital bancaire, – par conséquent capital sous forme d'argent, qui est de cette manière transformé en capital industriel – « le capital financier ». [...] Une partie de plus en plus grande du capital employé dans l'industrie est du capital financier, capital [*mis*] à la disposition des banques et employé par les industriels[71].

Nous ajoutons les guillemets pour rendre la première phrase intelligible. En tant que capital « mis à la disposition des banques » et « employé par le capital industriel », le capital financier est donc ce que nous appelons « le capital de financement », centralisé par les banques et parvenu au capital industriel. Ce n'est donc pas la totalité du capital de financement, car un capitaliste particulier peut détenir directement des actions ou des créances sur l'économie productive. Il s'agit de la fraction intermédiatisée du capital de financement.

On est ici très proche de l'analyse du capital bancaire par Marx, dont le rassemblement des capitaux de financement est une des fonctions. De plus,

Hilferding ne considère pas cette opération comme une simple procédure technique, la collecte et la transmission de capital. A l'inverse, la banque devient un agent primordial dans la production capitaliste, tout à fait dans la ligne de l'idée de Marx de l'« administration » du capital de financement.

Hilferding donne, cependant, une portée considérable à cette intervention des institutions financières dans l'économie nonfinancière. La définition ci-dessus fait référence à un « capital à la disposition des banques et employé par les industriels », ce qui souligne l'existence d'un lien entre des agents distincts, mais la conception d'Hilferding va, en fait, plus loin. Il s'agit d'une « fusion », dont le champ est le grand capital : « [la banque] devient ainsi dans une mesure croissante capitaliste industriel »[72]. Hilferding utilise lui-même le terme *fusion* : « la fusion des industries et des banques en grands monopoles »[73]. La meilleure façon de rendre compte du dispositif, tel que conçu par Hilferding, serait de parler de la constitution de *superholdings,* ce qu'il appelle, à l'extrême, le « cartel général »[74].

Deux remarques. Vis-à-vis du monde contemporain, il est aisé de généraliser les analyses de Marx et d'Hilferding à d'autres institutions financières, comme les fonds de placement, qui rassemblent ainsi les capitaux. Mais il est également clair que la fonction des banques comme créatrices de crédit, et non comme simples intermédiaires n'est pas bien prise en considération ou, parfois, complètement omise.

Il faut s'interroger sur les implications de cette analyse en termes de pouvoir de classe :

> Si l'industrie tombe ainsi sous la dépendance du capital bancaire, cela ne veut pas dire pour autant que les magnats de l'industrie dépendent eux aussi des magnats de la banque. Bien plutôt, comme le capital lui-même devient, à son niveau le plus élevé, capital financier, le magnat du capital, le capitaliste financier, rassemble de plus en plus la disposition de l'ensemble du capital national sous forme de domination du capital bancaire. Ici aussi l'union personnelle joue un rôle important[75].

Parlant des grands capitalistes (les magnats), ou fraction supérieure de la classe capitaliste, l'opposition *financier/industriel* n'est pas pertinente, contrairement à une interprétation largement répandue de l'analyse de Hilferding. A un niveau inférieur des hiérarchies capitalistes, des capitalistes industriels sont bien soumis à cette machine financière, mais au sommet, les grands capitalistes possèdent tout, et cette propriété s'incarne dans des institutions financières.

Ainsi l'analyse du capital financier ne se fonde pas sur une dichotomie entre capitalistes du secteur financier d'une part, et capitalistes du secteur industriel d'autre part. Il s'agit du pouvoir de la fraction hiérarchiquement plus élevée de la classe capitaliste sur l'ensemble de l'économie, dans une sphère supérieure de la propriété capitaliste où la séparation sectorielle perd son sens. Les superholdings d'Hilferding sont donc diversifiées.

L'analyse d'Hilferding est quelque peu marquée historiquement par les premières formes de l'émergence de la finance moderne (section 3 du chapitre précédent), où le pouvoir se concentrait spécifiquement dans des banques, sous la houlette (fort peu bucolique) des figures emblématiques de ce mouvement comme les Morgan et Rockefeller. On reconnaîtra, cependant, la grande proximité entre cette analyse et celle que nous faisons de la « finance », précisément définie de cette manière : « la fraction supérieure de la classe capitaliste et ses institutions financières ».

L'impérialisme stade suprême du capitalisme

Si l'on s'en tient à l'essentiel, l'analyse de Lénine est, sur ces thèmes, très proche de celle d'Hilferding :

> [...] la concentration des capitaux et l'accroissement des opérations bancaires modifient radicalement le rôle joué par les banques. Les capitalistes épars finissent par ne former qu'un seul capitaliste collectif. En tenant le compte courant de plusieurs capitalistes, la banque semble ne se livrer qu'à des opérations purement techniques, uniquement subsidiaires. Mais quand ces opérations prennent une extension formidable, il en résulte qu'une poignée de monopolistes se subordonne les opérations commerciales et industrielles de la société capitaliste tout entière ; elle peut, grâce aux liaisons bancaires, grâce aux comptes courants et à d'autres opérations financières, *connaître* tout d'abord *exactement* la situation de tels ou tels capitalistes, puis les *contrôler*, [...] les priver de capitaux, ou leur permettre d'accroître rapidement le leur dans d'énormes proportions, etc.[76].

Lénine identifie donc un processus de centralisation croissant du capital bancaire et en prédit, comme Hilferding, la prolongation jusqu'à l'extrême (traduisant, lui-aussi, une certaine obsession pour la monopolisation complète). A la limite on passerait à la superholding unique :

> Les quelques banques qui, grâce au processus de concentration, restent à la tête de toute l'économie capitaliste, ont naturellement une tendance de plus en plus marquée à des accords de monopoles[,] à un *trust des banques*. En Amérique, ce ne sont plus neuf, mais *deux* très grandes banques, celles des milliardaires Rockefel-

ler et Morgan, qui règnent sur un capital de 11 milliards de marks[77].

Cette insistance sur la centralisation et le contrôle est liée, au plan politique, à l'idée que ces caractères du capitalisme moderne préparent, au moins, une phase intermédiaire de la socialisation des moyens de production sous la direction du prolétariat ou de ses représentants. Cette thèse est complètement explicite. Elle rejoint certaines intuitions de Marx concernant les sociétés par actions, qui préparent une telle transition, mais sans la notion de centralisation extrême.

Même si les idées de fusion de la banque et de l'industrie, et de centralisation extrême du capital, respectivement d'Hilferding et de Lénine, n'ont pas été confirmées par l'histoire, le concept de capital financier prolonge bien la thèse de Marx concernant le rôle d'administrateur du capital de financement de la banque, en l'approfondissant. On peut y voir une étape intermédiaire conduisant la définition que nous avons donnée de la finance.

Le point de jonction entre les théories du capital financier et de la finance est la relation entre la fraction supérieure de la classe capitaliste (qui, en définitive, possède la grande économie financière ou non) et les institutions financières. Mais, pour nous, l'articulation entre la banque et la grande économie nonfinancière n'est pas une fusion, comme on pouvait peut-être le dire des empires de Morgan ou Rockefeller, ou du capitalisme allemand. Les fonds de retraites, par exemple, possèdent d'importants portefeuilles d'actions et, à ce titre, sont susceptibles de peser sur les gestionnaires de sociétés transnationales ; les *bank holding companies* peuvent établir des liens étroits avec ces sociétés, notamment par des postes aux conseils d'administrations. Mais institutions financières et sociétés transnationales restent généralement distinctes (évidemment les grandes sociétés financières ont un caractère transnational), même si beaucoup de sociétés nonfinancières s'engagent dans des opérations financières. Plusieurs institutions financières se relient aux mêmes sociétés. Globalement, la finance n'est pas une superholding.

Par ailleurs, les institutions financières à l'œuvre dans ce que nous appelons *finance*, incluent les banques centrales et des institutions internationales comme le FMI. L'« administration » du capital que nous considérons possède donc des aspects relatifs aux politiques économiques, aux plans national et international.

Concurrence et monopoles

Le principal problème posé par les thèses d'Hilferding et de Lénine a trait à la concurrence. Ils sont tous deux marqués par une époque où coexistent deux secteurs de l'économie, la grande économie des sociétés résultant des fusions, et l'économie traditionnelle. Ces deux secteurs fonctionnent sur des bases très différentes, qu'il s'agisse de leur financement, de leur technique ou de leur gestion. La grande économie est beaucoup plus efficace et rentable ; l'économie traditionnelle va fondre dans la crise de 1929 et la Seconde Guerre mondiale. Pour les témoins de ces transformations, la grande économie prend des allures vertigineuses.

Hilferding et Lénine se trompent en supposant la disparition tendancielle de la concurrence. Elle demeure entre les entreprises du nouveau secteur, et évidemment entre les grands et les petits, avec la tendance à l'élimination de ces derniers. Comme on l'a souligné dans l'encadré 1 du chapitre précédent, c'est la mobilité du capital qui est le ressort de la concurrence capitaliste, et son potentiel s'est vu multiplié avec l'apparition du grand secteur financier moderne, un phénomène que Marx avait pourtant anticipé dans sa description des fonctions du secteur financier comme agent de la mobilité du capital.

6 - Un cadre analytique puissant. Ses limites

L'articulation entre la théorie du capital et celle des mécanismes financiers, dans *Le Capital*, est très stricte. Les thèses de Marx relatives à la coexistence du processus du capital et de ces mécanismes sont très explicites. Les éléments mis en avant au chapitre précédent (section 2) trouvent donc, dans ce chapitre, leur justification :

1. La théorie des mécanismes financiers se fonde sur les deux aspects de la théorie du capital : valorisation et circulation. Les canaux de distribution du revenu – comme le revenu de l'entrepreneur, les salaires des travailleurs (improductifs) qui accompagnent le processus du capital, et l'intérêt ou le dividende – trouvent tous leur source dans la plus-value (valorisation). Une partie de l'analyse du capital bancaire s'appuie sur la notion d'un circuit tronqué du capital, donc sur la théorie de la circulation du capital.

2. Le capital de financement, dans sa fictivité, et les entreprises financières qui le centralisent, doublent les mécanismes propres au processus du capital d'une vaste construction institutionnelle, aux logiques spécifiques, susceptible de multiplier l'efficacité du capitalisme, mais vecteur d'instabilité. L'au-delà du capitalisme se prépare, quoique contradictoirement.

3. La finance, dans ses premières formes historiques, se constitue en acteur dans le fonctionnement du capitalisme et dans les luttes de classes. Déjà, chez Marx, comme administrateur du capital de financement, puis, chez Hilferding et Lénine, dans de gigantesques holdings, fiefs des grands capitalistes.

Il faut aussi reconnaître les limites de ce cadre analytique. Elles sont de deux ordres. D'abord des *difficultés* techniques. L'analyse que Marx fit des phénomènes d'instabilité est très juste. Elle respecte la réciprocité des processus, du réel vers le financier et du financier vers le réel. Mais on en reste là. Il faut dire, à la décharge de l'auteur du *Capital*, que peu a été fait depuis. Ensuite, l'*inachèvement* : l'étude des transformations du rapport de propriété, jusqu'à la délégation des fonctions capitalistes et ses conséquences en termes de classe, s'arrête en très bonne voie. Il s'agit des nombreuses questions fondamentales que Marx aborde mais ne conduit pas à leur terme.

Concernant le thème de l'instabilité, la difficulté technique est évidemment en jeu, mais il faut aussi comprendre que Marx écrit avant la révolution macroéconomique, qu'on peut dater de la fin de la Seconde Guerre mondiale malgré ses étapes préliminaires antérieures. Concernant la propriété capitaliste et les classes, on est d'abord frappé par le fait que Marx ait pu s'avancer si loin, avant la triple révolution des sociétés, de la finance et de la gestion. Et on comprend aisément qu'il n'ait pas pu progresser davantage, d'autant plus que ces mécanismes occupent une position incidente dans son plan (ils sont traités « au passage », quoique souvent assez longuement). Il y a, de plus, un aspect politique à ces limitations. Une catégorie comme celle de capital de financement ne fonde aucun rapport de classe dont la prise en considération aurait été pertinente dans l'analyse des luttes de classes, parce que la bourgeoisie s'est vite rassemblée face aux luttes populaires. Quant aux gestionnaires salariés, les relations entre Marx et Mikhaïl Bakounine montrent que Marx s'inquiétait des conséquences politiques de la prise en compte de ces nouvelles classes. On a brièvement indiqué comment Hilferding réglait cette question ; on connaît le caractère aigu des problèmes que ces classes continuent de poser parmi les marxistes.

Il faut également comprendre que le caractère « incident » de ces développements théoriques – qui nous apparaissent, avec le recul du temps et la maturation du capitalisme, comme d'importance majeure – marque la démarche du *Capital* de son empreinte. Et cela depuis ses fondements mêmes. Le caractère dual du travail et l'importance du travail improductif sont « finalement » reconnus par Marx, mais le plan des énoncés n'entérine pas ce statut[78]. Le travail créateur de valeur est introduit dans la théorie de la marchandise où le concept de travail improductif (dans l'entreprise) est vide de contenu. Même dans l'étude du processus du capital, ce que nous avons appelé l'*accompagnement* est traité secondairement. Prolétaires contre bourgeois ! Efficacité oblige, et sur ce plan, on peut dire que Marx a atteint ses objectifs : *Le Capital* a effectivement fait trembler la bourgeoisie. Pourtant, après un quart de siècle de néolibéralisme, tout est à refaire.

Notes

[1] Marx traite également d'autres institutions financières, comme les *bill-brokers*, c'est-à-dire d'intermédiaires dans les opérations sur titres, ou les caisses d'épargne. Toutes choses que nous laisserons de côté.

[2] Le même terme peut être utilisé pour parler d'un savoir acquis ou d'une culture, etc., mais ce n'est pas ce qui est en jeu ici.

[3] Au chapitre IV du Livre I, *La formule générale du capital* (K. Marx, 1867a).

[4] L'achat des intrants donne lieu à une métamorphose A—M sur le marché. Ces intrants ne sont pas destinés à la revente directe, et entrent dans l'atelier.

[5] K. Marx, 1885, p. 121.

[6] G. Duménil, D. Lévy, 2004e.

[7] On peut noter que l'étymologie de gestion renvoie au fait de « porter », comme dans gestation. D'où l'idée de porter la charge, être responsable (A. Rey, 1992).

[8] Le terme dialectique est toujours utilisé dans nos deux chapitres de ce livre, par référence au rapport entre le concept et son objet, dès lors que deux concepts sont en jeu (G. Duménil, 1978). La configuration la plus intuitive est celle de l'hybridité. Par exemple, un artisan travaillant avec un employé est, à la fois, un capitaliste et un travailleur. Marx écrit ainsi que la marchandise est une chose double, objet d'utilité et valeur, ce qui signifie qu'elle doit être conçue à ces deux titres. Une autre configuration simple est celle du devenir. Marx affirme, par exemple, que le produit devient marchandise. Cela signifie qu'il fallait le concevoir comme produit, mais qu'il devient de plus en plus pertinent de l'appréhender « en tant que », formule favorite de Marx, marchandise. Ce terme peut également s'utiliser pour parler de lutte, mais son sens est alors trivial. Parfois les deux aspects, la dualité conceptuelle et l'interaction conflictuelle, se combinent, comme dans la « dialectique » des forces productives et des rapports de production. Le présent usage du terme est quelque peu étendu, puisqu'il renvoie à une ambivalence des processus financiers, à laquelle on peut appliquer ce couple dualité conceptuelle / interaction conflictuelle.

[9] K. Marx, 1894b, p. 39.

[10] *Ibid.*, p. 126.

[11] Une étude plus minutieuse de ces textes se trouve dans G. Duménil, 1975 (sur notre site internet : http://www.jourdan.ens.fr/levy/).

[12] K. Marx, 1894d, p. 452.

[13] K. Marx, 1894b, p. 102.

[14] *Ibid.*, p. 44.

[15] *Ibid.*, p. 45.

[16] *Ibid.*, p. 40.

[17] La notion est celle d'actions privilégiées (*privileged stocks*). Elle est si importante que, dans le calcul des taux de profit de type ROE (section 5 du chapitre précédent), ces actions et les dividendes correspondants sont écartés.

[18] K. Marx, 1894b, p. 51.

[19] *Ibid.*, pp. 52-53.

[20] *Ibid.*, pp. 132-133.

[21] Il va sans dire que si la consolidation était poursuivie jusqu'aux institutions financières, y compris la banque centrale, il ne resterait d'argent que le stock de métal détenu par la banque centrale.

[22] K. Marx, 1894b, p. 131.

[23] Il s'agit d'une propriété très générale. Par exemple, il est impossible d'énoncer une définition unique du taux de profit. Un éventail assez large de telles définitions comptables peut être envisagé, tant quant au choix d'une mesure du profit que d'une mesure du capital. Tout dépend du cadre analytique et du problème traité.

[24] Cette analyse rejoint celle du capital usuraire.

[25] K. Marx, 1894b, pp. 102-103.

[26] *Ibid.*, p. 104.

[27] Aussi appelé *Kaufmännisches Kapital* (K. Marx, 1894d, ch. 16, p. 278).

[28] Par exemple : « Tout d'abord, le banquier accomplit ces fonctions comme simple caissier pour les commerçants et les capitalistes industriels », (K. Marx, 1894a, p. 328).

[29] Il peut s'agir de l'argent correspondant aux actions que la banque a émises, à des obligations, ou à des dépôts à vue ou à terme. Notamment, le système bancaire concentre ainsi le capital-argent des entreprises, temporairement libéré. Ces fonds arrivent à l'actif des banques, et disparaissent dès lors qu'ils sont prêtés. Mais, ils reviendront, eux ou d'autres, comme dépôts par exemple, dans cette ronde, potentiellement sans fin, de l'intermédiation, à laquelle Marx réduit fréquemment les mécanismes du crédit.

[30] K. Marx, 1894b, pp. 66-67.

[31] *Ibid.*, p. 67.

[32] *Ibid.*, p. 67.

[33] *Ibid.*, p. 67.

[34] K. Marx, 1894b, p. 202.

[35] *Ibid.*, p. 203.

[36] Traduction légèrement rectifiée.

[37] *Ibid.*, pp. 203-204.

[38] K. Marx, 1894b, p. 131.

[39] *Ibid.*, p. 52.

[40] *Ibid.*, p. 67.

[41] K. Marx, 1867c, p. 68.

[42] K. Marx, 1894b, pp. 101-102.

[43] Critiquant Ricardo, il écarte une théorie des crises en termes de « disproportions », qui signifieraient des erreurs dans cette allocation.

[44] K. Marx, 1894a, p. 211.

[45] K. Marx, 1894b, p. 103.

[46] K. Marx, 1894a, ch. XIV, p. 252.

[47] K. Marx, 1894b, p. 104.

[48] *Ibid.*, p. 105.

[49] *Ibid.*, p. 206.

[50] *Ibid.*, p. 144.

[51] *Ibid.*, p. 151.

[52] *Ibid.*, pp. 151-152.

[53] Au sens du terme dans l'expression « tenir en lisières ».

[54] *Ibid.*, p. 105.

[55] *Ibid.*, pp. 106-107.

[56] K. Marx, 1894c, p. 259.

[57] Mais on pourrait également distinguer parmi les financeurs, ceux dont les capitaux sont principalement investis dans un secteur ou l'autre, si cette séparation avait une pertinence empirique : industriel, commercial ou bancaire.

[58] D'où le sous-titre du livre : « La fonction capitaliste parcellaire » (G. Duménil, 1975).

[59] K. Marx, 1894b, pp. 53-54.

[60] *Ibid.*, p. 53.

[61] Depuis G. Duménil, 1975 jusqu'à G. Duménil, D. Lévy, 2003.

[62] K. Marx, 1852.

[63] K. Marx, 1871.

[64] K. Marx, 1852, pp. 455-456.

[65] *Ibid.,* p. 464.

[66] *Ibid.,* p. 448.

[67] *Ibid.,* p. 445.

[68] R. Hilferding, 1910.

[69] *Ibid.*, p. 287.

[70] Elles prendront conscience de leur exploitation et de leur solidarité avec les prolétaires, à un stade plus avancé du capitalisme (R. Hilferding, 1910, p. 467) : « Tout autre est la position qu'adoptent ces couches qu'on a pris l'habitude ces derniers temps d'appeler la nouvelle classe moyenne. Il s'agit des employés du commerce et de l'industrie, dont le nombre s'est considérablement accru par suite du développement de la grande entreprise et qui deviennent les véritables dirigeants de la production ».

[71] *Ibid.*, p. 318.

[72] *Ibid.*, p. 318.

[73] *Ibid.*, p. 469.

[74] *Ibid.*, p. 328.

[75] *Ibid.*, p. 318.

[76] V. Lénine, 1916, pp. 232-233.

[77] *Ibid.*, p. 238.

[78] Ces observations rejoignent certaines analyses de Jacques Bidet concernant le plan du *Capital*, notamment son début (Bidet 1999 et 2004).

Finance, hyper-concurrence et reproduction du capital

Michel HUSSON

Depuis le début des années 1980, le capitalisme est entré dans une nouvelle phase que de nombreux analystes caractérisent en fonction de son rapport à la finance. Plusieurs livres récents parus en France la placent au centre de leur analyse des dysfonctionnements actuels du capitalisme alors même que leurs auteurs n'en sont pas des critiques systématiques[1]. Une association altermondialiste comme Attac fonde son argumentaire antilibéral sur le rôle dominant de la finance dans les processus de régression sociale à l'œuvre dans les pays riches.

La thèse essentielle que ce chapitre cherche à développer pourrait être résumée ainsi : la finance est « l'arbre qui cache la forêt ». Elle n'est pas un obstacle à un fonctionnement « normal » du capital, mais l'instrument de son retour à un fonctionnement « pur », débarrassé de toute une série de règles et de contraintes qui avaient été imposées à ce système au fil de décennies.

Dans ce chapitre, l'emprise de la « la finance » est définie à partir de trois phénomènes étroitement imbriqués, qui sont : l'augmentation de la part des revenus financiers dans la répartition du revenu national ; le poids croissant du capital financier dans l'orientation générale de l'accumulation du capital ; l'envol des cours boursiers.

La méthode retenue ici repose quant à elle sur deux principes. Le premier est que le recours aux instruments d'analyse marxiste n'a de sens que s'il s'agit de les appliquer à une réalité concrète, qui est le capitalisme contemporain. Le second principe consiste à dire qu'il n'est pas possible d'analyser le processus dit de financiarisation indépendamment des dimensions fondamentales du capitalisme que sont l'exploitation, l'accumulation et la reproduction du capital.

1 - Profit sans accumulation

Depuis le tournant néolibéral intervenu au début des années 1980, la reprise du taux de profit n'a pas entraîné une augmentation durable et généralisée de l'accumulation (figure 1). Ce fait stylisé conduit à identifier une phase spécifique de « financiarisation » du capitalisme, relativement inédite dans son histoire. Le profit non accumulé correspond en effet à une distribution croissante de revenus financiers (intérêts et dividendes). La répartition du revenu a ainsi connu une inflexion marquée au milieu des années 1980 : la part salariale baisse au bénéfice des revenus financiers, tandis que la part du revenu national consacré à l'investissement reste constante à moyen terme.

L'examen plus détaillé de ces « courbes de l'économie capitaliste » permet d'identifier clairement deux phases successives. Jusqu'au début des années 1980, le profit et l'accumulation évoluent parallèlement, en se maintenant à des niveaux élevés durant les années soixante, puis se mettent à baisser, d'abord aux États-Unis, puis au Japon et en Europe. La reprise qui se situe entre les deux chocs pétroliers ne freine cette chute que de manière transitoire. Les deux autres courbes, celles de la croissance et de la productivité évoluent, elles aussi, en phase. C'est donc l'ensemble du cercle vertueux des années fordistes qui se dérègle. La dynamique du capital, mesurée par ces quatre variables fondamentales, fait apparaître une grande cohérence, dans la prospérité comme dans la crise.

L'histoire qui suit, celles des deux dernières décennies, peut se résumer ainsi : le taux de profit tend à se rétablir régulièrement (au moins jusqu'en 1997) mais il ne réussit pas à entraîner les autres variables, ou seulement de manière transitoire. Ainsi, à la fin des années 1980, l'économie mondiale semble dopée par le krach de 1987 et, contre toute attente, redémarre de plus belle. La croissance reprend et, avec elle, l'accumulation, si bien que cette période est caractérisée par un regain d'intérêt pour les cycles longs ; articles de presse et déclarations optimistes se multiplient alors, pour annoncer vingt nouvelles années de croissance.

Le soulagement d'avoir évité une crise profonde qui menaçait depuis le tournant vers l'économie de l'offre conduit à une forme d'euphorie que l'on retrouvera un peu plus tard avec la « nouvelle économie ». Encore plus que la foi dans les technologies, ce sont les références au toyotisme qui jouent un rôle idéologique majeur dans ce climat. Le « nouveau modèle de travail » semble être la source de gains de productivité renforcés, et sa généralisation est perçue comme le vecteur d'un nouveau mode de régulation. Il faut malheureusement déchanter assez vite. Le retournement s'effectue dès le début des années 1990 (un peu avant la guerre du Golfe), et conduit à une récession particulièrement sévère en Europe. C'est à partir de ce moment aussi, mais on n'en prendra conscience qu'un peu plus tard, que le Japon s'enlise dans une croissance à peu près nulle.

Figure 1. Les courbes de l'économie capitaliste 1961-2003

Champ : États-Unis, Japon, Allemagne, France, Royaume-Uni, Italie (moyennes pondérées selon le PIB)
Source : OCDE, *Perspectives économiques*, 2003.

Toujours sur cette même figure 1, on peut repérer l'espoir suscité par la « nouvelle économie ». La période 1996-2000 est marquée par une reprise très marquée de l'accumulation – notamment aux États-Unis – qui semble pratiquement combler l'écart avec le niveau atteint par le taux de profit. Mais, cette fois encore, le mouvement ne dure pas, et se retourne pour des raisons très classiques. Il ne s'est de toute manière pas étendu au reste du monde : la reprise en Europe a d'autres ressorts que les nouvelles technologies et demeure un épisode conjoncturel. Enfin, sauf peut-être aux États-Unis, la « nouvelle économie » n'a pas qualitativement inversé une tendance historique de ralentissement de la productivité du travail. C'est sans doute là que se trouve la cause profonde qui empêche d'entrer dans une nouvelle onde longue expansive.

Si l'on fait abstraction des fluctuations cycliques, la nouvelle phase se caractérise donc de la manière suivante : rétablissement du taux de profit sans effet sur l'accumulation, croissance médiocre et faible progression de la productivité. Il s'agit là d'une configuration d'ensemble qui se dégage de l'examen des grands pays capitalistes pris comme un tout, et que l'on ne retrouve pas forcément dans chacun de ces pays. Mais cette différenciation peut être considérée comme l'effet d'une distribution inégale de ce modèle général en raison des rapports de plus en plus asymétriques qui existent entre les différents pôles – États-Unis, Europe, Japon – d'une économie profondément mondialisée.

Cette nouvelle configuration est inédite. On peut le vérifier sur l'ensemble du XXe siècle dans le cas de la France (figure 2). On y voit alterner des phases expansives et récessives qui dessinent les ondes longues du capitalisme. En règle générale, profit et accumulation évoluent selon un profil voisin : les mouvements à la hausse ou à la baisse du taux de profit se répercutent, de manière plus ou moins décalée, sur les mouvements du taux d'accumulation. La divergence entre les deux courbes, à partir du milieu des années 1980, apparaît comme un phénomène exceptionnel dans cette dynamique de long terme.

Figure 2. Profit et accumulation en France 1895-2005

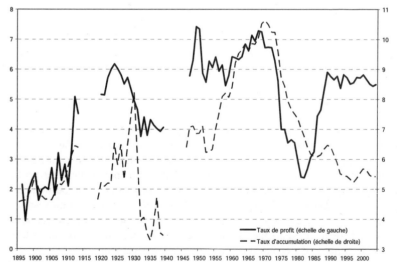

Sources : Pierre Villa, *Un siècle de données macro-économiques ;* INSEE Résultats n°303-304, 1994 ; OCDE, *Perspectives économiques*, 2005.

Il est légitime d'appeler « financiarisation » cet écart entre profit et accumulation, puisque le profit non accumulé correspond principalement à la distribution de revenus financiers. Mais il est beaucoup plus contestable de partir de ce constat pour proposer une périodisation du capitalisme qui ne reposerait plus que sur le mode de financement de l'accumulation. Michel Aglietta franchit ce pas en développant en quelque sorte une théorie des ondes longues financières : « la finance oriente en très longue période le développement du capitalisme. Elle détermine les conditions de financement qui, alternativement, entraînent des phases longues où la croissance est encouragée, puis découragée »[2]. L'histoire du capitalisme serait ainsi scandée par la succession de deux grands modes de financement. Les systèmes financiers « à structures administrées », qui ont pour avantage de « sauvegarder les projets d'investissement » de telle sorte que « l'accumulation du capital est préservée mais que l'inflation peut être variable ». Au contraire, la « finance libéralisée » admet les propriétés inverses : elle « favorise une inflation stable et basse, mais entrave l'accumulation ». C'est donc à une lecture inédite de l'histoire longue du capitalisme et de ses crises que nous invite Aglietta : elle revient à rabattre toute la dynamique du capitalisme sur une seule de ses dimensions, celle de la finance.

Ce projet doit être discuté, en même temps que toutes les lectures qui reposent sur deux thèses « financiaristes » que l'on peut résumer comme suit. La première est celle du *choix de portefeuille*, selon laquelle les détenteurs de capitaux se trouveraient confrontés à l'alternative suivante : ou bien placer leurs capitaux sur les marchés financiers, ou bien les investir productivement. La seconde est celle du *parasitisme de la finance* : en ponctionnant une partie du profit, elle empêcherait celui-ci de s'investir. Ces deux lectures, qui peuvent d'ailleurs se combiner, nous semblent insuffisantes, et un rapide retour à Marx permet d'asseoir cette démonstration.

2 - « S'enrichir en dormant ? »

Les spécificités de la théorie marxiste du taux d'intérêt

Marx consacre plusieurs chapitres du Livre III du *Capital* au partage du profit en intérêt et profit d'entreprise et insiste sur le fait que « le taux d'intérêt moyen ayant cours dans un pays [...] ne peut pas être déterminé par une loi »[3]. Tout ce qu'il est possible de dire, c'est que l'intérêt varie entre certaines limites : il peut se réduire à peu de choses, mais ne peut excéder le total du profit. Cette indétermination résulte du fait que l'intérêt est un revenu dérivé, « une rubrique particulière pour une partie du profit que le capitaliste actif doit payer au propriétaire du capital, au lieu de la mettre dans sa poche »[4]. L'intérêt n'est pas le « prix du capital » qui serait déterminé par la valeur d'une marchandise particulière, comme ce peut être le cas du salaire pour la force de travail. Ce partage n'est pas seulement quantitatif, il conduit à une distinction qualitative entre capital financier et capital industriel en ce sens que ces deux catégories apparaissent comme obéissant à des principes différents.

Cette situation fonde une représentation fétichisée du mode de production capitaliste, selon laquelle le capital produit du revenu, indépendamment de l'exploitation de la force de travail. C'est pourquoi, Marx ajoute :

> Pour les économistes vulgaires qui essaient de présenter le capital comme source indépendante de la valeur et de la création de valeur, cette forme est évidemment une aubaine puisqu'elle rend méconnaissable l'origine du profit et octroie au résultat du procès capitaliste – séparé du procès lui-même – une existence indépendante[5].

Marx revient à plusieurs reprises sur l'illusion d'une mise en valeur apparemment séparée du processus de production :

> L'idée que cette forme de capital est autonome est renforcée par le fait que du capital prêté rapporte de l'intérêt, qu'il soit ou non effectivement employé comme capital, et même s'il n'est emprunté que pour la consommation[6].

Marx insiste à nouveau sur le fait qu'il s'agit là d'une représentation à la fois populaire, adéquate par ailleurs à la réification des rapports de production : « dans la représentation populaire, le capital financier, le capital rapportant de l'intérêt est considéré comme le capital en soi, comme capital par excellence »[7].

Le principe fondamental de l'analyse marxiste est de faire de l'intérêt une fraction de la plus-value globale. Elle s'oppose totalement à celle de l'économie dominante – celle que Marx qualifiait de vulgaire – et qui traite de la répartition du revenu selon une logique agrégative. Dans la vision apologétique de cette branche de l'économie, la société est un marché généralisé où chacun vient avec ses « dotations », pour offrir sur les marchés ses services sous forme de « facteurs de production ». Certains ont à proposer leur travail, d'autres de la terre, d'autres du capital, etc. Cette théorie ne dit évidemment rien des bonnes fées qui ont procédé à l'attribution, à chaque « agent », de ses dotations initiales, mais l'intention est claire : le revenu national est construit par agrégation des revenus des différents « facteurs de production » selon un processus qui tend à les symétriser. L'exploitation disparaît, puisque chacun des facteurs est rémunéré selon sa productivité propre.

Ce type de schéma débouche sur une assimilation, dont l'économie vulgaire ne s'est jamais vraiment sortie, entre profit et intérêt. Pour tout un pan de l'économie théorique, ces deux notions sont en effet indissociables. Il y a là un avantage idéologique que Marx signale en montrant comment le capital porteur d'intérêt réalise la quintessence de la vision bourgeoise du monde, puisque cette capacité de faire de l'argent apparaît comme une propriété consubstantielle de ce « facteur de production ». Mais cette solution présente aussi bien des difficultés sur lesquelles il faut revenir rapidement. Des générations d'étudiants en économie apprennent ainsi que « le producteur maximise son profit ». Mais comment ce profit est-il calculé ? Il est simplement donné comme la différence entre le prix du produit et le coût des moyens de production, donc les salaires mais aussi le « coût d'usage » du capital. Ce dernier concept résume à lui seul les difficultés de l'opération, puisqu'il dépend à la fois du prix des biens de production et du taux d'intérêt. Une fois les machines achetées et les intérêts payés, quel est ce profit que l'on maximise ? Question d'autant plus intéressante que ce profit, une fois « maximisé » est nul. Ou s'il ne l'est pas – en cas de rendements croissants – il tend vers l'infini, et la théorie néoclassique de la répartition s'effondre puisque le revenu devient supérieur à la rémunération de l'ensemble des « facteurs de production ». La seule manière de traiter cette difficulté est, pour l'économie dominante, de la découper en morceaux et d'apporter des réponses différentes selon les régions à explorer, sans jamais assurer une cohérence d'ensemble qui ne saurait être donnée que par une théorie de la valeur dont elle ne dispose pas. Pour résumer ces difficultés, qui ramènent à la discussion de Marx, la théorie dominante oscille entre deux positions incompatibles. La première consiste à assimiler l'intérêt au profit – et le capital emprunté au capital engagé – mais laisse inexpliquée l'existence même d'un profit d'entreprise. La seconde consiste à distinguer les deux, mais s'interdit du coup la production d'une théorie unifiée du capital. Toute l'histoire de la théorie économique dominante est celle d'un va-et-vient entre ces deux positions contradictoires, comme l'a bien montré un article récent décortiquant de ce point de vue les manuels d'économie[8].

Euphorie boursière et loi de la valeur

L'euphorie boursière et les illusions créées par la « nouvelle économie » ont donné l'impression que l'on pouvait « s'enrichir en dormant », bref que la finance était devenue une source autonome de valeur. La thèse du choix de portefeuille postule que les capitaux ont en permanence le choix de s'investir dans la sphère productive ou de se placer sur les marchés financiers spéculatifs, et qu'ils arbitrent entre les deux en fonction des rendements relatifs attendus. Cette approche peut avoir des vertus critiques, mais elle a le défaut de suggérer qu'il y existe deux moyens alternatifs de créer de la valeur. En réalité, on ne peut s'enrichir en Bourse que sur la base d'une ponction opérée sur la plus-value, de telle sorte que le mécanisme admet des limites – celles de l'exploitation – et que le mouvement de valorisation boursière ne peut s'auto-alimenter indéfiniment.

Figure 3. Bourse et profit en France 1965-2001

Bourse de Paris : indice SBF 250 (déflaté par l'indice général des prix).
Taux de profit : OCDE, *Perspectives économiques*, 2003.

D'un point de vue théorique, les cours de Bourse devraient être des indicateurs des profits anticipés. Dans la pratique, cette liaison est évidemment imparfaite, et dépend aussi de la structure de financement des entreprises : selon que celles-ci se financent principalement ou accessoirement sur les marchés financiers, le cours de l'action sera un indicateur plus ou moins précis. L'économiste Anwar Shaikh a exhibé une spécification qui montre que cette relation fonctionne relativement bien pour les États-Unis[9]. Il en va de même dans le cas français : entre 1965 et 1995, l'indice de la Bourse de Paris, déflaté par l'indice général des prix, est bien corrélé avec le taux de profit ; mais cette liaison disparaît à partir du milieu des années 1990 (figure 3). A Paris, le CAC 40 a par exemple été multiplié par trois en cinq ans, ce qui est proprement extravagant.

Les théoriciens de la « nouvelle économie » se risquaient à prolonger la courbe exponentielle des cours boursiers sur 10 ou 20 ans, et justifiaient cet exercice en invoquant l'apparition de nouvelles lois de fonctionnement du capitalisme. Mais le retournement boursier intervenu en 2000 marque la fin de ces illusions. Il peut être interprété comme un rappel à l'ordre de la loi de la valeur, qui se fraie la voie sans se soucier des modes économiques. Le retour au réel renvoie en fin de compte à l'exploitation des travailleurs, qui est le véritable « fondamental » de la Bourse. A moins de s'en tenir à la fiction des gains virtuels, la croissance de la sphère financière – et des revenus réels qu'elle peut procurer – n'est possible qu'en proportion de l'augmentation de la plus-value non accumulée, et l'une comme l'autre admettent des limites, qui ont été atteintes.

3 - La création de valeur

Pour un marxiste, il est piquant d'apprendre que le discours et les instruments des analystes et des théoriciens de la gestion s'appuient aujourd'hui sur la notion de « création de valeur ». Auraient-ils brusquement découvert la théorie de l'auteur du *Capital* ? Cette question n'est pas absurde, tant les indicateurs inventés par les gestionnaires ont un rapport évident avec la plus-value : le ROE (*Return On Equity*) est équivalent au taux de profit, et le ROA (*Return On Asset*) au taux de profit d'entreprise. On pourrait encore citer le ROCE (*Return On Capital Employed*) qui est lui aussi un taux de profit très classique ou la MVA (*Market Value Added*) définie comme la création de valeur anticipée.

La valeur pour l'actionnaire

Mais c'est l'EVA (*Economic Value Added*) qui s'est dégagée du lot, et il convient d'examiner la signification de cette grandeur (encadré 1). Pour résumer, elle mesure l'écart entre la rentabilité d'un capital donné et une rentabilité de référence. Cette dernière est définie en fonction de rendements financiers potentiels et non pas par rapport à un taux de profit général. A ce détail près, on peut analyser l'EVA comme une mesure de la plus-value *extra*, que Marx définit comme l'écart entre la rentabilité d'un capital individuel et le taux de profit général. Cet indicateur résume bien la loi de la concurrence qui pousse tout capital individuel à obtenir un taux de profit maximum, au-delà du profit moyen. Il constitue de ce point de vue un instrument adéquat d'évaluation de la gestion passée et des projets d'investissement.

1 - Calcul de l'EVA (*Economic Value Added*)

Le point de départ est le modèle d'évaluation des actifs financiers (Medaf), qui sert à déterminer le « rendement d'opportunité » r qu'un actif financier individuel pourrait espérer obtenir sur le marché financier. Il est défini comme la somme de la rentabilité sans risque (par exemple en obligations d'État) et du supplément de rentabilité obtenu « avec risque ». Cette prime de risque se calcule comme la différence entre le rendement du marché financier et le rendement d'un actif sans risque, cet écart étant modulé par un facteur de risque ß qui mesure la volatilité du marché. On a donc :

$r = \theta + \text{ß}(m - \theta)$ avec   r : rendement d'opportunité de l'actif i
θ : rentabilité d'un actif non risqué
m : rentabilité du marché
ß : facteur de risque $\text{ß} = \text{cov}(m, \theta)/\text{var}(m)$

Une entreprise peut alors calculer le coût moyen pondéré de ses capitaux c (en anglais WACC, *weighted average capital cost*). C'est une moyenne pondérée du rendement d'opportunité et du taux d'intérêt, en raison du poids relatif des fonds propres (FP) et du capital emprunté (D) dans le capital (K) :

$c = r.FP/K + i.D/K$

Comme on a : K=FP+D, cette relation peut encore s'écrire :

$c = r - (r - i).D/K$

On retrouve ici l'expression classique du levier d'endettement. Le coût moyen est en effet défini comme le rendement d'opportunité, diminué d'un terme qui augmente avec le recours à l'endettement. Dans la mesure où le taux d'intérêt est inférieur au taux de profit, le capital emprunté apparaît comme moins « exigeant » que les fonds propres.

Ce coût moyen permet alors de calculer l'EVA (*Economic Value Added*) comme la différence entre le profit total obtenu par l'entreprise considérée et le coût « d'usage » de l'ensemble de ce capital, ou encore, ce qui revient au même, comme la différence entre le profit d'entreprise (net d'intérêts) et le coût des fonds propres. On obtient deux expressions équivalentes :

$EVA = R.K - c.K = (R-c).K$
$EVA = R_e.FP - c.FP = (R_e - c).FP$
          avec   EVA: Economic Value Added
R   taux de profit
R_e taux de rentabilité des fonds propres

On retrouve au passage deux autres variables de l'analyse financière. Le taux de profit R de l'entreprise – sa rentabilité économique – équivaut au ROA (*Return On Asset*) et le taux de profit retenu R_e – la rentabilité nette de ses fonds propres – correspond au ROE (*Return On Equity*).

Le fait de définir la rentabilité de référence à partir d'arguments financiers est doublement révélateur. Cette théorie du portefeuille implicite révèle tout d'abord la myopie caractéristique de tout capital individuel qui tend à raisonner comme s'il disposait de choix alternatifs (investissement productif versus placement financier) : il s'agit d'un effet local du fétichisme de la finance. Mais on s'aperçoit assez vite que cette illusion n'est pas agrégative, et ne peut donc permettre d'établir une théorie globale du capitalisme. En second lieu, cette représentation est adéquate aux conditions de fonctionnement du capitalisme contemporain et traduit le durcissement de la concurrence auquel conduit la financiarisation. C'est ce que l'on pourrait appeler *hyper-concurrence*, pour souligner la prééminence de la pression de concurrentielle dans la définition des stratégies d'entreprises.

L'EVA définit la création de valeur en relation avec la norme de rentabilité retenue : « En réalisant le taux "normal" de son secteur d'activité, l'entreprise conserve sa valeur ; si elle fait moins que ce taux, elle perd de la valeur, si elle dépasse le taux, elle gagne de la valeur »[10]. Avec la définition du coût d'usage retenue par l'EVA, la norme de rentabilité est durcie. Dans la théorie néoclassique, le « coût d'usage » du capital est référé au taux d'intérêt réel, pondéré par le prix relatif des équipements et les mesures fiscales. Dans la définition du « coût » des fonds propres, l'EVA remplace le taux d'intérêt par un taux de rendement financier plus élevé. Ce remplacement est l'indice des difficultés de la théorie dominante à distinguer profit et intérêt, mais elle signifie en pratique une élévation de la norme de référence. Frédéric Lordon[11] dénie cependant toute nouveauté à l'EVA et relativise sa pertinence, en la réduisant à une forme de représentation fétichisée. Certes, la concurrence entre « capitaux nombreux » est pour Marx une caractéristique fondamentale du capitalisme. La nouveauté réside dans l'intensification actuelle de la concurrence que l'EVA instrumentalise parfaitement.

La définition de l'EVA implique qu'une entreprise peut détruire de la valeur, même si elle fait des profits, puisque « le rendement d'équilibre du marché est donc perçu comme le rendement minimal, légitime, à partir duquel peut s'apprécier la véritable création de valeur »[12]. Michel Aglietta et Antoine Rebérioux soulignent à juste titre, « l'inconsistance de ce commandement d'un point de vue macroéconomique ». L'addition de ces préceptes de gestion est en effet promise à l'échec, en ce sens que la création de valeur globale tend vers zéro : tout le monde ne peut « battre le marché ». Certes, la période dite de la « nouvelle économie » a diffusé une croyance inverse, à laquelle se ramène en définitive la fameuse « exubérance irrationnelle ». Les capitalistes ont eu l'impression absurde, produite par leur myopie financière, que l'augmentation des taux de rendement financiers pouvait au fond pousser vers le haut le taux de profit, la rentabilité

réelle. L'euphorie boursière a en quelque sorte institutionnalisé ce fétichisme, et a conduit au triomphe de l'EVA qui ne fait que le retranscrire
analytiquement.

Mais la loi de la valeur a continué à fonctionner de manière inexora-
ble : la somme de valeur produite est une grandeur donnée de manière indépendante des modalités de sa répartition. On ne peut « créer de valeur » que
dans les limites imparties par le degré d'exploitation. Pour le capital pris
globalement, la seule règle de gestion qui ait un sens est de maximiser ce
taux d'exploitation, sans que cela ne dise rien sur le destin de chaque capitaliste individuel.

Travail socialement nécessaire et espace de valorisation

Le lien entre les notions de *plus-value extra* et de *travail socialement
nécessaire* est facile à établir. Le travail socialement nécessaire peut en effet
être considéré comme une expression de la norme de rentabilité. En effet, si
la dépense de travail excède cette norme, le capital individuel qui l'aura
engagée se trouvera sanctionné par un taux de profit inférieur à la moyenne.
Le différentiel entre la dépense de travail et le travail socialement nécessaire
est donc en correspondance étroite avec l'écart entre la rentabilité d'un
capital individuel et le taux de profit moyen. Pour reprendre le vocabulaire
de l'analyse financière, les entreprises qui créent de la valeur sont celles qui
ont engagé une dépense de travail inférieure à la norme de travail socialement nécessaire.

Chaque capital est en réalité confronté à un ensemble de normes qui se
définissent par référence à différents espaces de valorisation découpés selon
une double dimension, sectorielle et géographique. Tout dépend en effet de
la structuration de l'économie : l'organisation des échanges entre économies
nationales, les dispositifs institutionnels divers, viennent freiner la péréquation des profits d'un secteur à l'autre, ou d'un pays à l'autre. La socialisation des économies capitalistes introduit une autre délimitation, entre un
secteur marchand et un secteur au moins en partie non marchand (protection
sociale et services publics).

La financiarisation a été l'instrument essentiel permettant de boulever-
ser la cartographie de ces espaces de valorisation. On laissera de côté ici la
genèse du tournant libéral – et le rôle qu'a pu y jouer la hausse brutale des
taux d'intérêt (ce que Duménil et Lévy appellent *le coup de 1979*[13]) pour
analyser le régime mis en place à cette occasion. La fonction principale de
la finance est d'abolir, autant que faire se peut, les délimitations des espaces
de valorisation : elle contribue en ce sens à la constitution d'un marché
mondial. Mais ce n'est pas tout. La finance, notamment le secteur des assu-

rances, est le bénéficiaire direct (et l'agent actif) de la marchandisation de la protection sociale : qu'il s'agisse de la santé ou des retraites, tout recul de la socialisation représente ainsi une avancée possible pour la finance. Les assurances privées se substituent à la solidarité, et la logique de capitalisation des fonds de retraites à celle de la répartition.

De manière plus générale, la financiarisation a pour effet de raboter les limites sectorielles et géographiques de la péréquation des taux de profit. Elle ne peut être analysée indépendamment de la liberté à peu près totale de circulation des capitaux qui est l'un des objectifs précis de la politique du capital. En témoignent la création de l'OMC ou la tentative d'instaurer l'AMI (Accord multilatéral sur l'investissement), avortée mais relayée depuis par une floraison d'accords bi- ou multilatéraux. La financiarisation est ce qui permet la mobilité des capitaux. Ces mouvements de capitaux, que Marx désignait comme le moteur de la péréquation des taux de profit, peuvent avoir lieu dorénavant à une échelle considérablement élargie. La finance est le moyen de durcir les lois de la concurrence en fluidifiant les déplacements du capital : c'est la fonction essentielle qu'elle exerce. En paraphrasant ce que Marx dit du travail, on pourrait avancer qu'elle est le processus d'*abstraction concrète* soumettant chaque capital individuel à une loi de la valeur dont le champ d'application s'élargit sans cesse. La caractéristique principale du capitalisme contemporain ne réside donc pas dans l'opposition entre un capital financier et un capital industriel, mais dans l'activation de la concurrence (hyper-concurrence) entre capitaux que permet la financiarisation.

4 - L'exploitation, cause et conséquence

Convergence de l'exploitation

La mondialisation capitaliste est fondamentalement la mise en concurrence des travailleurs à l'échelle de la planète à travers les mouvements de capitaux. Dire que l'espace de valorisation s'étend à l'ensemble de l'économie mondiale implique que les normes d'exploitation tendent elles aussi à s'universaliser, par une sorte de détermination à rebours (encadré 2). Ce résultat peut sembler évident : la recherche du taux de profit maximum implique celle d'un taux d'exploitation le plus élevé possible. Ce qui a changé, c'est l'échelle du champ à l'intérieur duquel s'exercent ces mécanismes. La financiarisation se traduit par une péréquation plus serrée, à la fois intra- et inter-sectoriellement. A l'intérieur d'un secteur, on assiste à la formation d'un prix mondial de référence dont il est plus difficile de s'éloigner et qui tend à s'aligner (vers le bas) sur le prix minimal et non pas sur un prix moyen défini pour chaque zone économique.

---

2 - Convergence de l'exploitation

En faisant abstraction du capital fixe, on peut écrire ainsi la formation du prix de production d'un capital individuel i :

$$p_i = (1+R_i) \cdot (w_i N_i / Q_i)$$

avec p_i prix de production
       R_i taux de profit
       w_i salaire
       N_i effectifs
       Q_i niveau de production

En faisant abstraction du niveau général des prix, on peut assimiler le coût salarial unitaire $w_i N_i / Q_i$ au complément à 1 du taux de plus-value pl_i, de telle sorte que le prix s'écrit :

$$p_i = (1 + R_i) \cdot (1 - pl_i)$$

La différence entre le taux de profit individuel R_i et le taux de profit moyen R^* est une expression approchée de l'EVA. Elle s'écrit :

$$R_i - R^* \approx A1 \, (p_i - p^*) + A2 \, (pl_i - pl^*) + \varepsilon$$

La double convergence, du prix individuel p_i sur le prix de référence p^*, et du taux de profit individuel R_i sur une norme de rentabilité élevée R^* entraîne la convergence du taux d'exploitation individuel pli sur une norme d'exploitation pl^* qui doit augmenter si R^* augmente.

L'intensification de la concurrence peut donc être définie plus précisément ainsi : d'une part, l'éventail des prix observés sur les différents marchés tend à se réduire ; d'autre part, le prix de référence tend à s'aligner sur le prix minimal et non sur le prix moyen. Entre secteurs, la mobilité accrue du capital accélère la péréquation et réduit les différentiels admissibles de taux de profit. Cette double contrainte rejaillit sur les conditions d'exploitation.

Une gestion « financiarisée » de l'emploi ?

La mondialisation des groupes et leur financiarisation ont modifié leur mode de gestion, en particulier de l'emploi. Ce constat conduit à une représentation selon laquelle ce seraient les « exigences de la finance » (les fameux 15 %) qui pèseraient dans le sens d'une exploitation accrue, des restructurations, des licenciements, voire d'une gestion hasardeuse. Tout fonctionne à l'envers : la finance fixe le niveau de rentabilité des fonds propres qu'il faut atteindre, et on en déduit les effectifs. C'est l'appétit insatiable des actionnaires qui forceraient les groupes à licencier, pour tenir ce fameux objectif. Le paradoxe d'entreprises fortement bénéficiaires qui procèdent à des réductions d'effectifs a conduit à parler de licenciements boursiers, ou encore de « licenciements de convenance boursière », pour reprendre la formule utilisée par Attac[14]. Dominique Plihon élargit cette responsabilité aux « erreurs de gestion et fraudes qui ont conduit au désastre d'un certain nombre de grands groupes » à cause des « pressions exercées sur les dirigeants par les acteurs de marchés (investisseurs, analystes...) pour les amener à se conformer aux normes internationales de rentabilité (*benchmarking*) »[15].

Cette vision des choses n'est évidemment pas fausse. Mais, en ne considérant que les excès liés au poids de la finance, elle ne permet pas de comprendre la logique d'ensemble des transformations récentes du capitalisme (et risque par ailleurs de limiter la critique du capitalisme à la critique de ses excès). En particulier, cette lecture suggère que le capitalisme contemporain serait beaucoup plus avide de profit que le capitalisme « fordiste » des années de forte expansion. Ce dernier apparaît rétrospectivement chargé de valeurs positives : il aurait été soucieux de l'emploi et doté d'une vision à moyen ou long terme, à l'encontre des licencieurs et des « court-termistes » d'aujourd'hui.

Que le capitalisme fonctionne selon des règles en grande partie différentes de celles qui prévalaient il y a un quart de siècle, c'est exact. Mais on ne peut pour autant présenter la recherche du profit maximum comme une nouveauté. Cette illusion d'optique provient de deux transformations fondamentales qui ne découlent pas directement de la montée en puissance de la finance. La première porte sur la norme salariale. Il y a 25 ans, la règle était une progression du salaire réel équivalente à celle des gains de productivité : pour 5 % de productivité, le pouvoir d'achat augmentait de 5 %. Aujourd'hui, la norme est le simple maintien du salaire réel, et l'on tourne autour de 2 % de gains de productivité et 0 % de progression du salaire réel. Dans le premier cas, le taux d'exploitation tend à rester constant, dans le second cas, il augmente régulièrement, à mesure que baisse la part des salaires. Le véritable basculement est donc le passage d'un régime à l'autre. Il traduit une défaite du travail à l'égard du capital qui prend la forme d'une dévalorisation relative du salaire. La montée de la finance est un effet corollaire de cette transformation : dans la mesure où le taux de profit ainsi dégagé ne s'accumule pas, il est redistribué sous forme de revenus financiers. La différence ne résulte donc pas principalement d'une gestion plus ou moins serrée des effectifs. La périodisation qu'il faut retenir de ce point de vue est assez différente. Dans le cas français (qui n'a rien sur ce point d'exceptionnel), on peut en effet distinguer trois phases :

- de 1964 à 1977, l'emploi salarié augmente dans le secteur privé à un rythme annuel de 1,3 % par an, dans un environnement de croissance forte, avec une progression du PIB marchand de 4,8 % par an en moyenne ;

- de 1977 à 1987, les effectifs salariés reculent de 0,3 % par an dans un contexte de croissance ralentie (2 % de croissance du PIB marchand) ;

- de 1987 à 2000, la progression des effectifs salariés reprend à un rythme moyen de 1,2 % par an, avec une croissance qui reste modeste (2,4 % par an).

Autrement dit, la forte croissance des années d'expansion a pu masquer le fait que la gestion de l'emploi était en un sens très serrée, en raison d'une forte progression de la productivité. Cette configuration était marquée par un meilleur rapport de forces des salariés, par une forte croissance de la productivité, et une autre règle de distribution de la richesse créée. Et cet ensemble permettait tout à la fois de protéger le niveau du taux de profit et d'assurer les débouchés. Le marché du travail créait relativement peu d'emplois globalement, mais le dynamisme de l'économie permettait de gérer sans trop de friction une extraordinaire rotation des emplois. En particulier, on a assisté à un mouvement très puissant de salarisation, puisque la part des non-salariés dans l'emploi total est passée de 25,5 % en 1964 à 16,6 % en 1977, ce mouvement correspondant principalement au recul du nombre de paysans. A l'intérieur même du secteur privé, on a pu assister à des phénomènes massifs de transferts de l'industrie lourde vers l'industrie de transformation, puis de l'industrie vers les services. La mobilité des emplois était donc très élevée à cette époque, et le contenu de la croissance bien plus « riche en emplois ».

On invoque aussi les mutations technologiques, comme si elles impliquaient par nature une gestion plus serrée de l'emploi et une flexibilité accrue du travail. Quant aux transformations des politiques sociales du patronat, elles ne peuvent être considérées comme la simple traduction des injonctions boursières, comme le montre une étude fondée sur un travail de terrain minutieux[16]. Certes, le recours à la précarité permet un ajustement plus serré des emplois aux besoins de main-d'œuvre et contribue ainsi au retour du cycle économique. Mais la grande différence se trouve plutôt dans le contexte de faible croissance : les possibilités de reconversion sont limitées et le chômage pèse à la fois sur la norme salariale et sur ce que l'on pourrait appeler la norme d'emploi. Autrement dit, la montée de la précarité renforce le gel des salaires et tend à reproduire le rapport de forces dégradé au détriment des salariés.

La gestion de la main-d'œuvre

Les nouveaux rapports entre finance et capital productif impliquent que le risque doit être reporté sur les salariés. L'actionnariat ne veut rien savoir des aléas de l'activité : il exige une sorte de revenu minimum garanti et n'hésite pas à demander à l'économie plus qu'elle ne peut donner. La lecture des rapports annuels montre que des groupes comme Total ou France Télécom affichent explicitement un objectif de distribution de dividendes fixé en fonction de la pratique du secteur. Ce *benchmark* en matière de ponction financière prolonge celui qui se réalise au plan des marges d'exploitation. On retrouve ici, noir sur blanc, la proposition de Marx selon laquelle la répartition entre profit et intérêt s'effectue en fonction du rapport de forces qui s'établit entre les différentes fractions du capital.

La finance n'exige rien en matière d'investissement et de projet à long terme, elle ne demande que du résultat. Or, rien n'est plus sélectif qu'un investissement ou un placement en quête d'un rendement maximal. Il en résulte un redécoupage permanent des groupes et des grandes entreprises, en fonction, non seulement des taux de rentabilité du moment, mais aussi d'une évaluation des rendements actualisés des actifs à moyen terme. Pourquoi en effet conserver dans la même enveloppe une activité rendant 12 % de marge opérationnelle et une autre atteignant « modestement » les 9 % s'il est possible de se débarrasser de la seconde ? Les résultats sont alors mécaniquement tirés vers le haut, et on peut en échange se porter acquéreur d'une activité dont le rendement escompté serait encore plus élevé.

Cet incessant processus de cessions et d'achats implique évidemment qu'il y ait des perdants, puisque la redistribution des actifs ne peut apporter à tous un rendement supérieur à la moyenne. Mais il y a toujours l'espoir de nouvelles synergies, de nouvelles rationalités de portefeuille… et de nouvelles restructurations, de manière à ce qu'au bout du compte, ces échanges d'actifs soient *gagnant-gagnant*. Des entreprises peuvent ainsi être vendues et rachetées plusieurs fois en l'espace de quelques années. Le système du LBO (*leverage buy out*) consiste d'ailleurs à faire assurer par l'entreprise achetée le remboursement de la dette contractée pour son acquisition : certains achats se font ainsi avec 80 % de dettes contre 20 % de fonds propres que la « proie » devra demain rembourser. Les Fonds de placement sont les plus actifs à ce jeu, mais les groupes industriels eux-mêmes se livrent à ces redécoupages réguliers. Ce tableau montre que les illusions de la finance quant à la possibilité de gains illimités se fondent sur celles de la concurrence, selon lesquelles il serait toujours possible d'obtenir une rentabilité supérieure au taux général de profit.

L'organisation des firmes est donc bouleversée en permanence, à la recherche de nouvelles synergies qu'il est d'autant plus urgent de dégager qu'il faut trouver très vite les ressources financières pour couvrir les écarts d'acquisition, réduire l'endettement qui a pu être contracté à cette occasion tout en garantissant aux actionnaires une progression de leurs dividendes. Pour une bonne part, ces synergies sont d'ordre industriel et commercial : fermeture de sites de production, réorganisation des sièges et des services support, etc.

La vertueuse opération de croissance se termine donc là encore par des licenciements collectifs. Ces restructurations sont clairement offensives et ne peuvent par conséquent être assimilées à des situations de crise. Mais les dégâts collatéraux peuvent être considérables dans les filiales et chez les fournisseurs, ajoutant ainsi de nouvelles destructions d'emplois, cette fois-ci dans de bien pires conditions économiques et sociales. Il n'y a aucune raison de s'en priver, puisque le gain de marge escompté permettra de couvrir les coûts du plan de licenciement. Le groupe pourra engranger les bénéfices de son opération, tandis que la collectivité continuera à en supporter durablement les effets sociaux.

Les effets sur le chômage

Le déficit d'accumulation et de croissance dans un contexte de concurrence exacerbée conduit à l'instauration du chômage de masse. Il est possible ici d'établir une corrélation frappante entre le niveau du taux de chômage et l'évolution du *taux de financiarisation* défini comme l'écart entre le taux de profit et le taux d'accumulation (figure 4). Cependant cette corrélation ne suffit pas à légitimer la lecture « financiariste » du capitalisme contemporain. Certes, les rapports entre capital industriel et capital financier se sont profondément modifiés et pèsent sur les conditions de l'exploitation. Mais il faut articuler correctement l'analyse des phénomènes : on ne peut séparer une tendance autonome à la financiarisation, et le fonctionnement « normal » du capitalisme. Cela reviendrait à dissocier artificiellement le rôle de la finance et celui de la concurrence mondialisée. Or, ces deux aspects sont étroitement imbriqués. La grande nouveauté du capitalisme contemporain est, encore une fois, de mettre en concurrence directe les salariés du monde entier, et c'est bien l'argument principal utilisé pour justifier les « réformes », les restructurations et les délocalisations. On nous répète que « nous sommes dans une économie mondialisée », autrement dit en concurrence avec des pays où les salaires et les acquis sociaux sont inférieurs. La compétitivité devient alors un impératif catégorique : si les entreprises ne restructurent pas, elles vont perdre leurs marchés et sont alors condamnées à disparaître.

Figure 4. Chômage et financiarisation. Union européenne 1982-2004

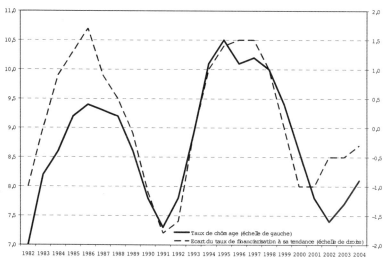

Source : Économie européenne, Annexe statistique, Automne 2004.
http://europa.eu.int/comm/economy_finance/publications/european_economy/2004/statanex02 04_fr.pdf
Le taux de financiarisation mesure la part du profit non investi en % du PIB, comme la différence entre le taux de marge des entreprises et le taux d'investissement.

Or, c'est la finance mondialisée qui permet d'établir une telle configuration. La grande force du capital financier est en effet d'ignorer les frontières géographiques ou sectorielles, parce qu'il s'est donné les moyens de passer très rapidement d'une zone économique à l'autre, d'un secteur à l'autre : les mouvements de capitaux peuvent avoir lieu dorénavant à une échelle considérablement élargie. La finance est donc le moyen de durcir les lois de la concurrence en fluidifiant les déplacements du capital : c'est sa fonction essentielle. Sans cette mobilité que leur permet la finance, les détenteurs de capitaux ne pourraient exercer leur chantage habituel : « si vous ne me garantissez pas la rentabilité maximale, j'irai la chercher ailleurs ». En ce sens, la finance n'est pas un obstacle au fonctionnement actuel du capitalisme, mais au contraire l'un de ses rouages essentiels. Le tournant libéral a ouvert la voie à un fonctionnement « pur » du capitalisme fondé sur la concurrence entre capitaux nombreux. De ce point de vue, le capitalisme contemporain ne s'éloigne pas du mode opératoire analysé par Marx, et s'en rapproche au contraire. On ne peut pas considérer qu'il serait « perverti » par la finance, puisque celle-ci est précisément l'un des principaux outils permettant au capitalisme de ressembler de plus en plus à son concept.

5 - Accumulation et reproduction

Le second mode de lecture « financiariste » insiste sur le parasitisme de la finance. Il explique le faible dynamisme de l'investissement par la ponction exercée sur la rentabilité globale. Celle-ci s'est rétablie, mais la rentabilité nette – après paiement des revenus financiers – n'a pas augmenté. Cette lecture largement répandue, qui définit la phase actuelle comme celle d'un capitalisme financiarisé, semble rendre compte de l'un des traits les plus frappants de sa configuration actuelle, que nous avons pris comme point de départ, à savoir un rétablissement du taux de profit qui n'entraîne pas l'accumulation. Si l'on calcule un taux de profit industriel en défalquant la part qui revient aux revenus financiers, l'écart entre les deux courbes se réduit et le paradoxe d'un profit sans accumulation semble disparaître. La thèse du parasitisme en sort renforcée, puisque l'absence de reprise de l'accumulation serait expliquée par la ponction financière[17].

Pourtant, il n'existe guère, dans le fonctionnement concret du capitalisme, de signe tangible d'une telle contrainte sur les capacités d'investissement des entreprises. On connaît au contraire le paradoxe qui veut que les ressources nettes obtenues par les entreprises sur les marchés financiers soient voisines de zéro : globalement l'apport d'argent frais collecté en Bourse ne représente pas grand-chose. En France, le taux d'autofinancement des entreprises atteint des sommets inégalés. La baisse des rendements financiers depuis le retournement boursier au début de cette décennie n'a d'ailleurs pas conduit à une « libération » de l'effort d'investissement des capitalistes industriels.

Toute cette analyse repose en fin de compte sur un postulat, selon lequel c'est la rentabilité nette des revenus financiers, et non le taux de profit, qui constitue le taux « directeur » déterminant la dynamique de l'accumulation. Cette assertion est critiquable pour plusieurs raisons. Tout d'abord, on peut rappeler que rien dans l'analyse de Marx ne justifie une telle approche, qui renvoie plutôt aux thèses stagnationnistes qui se sont diffusées dans l'immédiat après-guerre[18]. Ensuite, il y manque un maillon essentiel : il faudrait expliquer pourquoi les bénéficiaires de revenus financiers ne les recycleraient pas dans l'accumulation, et décideraient au contraire de les consommer.

Or, à moins de considérer que la sphère financière constitue une sorte de troisième section, à côté de celles des biens de production et de consommation, les sommes prélevées par les « rentiers » sont réinjectées dans le circuit et ne peuvent boucler le cycle du capital que de deux manières : consommation ou accumulation du capital. On peut illustrer cette proposition à l'aide d'un cadre comptable simplifié, qui suppose notamment que les salaires sont intégralement consommés (encadré 3). Il suffit cependant à faire apparaître un résultat important : les revenus financiers (intérêts et dividendes) n'ont d'autre destination finale que la consommation ou l'épargne.

L'équilibre global des différents comptes d'agents est équivalent à la condition globale de reproduction qui s'écrit classiquement, pour reprendre les notations keynésiennes : PIB = C + I. L'envers de cette relation est l'équilibre financier qui décrit l'égalité entre les variations nettes d'endettement et de placement des différents agents. Ce résultat élémentaire est important à rappeler, parce qu'il signifie qu'il n'existe pas, à côté de l'accumulation et de la consommation, une troisième utilisation finale des revenus qu'il faudrait par exemple baptiser *spéculation financière*. Il n'est donc pas possible de construire une macroéconomie où les flux monétaires pourraient se déverser alternativement dans une *sphère productive* ou dans une *sphère financière*, comme le suggèrent les représentations erronées issues de ce que nous avons appelé théorie du portefeuille. Les concepts keynésiens classiques, ou même ceux de la comptabilité nationale, suffisent à mettre en lumière ce résultat. Ils ne font d'ailleurs que paraphraser l'analyse de Marx des conditions générales de la reproduction, quand il montre que la plus-value est consommée ou accumulée, sans jamais, encore une fois, considérer un troisième usage possible.

Il faut donc se tourner vers d'autres explications pour rendre compte de la faible tenue du taux d'investissement par rapport à un taux de profit florissant, et examiner les conditions générales de la reproduction du capital. Même dans le cadre simplifié retenu ici, cet examen conduit à des formulations complexes, dès lors que l'on s'intéresse à la satisfaction de ces conditions en dynamique. Pour simplifier l'analyse, on partira ici d'un modèle de reproduction équilibrée, défini par l'invariance des principales proportions de chacun des comptes d'agents. Il conduit à une relation fondamentale (encadré 4) que l'on peut écrire ainsi :

$$\Delta\alpha - A.\Delta pl + A.\Delta tinv = 0$$
$$\Delta tinv = \Delta pl - \Psi.\Delta\alpha$$

avec α part de la plus-value consommée
         pl taux de plus-value
         $tinv$ taux d'investissement

Cette formule est, encore une fois, strictement identique à celle que Marx établit à l'aide de ses schémas de reproduction. L'intérêt du modèle proposé ici est de montrer que cette relation tient, même si l'on complexifie le cadre comptable en y intégrant la finance. Il a aussi l'avantage de mettre en exergue un fait d'évidence : pour que les capitalistes puissent consommer de la plus-value, il faut qu'elle leur ait été distribuée. Or, cette distribution se fait (à l'exception de la consommation de petits entrepreneurs individuels) sous la forme de revenus financiers. Il y a donc un lien direct entre la distribution de revenus financiers et la consommation de plus-value.

---

3 - Un cadre comptable simplifié

On distingue trois agents : les entreprises, les ménages et la finance. On suppose que tous les salaires sont consommés, et on fait abstraction des autres agents, notamment de l'État.

Le compte des entreprises s'écrit : $PIB + \Delta END = SAL + I + INT$

On peut l'interpréter simplement ainsi. Les entreprises disposent de deux ressources, leurs ventes nettes (PIB) et le recours à l'endettement (ΔEND). Ces ressources ont trois usages : le paiement des salaires (SAL), l'investissement (I) et le versement d'intérêts et dividendes (INT).

Le compte des ménages s'écrit : $SAL + INT = C + \Delta EP$

Les ménages ont ici deux sources de revenus : les salaires (SAL) et les intérêts (INT). Ils les consacrent à la consommation (C) et à l'accroissement de leur épargne (ΔEP).

Le compte de la finance s'écrit : $INT + \Delta EP = INT + \Delta END$

Il montre que la finance assure la centralisation et l'intermédiation des flux financiers. Elle reçoit les intérêts versés par les entreprises au titre de leur endettement et verse aux ménages les intérêts venant rémunérer leur épargne. On supposera ici que ces deux flux sont égaux, autrement dit que les profits des institutions financières sont nuls. La finance reçoit en dépôt l'épargne des ménages et s'en sert pour pourvoir à l'endettement des entreprises.

Dans la réalité il n'y a pas correspondance entre les deux sections de l'économie (consommation et investissement) et les deux agents ici identifiés, et cela pour deux raisons essentielles. D'une part, les entreprises ne financent pas totalement l'accumulation du capital et doivent s'endetter pour le faire, et aussi distribuer des intérêts liés à cet endettement. D'autre part, les ménages ne reçoivent pas que des salaires et ne font pas que consommer. Il faudrait donc opérer un éclatement de cet « agent » en distinguant, d'une part, les sources de revenus (salariés purs, rentiers purs et cas intermédiaires) et, d'autre part, les « fonctions économiques » (consommation et épargne). Pour simplifier, on suppose implicitement une partition entre purs salariés (ils consomment tout) et purs rentiers (ils épargnent tout) mais cette simplification ne remet pas les principaux enseignements de ce modèle.

---

4 - Les conditions de reproduction

On appelle tinv le taux d'investissement des entreprises (I/PIB) et pl le taux de plus-value (1 - SAL/PIB). Quelles sont alors les conditions qui assurent la reproduction de l'ensemble quand le PIB augmente ? Il faut que la part consommée des revenus des rentiers (α) soit compatible avec le besoin de financement des entreprises. Cette condition s'écrit :

$$C = SAL + \alpha.INT$$

Si l'on combine cette relation avec l'équilibre du compte des entreprises, on obtient une nouvelle expression de cette condition :

$$\alpha.INT/PIB = pl - tinv$$

Cette relation est complexe dans la mesure où les intérêts dépendent non seulement du taux d'intérêt mais aussi du compte patrimonial des entreprises que l'on peut écrire en simplifiant K = END + FP. Le capital total (K) est obtenu par cumul de l'investissement (à l'amortissement près) et les fonds propres FP sont obtenus par cumul de l'autofinancement. Notons N la norme d'endettement (END/K) et k l'intensité capitalistique (K/PIB). On obtient finalement :

$$\alpha = (pl - tinv) / i.N.k$$

Supposons que le taux d'intérêt i, la norme d'endettement N, et le coefficient de capital k soient constants. En posant $\Psi = i.N.k$, on obtient la relation fondamentale suivante :

$$\Delta tinv = \Delta pl - \Psi.\Delta\alpha$$

La condition de reproduction est ici donnée en différentiel, pour permettre une lecture dynamique qui cherche à répondre à cette question : à quelle condition, cette relation, une fois satisfaite, pourra-t-elle continuer à l'être ? La configuration la plus simple est évidemment celle où les trois grandeurs restent constantes. Mais que se passe-t-il si le taux de plus-value augmente ($\Delta pl>0$) ? Des évolutions compensatoires de α et tinv sont alors nécessaires, et on peut ici considérer deux cas polaires.

Supposons pour commencer que la part consommée de la plus-value reste constante ($\Delta\alpha=0$). Le respect des conditions de reproduction implique alors une variation à la hausse du taux d'investissement ($\Delta tinv=\Delta pl$). Mais on se trouve alors dans un cas de figure déjà longuement discuté par divers auteurs marxistes (ou cambridgiens), qui est l'autoreproduction de la section 1. En effet, la part de la demande sociale en biens de consommation décroît en termes relatifs (la plus-value consommée est constante et la consommation salariale baisse) de telle sorte que la part de la section des biens de production augmente de manière continue. Cette configuration n'est pas tenable très longtemps, dans la mesure où elle supposerait une croissance indéfinie de la production de « machines » qui ne servirait qu'à produire de nouvelles « machines ». On retrouve ici une idée sous-jacente à l'analyse marxiste, qui est une détermination dialectique de l'accumulation du capital : il faut à la fois de la rentabilité et des débouchés proportionnés.

Supposons maintenant que le taux d'investissement reste constant (Δtinv=0). Cela correspond bien aux faits stylisés contemporains : baisse de la part salariale et rétablissement du taux de profit, avec taux d'investissement constant. Dans ce cas, les conditions de reproduction impliquent une progression de la plus-value consommée qui compense celle du taux de plus-value ($\Delta\alpha=\Delta$pl/Ψ). Ce résultat peut être étendu à un modèle moins simplifié que celui qui a été utilisé ici : le résultat essentiel est que la distribution de revenus financiers – dont une bonne partie sera consommée – est la contrepartie incontournable d'une augmentation durable du taux de plus-value, du point de vue des conditions de reproduction d'ensemble.

On retrouve donc l'idée qu'il n'est pas possible de dissocier les phénomènes de l'exploitation et de la financiarisation qui apparaissent comme deux composantes d'une même réalité. Le capitalisme contemporain est avant tout un capitalisme surexploiteur (« carnassier » dirait Aglietta) : l'augmentation du taux d'exploitation permet le rétablissement du taux de profit sans engendrer de nouveaux lieux d'accumulation dans la même proportion. La consommation de plus-value permet alors de réduire cet écart. Dans ce schéma d'ensemble, la financiarisation remplit une double fonction : elle instaure une concurrence exacerbée, nécessaire pour maintenir la pression à la hausse sur l'exploitation ; elle établit un mode de répartition adéquat aux nouvelles conditions de reproduction du capital. Il n'est donc possible de caractériser le capitalisme actuel en référence unique à la financiarisation, puisque cela revient à se priver d'une vision d'ensemble de ses contradictions. L'histoire concrète donne d'ailleurs quelques indications sur l'ordre des facteurs : le tournant libéral est d'abord une défaite infligée par le capital au travail, où la finance a été un levier plutôt qu'un facteur autonome. Le développement ultérieur de la finance a été ensuite un moyen de conforter ce nouveau rapport de forces par l'intensification de la concurrence, et de satisfaire – au moins provisoirement – aux contraintes de la reproduction.

Tout se passe au fond comme si les conditions de reproduction ne pouvaient être assurées que pour un taux d'accumulation relativement peu élevé, en tout cas inférieur au potentiel associé au niveau du taux de profit. On pourrait ainsi parler d'un *équilibre de sous-accumulation*. Or, l'accumulation est déterminée conjointement par une exigence de rentabilité et la nécessité de débouchés. Le comportement peu dynamique de l'investissement peut alors s'expliquer par deux caractéristiques essentielles du capitalisme contemporain :

- il tarit ses propres débouchés : la consommation des riches est un substitut imparfait à la consommation salariale et contribue à un ralentissement du rythme de progression des débouchés globaux, qui ne tire pas suffisamment l'investissement ;

- la fixation d'une norme de compétitivité très élevée tend à « dévaloriser » les projets d'investissement dont le taux de rendement est insuffisant et conduit les entreprises à solder leurs comptes sur la distribution de dividendes.

En se donnant les conditions d'un fonctionnement « pur », le capitalisme engendre ainsi une expression « pure » de ses contradictions. D'un certain point de vue, il a obtenu ce qu'il demandait : l'émergence de normes déterminées sur un marché mondial, et un blocage à peu près universel des salaires. Mais cette configuration ravive toutes ses contradictions, en particulier la recherche d'une rentabilité maximale dans un contexte de débouchés contraints. On se rapproche ici du modèle de Marx qui postule implicitement une augmentation tendancielle du taux d'exploitation, et l'on retrouve en même temps une critique « classique » du capitalisme.

6 - Enjeux du débat et crise systémique

Mettre l'accent sur la seule financiarisation revient donc à sous-estimer le caractère systémique largement inédit des dysfonctionnements actuels du capitalisme, dont le chômage de masse est la manifestation la plus évidente. Ce phénomène renvoie au fond à une contradiction essentielle, et encore une fois relativement nouvelle dans ses formes d'expression, qui consiste pour le capital à refuser de satisfaire une part croissante de besoins sociaux, parce que ceux-ci évoluent d'une manière qui s'écarte de plus en plus de ses critères de choix et d'efficacité. La financiarisation est alors une manifestation associée à cette configuration, dont la base objective réside dans l'existence d'une masse croissante de plus-value qui ne trouve pas d'occasions de s'investir de manière « productive » et engendre donc la financiarisation comme moyen de recycler ces masses de valeur vers la consommation des rentiers. Ce modèle diffère très nettement de celui qui a prévalu durant le quart de siècle précédent (1950 à 1975) et il constitue une réponse de plus en plus dépourvue de légitimité sociale à une crise qui touche, pour la première fois, à l'essence du capitalisme, à savoir son mode de satisfaction des besoins sociaux. Tout ce qui transforme une contradiction dérivée (la financiarisation) en contradiction principale, risque de déporter le contenu anticapitaliste de tout combat résolu pour l'emploi, vers d'assez vains projets visant à soulager le capital du poids de la finance pour en restituer le noyau dur vertueux.

Plus fondamentalement, cette lecture permet d'éclairer de manière rétroactive la trajectoire de l'économie capitaliste depuis un demi-siècle. Le mouvement de fond est celui qui modifie la demande sociale et la déporte des biens manufacturés auxquels sont associés d'importants gains de productivité vers une demande de services souvent collectifs et peu susceptibles d'être satisfaits sous forme de marchandises comparables à l'automobile. Dans la mesure où la satisfaction de ces besoins pèserait sur la rentabilité du capital, ils sont traités comme une contrainte et donc satisfaits sur la base la plus étroite possible. Et comme les besoins sociaux émanant d'une bonne partie de l'humanité pauvre entrent dans cette catégorie, on assiste à un gigantesque déni de production à l'échelle mondiale : mieux vaut ne pas produire que de produire en dessous de la norme de profit. Un tel processus se déroule évidemment dans le temps long des transformations structurelles et il ne peut évidemment être convoqué comme explication du déclenchement de la crise. Mais c'est lui qui sous-tend la grande transition vers un capitalisme qui accumule peu et creuse les inégalités. Ce repérage des obstacles à l'accumulation conduit à penser que l'entrée du capitalisme dans une nouvelle phase d'expansion soutenue est impossible à terme, mais pas en raison du seul poids de la finance.

Cet écart croissant entre des profits excédentaires et des occasions raréfiées d'investissements rentables exprime la contradiction irréductible entre la satisfaction des besoins sociaux et la recherche du profit maximal. La finance est à la fois un moyen de combler (partiellement) cet écart, et l'un des principaux outils qui ont permis d'établir cette nouvelle configuration d'ensemble. Elle n'est donc pas une maladie qui viendrait « gangrener » un corps sain, mais le symptôme d'une crise qui touche aux principes essentiels du capitalisme.

Notes

[1] Voir par exemple Jean-Luc Gréau, 2005 ; Patrick Artus et Marie-Paule Virard, 2005. Jean-Luc Gréau a travaillé pour le Medef, et Patrick Artus est l'économiste de la Caisse des dépôts.

[2] Michel Aglietta, 1995.

[3] Karl Marx, 1894b, ch. XXII, p.29.

[4] *Ibid.*, ch. XXI, p.8.

[5] *Ibid.*, ch. XXIV, p.56-57.

[6] *Ibid.*, ch. XXIII, p.42.

[7] *Ibid.*, ch. XXIII, p.42.

[8] Michele I. Naples and Nahid Aslanbeigui, 1996.

[9] Anwar M. Shaikh, 1995.

[10] Laurent Batsch, 2003.

[11] Frédéric Lordon, 2000a.

[12] Michel Aglietta et Antoine Rebérioux, 2004.

[13] Gérard Duménil et Dominique Lévy, 2000.

[14] Attac, 2001.

[15] Dominique Plihon, 2004.

[16] Sabine Montagne et Catherine Sauviat, 2001.

[17] Voir le débat entre Michel Husson, et Gérard Duménil et Dominique Lévy dans Séminaire Marxiste, 2001.

[18] Par exemple Josef Steindl, 1952.

Références bibliographiques

Aglietta M., 1995, *Macroéconomie financière*, La Découverte, Paris.

Aglietta M., Rebérioux A., 2004, *Dérives du capitalisme financier*, Albin Michel, Paris.

X Arrow K. J., 1981, Real and nominal Magnitudes, *in* Bell D., Kristol I. 2 2 (eds), *The Crisis of Economic Theory*, Basic Books, New York.

Artus P., Virard M.P., 2005, *Le capitalisme est en train de s'auto-détruire*, La Découverte, Paris.

Attac, 2001, « Face aux licenciements de convenance boursière », http://attac.org/fra/asso/doc/doc58.htm.

Batsch L., 2003, *Le capitalisme financier*, La Découverte, coll. Repères, Paris.

Bénard J., 1952, *La conception marxiste du capital*, Sedes, Paris.

Berle A., 1960, *Power without Property*, Harcourt, Brace, New York.

Berle A., Means G., 1932, *The Modern Corporation and Private Property*, Macmillan, London.

Bidet J., 1999, *Théorie générale*, Presses Universitaires de France, Paris.

Bidet J., 2004, *Explication et reconstruction du* Capital, Presses Universitaires de France, Paris.

Bihr A., 2001, *La reproduction du capital, Prolégomènes à une théorie générale du capitalisme*, Page deux, Lausanne.

Bourguinat H., 1990, *Finance internationale*, Presses Universitaires de France, Paris.

de Brunhoff S., 1971, *L'offre de monnaie, Critique d'un concept*, Maspero, Paris.

de Brunhoff S., 1976, *La monnaie chez Marx*, Éditions Sociales, Paris.

Burns A.R., 1936, *The Decline of Competition, A Study of the Evolution of the American Industry*, McGraw-Hill, New York.

Chandler A.D., 1977, *The Visible Hand. The Managerial Revolution in American Business*, Harvard University Press, Cambridge, MA.

Chesnais F. (éd.), 1996, *La mondialisation financière. Genèse, coût et enjeux,* Syros, Paris.

Chesnais F., 1997, *La mondialisation du capital*, Syros, Paris.

Chesnais F., 2000, « Note de lecture sur Le pouvoir de la finance », dans *L'année de la Régulation*, vol. 4, La Découverte, Paris.

Chesnais F., 2001, « La 'nouvelle économie' : une conjoncture propre à la puissance hégémonique américaine », *in* Séminaire marxiste, *Une nouvelle phase du capitalisme*, Syllepse, Paris.

Chesnais F., 2004, « Le capital de placement : accumulation, internationalisation, effets économiques et politiques », *in* Chesnais F. (éd.), *La finance mondialisée, racines sociales et politiques, configuration, conséquences*, La Découverte, Paris.

Chesnais F., 2006, « La mise en concurrence internationale des travailleurs », *Carré Rouge*, n° 35.

Chesnais F., Serfati C., 2003, « Les conditions physiques de la reproduction sociale », in Harribey J.M., Löwy M. (éds.), *Capital contre nature*, Presses Universitaires de France, Paris.

Domhoff G.W., 1990, *The Power Elite and the State. How Policy is Made in America*, Aldine de Gruyter, New York.

Duménil G., 1975, *La position de classe des cadres et employés. La fonction capitaliste parcellaire*, Presses Universitaires de Grenoble, Grenoble.

Duménil G., 1978, *Le concept de loi économique dans « Le Capital » ; avant-propos de L. Althusser,* Maspero, Paris.

Duménil G., Glick M., Lévy D., 1997, "The History of Competition Policy as Economic History", *The Antitrust Bulletin*, vol. XLII, pp. 373-416.

Duménil G., Lévy D., 1996a, *La dynamique du capital. Un siècle d'économie américaine*, Presses Universitaires de France, Paris.

Duménil G., Lévy D., 1996b, Dynamique du capitalisme et politiques de classe. Un siècle de capitalisme américain, Communication au colloque *Karl Marx et la dynamique actuelle du capitalisme*, Université du Littoral, Dunkerque, 18-19 octobre 1996, PSE, EconomiX, Paris.

Duménil G., Lévy D., 1998, *Au-delà du capitalisme ?*, Presses Universitaires de France, Paris.

Duménil G., Lévy D., 2000, *Crise et sortie de crise. Ordre et désordres néolibéraux*, Presses Universitaires de France, Paris.

Duménil G., Lévy D., 2003, *Économie marxiste du capitalisme*, La Découverte, coll. Repères, Paris.

Duménil G., Lévy D., 2004a, *Capital Resurgent. Roots of the Neoliberal Revolution*, Harvard University Press, Cambridge, MA.

Duménil G., Lévy D., 2004b, "The Economics of U.S. Imperialism at the Turn of the 21th Century", *Review of International Political Economy*, vol. 11, pp. 657-676.

Duménil G., Lévy D., 2004c, « Le néolibéralisme sous hégémonie états-unienne », *in* Chesnais F. (éd.), *La finance mondialisée, racines so-*

ciales et politiques, configuration, conséquences, La Découverte, Paris, pp. 71-98.

Duménil G., Lévy D., 2004d, "Neoliberal Income Trends. Wealth, Class and Ownership in the USA", *New Left Review*, vol. 30, pp. 105-133.

Duménil G., Lévy D., 2004e, "Production and Management : Marx's Dual Theory of Labor", *in* Westra R., Zuege A. (eds.), *Value and the World Economy Today. Production, Finance and Globalization*, Palgrave, London, Basingstoke, pp. 137-157.

Duménil G., Lévy D., 2005a, Finance and Management in the Dynamics of Social Change. Contrasting Two Trajectories : United States and France, PSE, EconomiX, Paris.

Duménil G., Lévy D., 2005b, Argentina's Unsustainable Growth Trajectory : Center and Periphery in Imperialism at the Age of Neoliberalism, PSE, EconomiX, Paris.

Faulkner H. U., 1960, *American Economic History*, Harper and Row, New York.

Gill L., 1996, *Fondements et limites du capitalisme*, Boréal, Montréal.

Gréau J.L., 2005, *L'avenir du capitalisme*, Gallimard, coll. Le Débat, Paris.

Guttmann R., 1994, *How Credit-Money Shapes the Economy, The United States in a Global System*, M.E. Sharpe, Armonk, New York.

Halimi S., 2004, *Le grand bond en arrière*, Fayard, Paris.

Harvey D., 1982, *The Limits to Capital*, Blackwell, Oxford.

Harvey D., 2003, *The New Imperialism*, Oxford University Press, Oxford.

Hayek F.A., 1944, *The Road to Serfdom*, University of Chicago Press, Chicago (1980).

Helleiner E., 1994, *States and the Reemergence of Global Finance. From Bretton Woods to the 1990s*, Cornell University Press, Ithaca, London.

Hilferding R., 1910, *Das Finanzkapital*, traduction française, *Le capital financier. Étude sur le développement récent du capitalisme*, Éditions de Minuit, Paris (1970).

Keynes J. M., 1930, *A Treatise on Money*, Macmillan, London.

Keynes J. M., 1936 *The General Theory of Employment, Interest, and Money*, traduction française, *La théorie générale de l'emploi, l'intérêt et la monnaie*, Payot, Paris (1963).

Keynes J.M., 1944 "Bretton Woods and After, April 1944-March 1946", *The Collected Writings of John Maynard Keynes, vol. XXVI*, Macmillan, St Martin's Press for the Royal Economic Society, London (1980), p. 17.

Kindleberger C., 1978, *Manias, Panics and Crashes*, Basic Books, Macmillan.

Knight F.H, 1921, *Risk, Uncertainty and Profit*, University of Chicago Press, Chicago (1971).

Krätke M., 2000, « Geld, Kredit und verrückte Formen », *MEGA - Studien*, n°1, pp. 64-99.

Lénine V., 1916, « L'impérialisme, stade suprême du capitalisme », *Œuvres, tome 22*, Éditions sociales, Paris (1976), pp. 201-327.

Lordon F., 2000a, « La création de valeur comme rhétorique et comme pratique. Généalogie et sociologie de la valeur actionnariale », *L'année de la Régulation*, vol. 4, La Découverte, Paris.

Lordon F., 2000b, *Fonds de pension, pièges à cons ?* Raison d'Agir, Paris.

Lukacs G., 1919-23, *Histoire et conscience de classe ; préface de Kostas Axelos*, Éditions de Minuit, Paris (1960).

Luxemburg R., 1913, *L'accumulation du capital*, Maspero, Paris (1967).

Magdoff H., 2003, *Imperialism without colonies,* Monthly Review Books, New York.

Mampaey L., Serfati C., 2004, « Les groupes de l'armement et les marchés financiers : Vers une convention guerre sans limite », *in* Chesnais F. (éd.), *La finance mondialisée, racines sociales et politiques, configuration, conséquences*, La Découverte, Paris.

Marx K., 1849, *Travail salarié et capital*, Éditions Sociales, Paris (1952).

Marx K., 1852, « Le 18 Brumaire de Louis Bonaparte », *Œuvres IV, Politique I*, Gallimard, La Pléiade, Paris (1994), pp. 431-544.

Marx K., 1857, *Fondements de la critique de l'économie politique, tome 1*, Anthropos, Paris (1969).

Marx K., 1862, *Théories sur la plus-value, tome III*, Éditions sociales, Paris (1976).

Marx K., 1867a, *Le Capital, Livre I, tome 1*, Éditions sociales, Paris (1967).

Marx K., 1867c, *Le Capital, Livre I, tome 3*, Éditions sociales, Paris (1968).

Marx K., 1871, *La guerre civile en France 1871. Adresse du conseil général de l'Association Internationale des Travailleurs*, Éditions sociales, Paris (1963).

Marx K., 1885, *Le Capital, Livre II, tome 1*, Éditions sociales, Paris (1960).

Marx K., 1894a, *Le Capital, Livre III, tome 1*, Éditions sociales, Paris (1965).

Marx K., 1894b, *Le Capital, Livre III, tome 2*, Éditions sociales, Paris (1967).

Marx K., 1894c, *Le Capital, Livre III, tome 3*, Éditions sociales, Paris (1967).

Marx K., 1894d, *Das Kapital, Kritik der politischen Ökonomie, Dritter Band, Buch III : Der Gesamtprozess der kapitalistischen Produktion*, Dietz Verlag, Karl Marx, Friedrich Engels Werke, Band 25, Berlin (1968).

Merrill Lynch et Cap Gemini, 2005, *World Wealth Report, 2005*, cité par Peyrevelade J., *Le capitalisme total*, Seuil, coll. La république des idées, Paris, 2005.

Minsky H., 1980, « Capitalist Financial Processes and the Instability of Capitalism », *Journal of Economic Issues*, n° 14.

Minsky H., 1982, *Can 'It' Happen Again, Essays on Instabilty and Finance*, E.P. Sharpe, Armonk, New York.

Montagne S., Sauviat C., 2001, « L'influence des marchés financiers sur les politiques sociales des entreprises : le cas français », *Travail et emploi*, n° 87.

Naples M.I., Aslanbeigui N., 1996, « What *does* determine the profit rate ? The neoclassical theories presented in introductory textbooks », *Cambridge Journal of Economics*, vol. 20, pp. 53-71.

Orléan A., 1999, *Le pouvoir de la finance*, Odile Jacob, Paris.

O'Sullivan M. 2000, *Contests for Corporate Control: Corporate Governance and Economic Performance in the United States and Germany*, Oxford University Press.

Piketty T., Saez E., 2003, "Income Inequality in the United States, 1913-1998", *The Quarterly Journal of Economics*, vol. CXVIII, pp. 1-39.

Plihon D., 2004, « Les grandes entreprises fragilisées par la finance », *in* Chesnais F. (éd.), *La finance mondialisée, racines sociales et politiques, configuration, conséquences*, La Découverte, Paris.

Rancière J., 2005, *La haine de la démocratie*, La Fabrique, Paris.

Rey A. (éd.), 1992, *Dictionnaire historique de la langue française*, Le Robert, Paris.

Ricardo D., 1809-1811, *Écrits monétaires*, traduction française par Courbis B., Servet J.M., Université Lyon 2 (1991).

Ricardo D., 1821, *Principles of Political Economy and Taxation,* traduction française, *Des principes de l'économie et de l'impôt*, Flammarion, Paris (1977).

Roy W.G., 1996, *Socializing Capital : The Rise of the Large Industrial Corporation in America*, Princeton University Press, Princeton.

Saez E., 2004, Income and Wealth Concentration in a Historical and International Perspective, UC Berkeley and NBER, forthcoming in

John Quigley (ed.), *Poverty, the Distribution of Income, and Public Policy, A conference in honor of Eugene Smolensky.*

Sauviat C. 2004, « Les fonds de pension et les fonds mutuels : acteurs majeurs de la finance mondialisée et du nouveau pouvoir actionnarial », *in* Chesnais F. (éd.), *La finance mondialisée, racines sociales et politiques, configuration, conséquences*, La Découverte, Paris.

Schefold B., 1998, "The Relation Between the Rate of Profit and the Rate of Interest: A Reassessment after the Publication of the Critical Edition of the Third Volume of *Das Kapital*", *in* Bellofiore R. (ed), 1998, *Marxian Economics, A Reappraisal; Essays on Volume III of Capital (*vol. 1), Macmillan, London, pp. 127-144.

Schumpeter J., 1911, *La théorie de l'évolution économique, Recherche sur le profit, le crédit, l'intérêt et le cycle de la conjoncture*, Librairie Dalloz, Paris (1935).

Schumpeter J., 1942, *Socialism, Capitalism and Democracy*, Harper and Brothers, New York.

Schumpeter J., 1961, *History of Economic Analysis*, édité par E.B. Schumpeter, Allen and Unwin, Melbourne.

Séminaire Marxiste, 2001, *Une nouvelle phase du capitalisme ?*, Syllepse, Paris.

Shaikh A.M., 1995, « The Stock Market and the Corporate Sector : A Profit-Based Approach », *Working Paper* n° 146, The Jerome Levy Economics Institute, http://www.levy.org/docs/wrkpap/pdf/146.pdf.

Steindl J., 1952, *Maturity and Stagnation in American Capitalism*, Monthly Review Press, New York.

Sweezy P., 1946, *The Theory of Capitalist Evolution*, Dennis Dobson, Londres.

Sweezy P., 1971, "The Resurgence of Financial Control, Fact or Fancy", *in* Sweezy P., Magdoff H., *The Dynamics of U. S. Capitalism*, Monthly Review Press, New York.

Thorelli H.B., 1955, *The Federal Antitrust Policy. Organization of an American Tradition*, Johns Hopkins Press, Baltimore.

Walras L., 1900, *Éléments d'économie politique pure ou théorie de la richesse sociale*, LGDJ, Paris (1952).

Weinstein J., 1968, *The Corporate Ideal in the Liberal State, 1900-1918*, Beacon Press, Boston.

Wicker E.R., 1966, *Federal Reserve Monetary Policy, 1917-1933*, Random House, New York.

Wolfson M., 1994, *Financial Crises, Understanding the Postwar U.S. Experience*, E.P. Sharpe, Armonk, New York.

Auteurs

Suzanne de Brunhoff est directeur honoraire de recherches au Centre National de la Recherche Scientifique, section « économie », Paris. Elle a enseigné l'économie aux Universités de Paris 7 et de Paris 10, et dans des Universités étrangères.

François Chesnais est professeur émérite à l'Université de Paris XIII-Villetaneuse, membre du Conseil scientifique d'ATTAC et rédacteur en chef de la revue *Carré Rouge*. Il est auteur notamment de *La mondialisation du capital (*Syros, coll. Alternatives économiques, nouvelle édition augmentée, 1997), et coordinateur de *La finance mondialisée, racines sociales et politiques, configuration, conséquences* (La Découverte, coll. textes à l'appui, 2004). Mél : chesnaisf@free.fr.

Gérard Duménil est économiste, directeur de recherches au CNRS (EconomiX, Nanterre). Il a publié plusieurs ouvrages dont *Le concept de loi économique dans « Le Capital »*, *avant-propos de Louis Althusser* (Maspero, 1978), et *Marx et Keynes face à la crise* (Economica, 1977) ; en collaboration avec Dominique Lévy, dans la collection Actuel Marx Confrontations des PUF : *La dynamique du capital, un siècle d'économie américaine* (1996), *Au-delà du capitalisme* (1998), et *Crise et sortie de crise. Ordre et désordres néolibéraux* (2000), ainsi que *Économie marxiste du capitalisme* (La Découverte, coll. Repères, 2003) et *Capital Resurgent. Roots of the Neoliberal Revolution* (Harvard University Press, 2004). Mél: gerard.dumenil@u-paris10.fr; site internet : http://www.jourdan.ens.fr/levy/index.htm.

Michel Husson, économiste, est chercheur à l'Ires (Institut de recherches économiques et sociales). Il a notamment publié *Le grand bluff capitaliste* (La Dispute, 2001) et *Les casseurs de l'Etat social* (La Découverte, 2003). Il a récemment participé à deux ouvrages collectifs : *Les mutations de l'emploi en France* (La Découverte, 2005) et *Supprimer les licenciements* (Syllepse, 2006). Mél : hussonet@free.fr; site internet : http://hussonet.free.fr/

Dominique Lévy est économiste, directeur de recherches au CNRS (PSE, Paris). Il a publié plusieurs ouvrages en collaboration avec G. Duménil, dans la collection Actuel Marx Confrontations des PUF : *La dynamique du capital, un siècle d'économie américaine* (1996), *Au-delà du capitalisme* (1998), et *Crise et sortie de crise. Ordre et désordres néolibéraux* (2000), ainsi que *Économie marxiste du capitalisme* (La Découverte, coll. Repères, 2003) et *Capital Resurgent. Roots of the Neoliberal Revolution* (Harvard University Press, 2004). Mél: dominique.levy@ens.fr; site internet : http://www.jourdan.ens.fr/levy/index.htm.

Imprimé en France, à Vendôme
par Vendôme Impressions
Groupe Landais
ISBN 2 13 055430 x — ISSN n° 1158-5900 — Imp. n° 53 044
Dépôt légal : Septembre 2006